21世纪高等院校公共课精品教材

SOCIAL RESEARCH METHODS

社会研究方法

袁荃 主编

全良军 赵芳 副主编

东北财经大学出版社
Dongbei University of Finance & Economics Press
大连

图书在版编目（CIP）数据

社会研究方法 / 袁荃主编．—大连：东北财经大学出版社，2016.8（2017.7重印）
（21世纪高等院校公共课精品教材）
ISBN 978-7-5654-2442-7

Ⅰ．社… Ⅱ．袁… Ⅲ．社会学-研究方法-高等学校-教材 Ⅳ．C91-03

中国版本图书馆CIP数据核字（2016）第188110号

东北财经大学出版社出版
(大连市黑石礁尖山街217号　邮政编码　116025)
网　　址：http：//www.dufep.cn
读者信箱：dufep@dufe.edu.cn
大连东泰彩印技术开发有限公司印刷　东北财经大学出版社发行

幅面尺寸：185mm×260mm　字数：278千字　印张：13.5　插页：1
2016年8月第1版　2017年7月第2次印刷
责任编辑：石真珍　徐　群　责任校对：伍小美
封面设计：冀贵收　版式设计：钟福建

定价：32.00元

教学支持　售后服务　联系电话：（0411）84710309

如有印装质量问题，请联系营销部：（0411）84710711

前言

在社会学的学科体系中，社会研究方法是非常重要的一块内容。在学习和开展社会学研究的过程中，特别需要强调社会学者的方法素养和学生的方法训练。社会研究从研究方式上可分为调查研究、实地研究、文献研究和实验研究。在对社会学专业学生的培养中，方法的训练包括多个方面的内容，从学习社会调查方法、社会研究方法、社会统计学到应用统计分析软件。当然，由于多方面的原因，目前学生们的社会研究实践在方法上还存在很多问题。以调查研究为例，常见的问题包括缺乏完善的指标体系、非随机的抽样、不合理的问卷设计及数据整理和统计分析上的弊病等。方法上的漏洞必然使得研究的质量大为降低，而很多时候研究者并没有意识到这一状况。同时，对于众多学习人文社会科学相关专业的本科生而言，他们在日常学习中都会涉足一些社会研究的理论与方法，但没有一个系统的认知和学习的过程，因此在日后工作或者继续学习深造时往往无法专业且科学地完成一项研究。

正是在这样的背景下，笔者主编了这本社会研究方法的教科书，希望能够从现有的经验研究中挑选出一些案例，供学生们开展学习和研究时参考。这是一项十分有益的工作。本书适用于高等院校社会学、社会工作与管理等专业以及其他相关专业的本科生教学，也可供社会科学研究人员和社会调查工作者自学。

本书由湖北工业大学工程技术学院袁荃担任主编，全良军和赵芳担任副主编。同时，东北财经大学出版社的编辑对本书做了细致的编校工作，并提出了一些宝贵意见。在此对所有为本书的出版做出贡献的同志一并表示感谢！

限于编者水平，本书难免有某些不足之处，敬请读者批评、指正，以便今后进一步改进和完善。

编　者

2016年7月

目录

第一章　社会研究方法概述 ………… 1

第一节　社会研究方法理论 ………… 1

第二节　社会研究的基本方式 ………… 4

第三节　社会研究的具体方法和技术 ………… 5

第四节　社会研究的基本过程 ………… 7

相关链接 ………… 10

思考与实践 ………… 12

推荐书目 ………… 12

第二章　选题与文献回顾 ………… 13

第一节　选题的类型 ………… 13

第二节　选题的标准 ………… 15

第三节　研究课题明确化 ………… 18

第四节　文献回顾 ………… 20

相关链接 ………… 22

思考与实践 ………… 23

推荐书目 ………… 24

第三章　测量与操作化 ………… 25

第一节　测量的概念与尺度 ………… 25

第二节　操作化 ………… 29

第三节　指数与量表 ………… 34

第四节　测量的信度与效度 ………… 37

相关链接 ………… 40

思考与实践 ………… 41

推荐书目 ………… 41

第四章　抽样 ………… 42

第一节　抽样概述 ………… 42

第二节　抽样设计 ………… 46

第三节　概率抽样 ………… 48

第四节　户内抽样与PPS抽样 ………… 55

第五节　非概率抽样 ………… 57

第六节　样本规模与抽样误差 …… 60
相关链接 …… 63
思考与实践 …… 69
推荐书目 …… 70
第五章　调查研究 …… 71
第一节　调查研究及其类型 …… 71
第二节　问卷设计 …… 74
第三节　调查资料收集的方式 …… 88
第四节　民意调查 …… 95
相关链接 …… 102
思考与实践 …… 104
推荐书目 …… 104
第六章　实地研究 …… 105
第一节　实地研究及其类型 …… 105
第二节　实地研究的过程 …… 109
第三节　观察法 …… 113
第四节　无结构访谈法 …… 117
第五节　人物专访 …… 122
相关链接 …… 127
思考与实践 …… 130
推荐书目 …… 131
第七章　实验研究和文献研究 …… 132
第一节　实验的要素及类型 …… 132
第二节　基本实验设计 …… 135
第三节　实验研究与其他研究方法的比较 …… 138
第四节　文献与文献研究 …… 139
第五节　文献研究的步骤 …… 141
第六节　文献调查的评价 …… 148
相关链接 …… 149
思考与实践 …… 150
推荐书目 …… 151
第八章　社会研究的定量分析 …… 152
第一节　统计调查资料及其整理 …… 152
第二节　统计分析一：描述统计 …… 153
第三节　统计分析二：推论统计 …… 156

第四节　相关与回归分析 …… 162
第五节　动态分析与指数分析 …… 163
相关链接 …… 167
思考与实践 …… 169
推荐书目 …… 170
第九章　社会研究的定性分析 …… 171
第一节　定性分析的基本原理与基本步骤 …… 171
第二节　定性资料的初步整理 …… 174
第三节　定性资料的深入分析 …… 179
第四节　定性资料分析的思维方式 …… 183
相关链接 …… 185
思考与实践 …… 187
推荐书目 …… 187
第十章　研究报告的撰写 …… 188
第一节　研究报告的含义及作用 …… 188
第二节　研究报告的分类 …… 190
第三节　研究报告的撰写步骤 …… 192
第四节　研究报告的结构 …… 195
第五节　撰写研究报告时应注意的问题 …… 202
相关链接 …… 203
思考与实践 …… 205
推荐书目 …… 205
附录　随机数表 …… 206

第一章

社会研究方法概述

现代社会是一个复杂多变的信息社会。要正确认识、科学管理现代社会，离不开准确、及时收集和处理社会信息的基本方法，这些方法在现代社会中发挥越来越重要的作用。一切社会工作者和社会科学研究者，都应该认真学习和掌握社会研究方法，努力提高自己的认识能力和工作水平。

作为科学的认识活动，人对客观世界有意识的介入有两种基本方式：自然研究和社会研究。自然研究和社会研究都旨在披露真相、认知真理，以便更好地改造世界，使人类生活越来越美好。由于认识活动的对象不同，自然研究和社会研究是有所不同的。

自然研究的认识对象是自然界的万事万物，它们都没有自觉意识，所以我们要得到对它们每个个体以及全体的广泛认识，基本认识手段就是观察。社会研究的认识对象是人及其群体。社会组织中的个体都是在认知方面有能动性的对象。这样一来，社会研究的认识手段得以延伸，即从观察扩展至社会调查。

在社会研究方法中，社会调查方法有着特别的地位。对于社会现象，当然我们不能像天文学家那样用望远镜去观测天象，也不能像生物学家那样用显微镜去观察细胞。那么我们的认识手段是什么呢？就是“看”“听”“问”。不过在社会调查方法中所讲的这三个字不同于日常生活中的“看”“听”“问”，而是用科学的方法去认识和研究。

第一节　社会研究方法理论

一、社会研究的含义及特征

1.社会研究的含义

所谓“社会”，从外在形态上看，是人与自然以及人与人之间有机结合而成的共同体；从内在本质上看，是以生产关系为基础的各种社会关系的总和。“社会”

一词始见于《旧唐书·卷八·本纪第八·玄宗上》，书中记载："礼部奏请千秋节休假三日，及村闾社会，并就千秋节先赛白帝……"[①]这里的"社会"是个动名词，是村民集会的意思，是指一定数量、规模的人群在一定空间范围内的集合，与我们现在使用的"社会"一词，在本质上有所不同，因为它不涉及社会的内在本质。

中文"社会"一词的含义，是近代中国学者在翻译西方社会学者的著作时引用过来的。严复在译著《群学肄言》中说，"社会者，有法之群也""偶合之众虽多，不为社会"[②]。也就是说，社会并不是一群人的简单聚合，而是由一定的社会规则"法"来联系的。

"社会"在社会学中按研究需要是可以权变的。一般来说，它满足以下四点：（1）人类生活的共同体；（2）处在特定的时期和区域，享有共同的文化；（3）以物质生产活动为基础；（4）按一定行为规范相互联系。

"研"是指审查、细磨；"究"是指穷尽、追根究底。英文"research"等于"re"加"search"，也就是反反复复找寻的意思。因此，"研究"是指人对事物的真相、性质、规律等进行无穷尽的积极探索，由不知变为知，由知少变为知多。"研究"简单地说，就是认真地提出问题，并以系统的方法寻找问题答案的过程。

社会研究是由社会学家、社会科学家，以及一些寻求有关社会世界中各种问题的答案的人们所从事的一种研究类型。社会研究被定义为一种以经验方式，对社会世界中人们的行为、态度、关系，以及由此所形成的各种社会现象、社会产物进行科学探究的活动。而社会研究方法是从事这种活动所用的方法。

综观有关教科书，人们经常将"社会研究"与"社会调查"或"社会调查研究"混为一谈。它们之间的区别与联系有如下几点：

（1）社会调查与社会研究不是一回事，它只是社会研究的一个环节，社会调查被定义为"就社会研究之选题对所需资料进行系统的收集"。

（2）社会研究是比社会调查更为宽泛的概念，它的起点是选题，终点是撰写研究报告，中间的两个核心环节是调查（实事）和分析（求是）。社会调查的目的是为社会研究提供尽可能系统的、准确的资料。社会研究的目的则要高得多，它旨在对所研究的社会问题给出正确的认识（包括描述、解释、预测、对策和理论）。

（3）社会调查中的"调查"是各种收集资料的方法的总称，包括问卷法、访问法、观察法、实验法、文献法等。

（4）社会研究方法是指社会研究中所有四个重要环节（选题、调查、分析、撰写研究报告）的总称，当然调查方法就内容而言是占有最大比重的。

2.社会研究的特征

同为科学，社会研究和自然研究有着共同的特点：实证和逻辑。实证意味着用事实说话，真理最终要靠时间来检验。逻辑意味着自圆其说，不可自相矛盾。

---

① 刘昫. 旧唐书·卷八·本纪第八·玄宗上［M］. 北京：中华书局，1975：195.
② 斯宾塞. 群学肄言［M］. 严复，译. 北京：商务印书馆，1981：3.

同为科学，社会研究和自然研究有着共同的科学规范[1]：首先，它们要共同恪守的第一类规范是基本规范，即普遍主义和诚实。普遍主义是研究共同体的评价原则，即评价的唯一根据是研究者的成果，其他各种社会属性不应对此产生影响；诚实则是对每个研究者基本的道德要求，即从事研究就必须具有严谨求实的科学态度。其次，它们要共同恪守的第二类规范则是用倡导或偏好的方式表达的，我们可以把它们归结为公有性、无私利性和有条理的怀疑主义。[2]

除此以外，社会研究也有自己的基本特征：

（1）研究的主题是社会的，而非自然的。

研究的主题是指研究所涉及的现象领域或范畴。社会研究的主题必须是有关社会的。这一特征意味着：社会研究的对象必须包括作为社会主体的人，必须包括人的社会行为，以及由人们的行为所构成的各种社会现象。它涉及人们如何行动，如何与他人交往，涉及人们如何思考，有何感受；它也要关注由人们所组成的各种社会群体、各种社会组织、各类社区，关注个人与个人、个人与群体、个人与社会、群体与群体、群体与社会之间的各种社会关系，关注人们如何与不断变化的社会相互适应等。总之，社会研究的主题十分广泛，它涉及人类生活的方方面面，涉及社会世界的各个角落。

（2）研究的方式是经验性的，而非思辨的。

所谓经验性，是指社会研究必须依据可感知的资料。也就是说，社会研究只对那些可以看到、听到、接触到的东西感兴趣。“经验性意味着根植于经验的、可观察的人的行为，人所创造的东西以及以语言为中介的意见和态度、价值判断、意愿等，都属于经验上可感知的社会事实。”[3]比如，人们烧香拜佛的行为，人们所发表的对天堂和地狱的看法，以及现实社会中存在的寺庙、教堂等，就是这种“经验上可感知的社会事实”的例子。

社会研究者所收集的大量类似的经验资料，反映了更大规模的社会现象的某些部分，将所有这些部分的资料结合起来，我们就可以“经验地”认识社会现象的整体。

（3）研究的问题是科学的，而非判断的。

就像科学不可能回答一切问题一样，社会研究也不可能回答一切有关社会现象的问题。一个问题能否科学地进行探讨，首先依赖于这一问题是不是一个可以由科学来回答的问题。社会研究中所探讨的问题必须是可以由科学来回答的。也就是说，社会研究者不应该去探讨某一现象“是否应该如此”的问题，而只应该去探讨某一现象“状况究竟如何”或者“为什么如此”的问题。这种区分的一个关键之处在于所提的问题是“科学的”或是“非科学的”。

社会研究是一种复杂的认识活动，研究者要面临一系列问题。比如，具体的研

---

① 默顿．科学社会学［M］．鲁旭东，林聚任，译．北京：商务印书馆，2003：363．
② 张彦．论科学规范的重构［J］．自然辩证法研究，2008(4)．
③ 阿特斯兰德．经验性社会研究方法［M］．李路路，林克雷，译．北京：中央文献出版社，1995：3．

究题目该如何确定？用什么样的方法才能收集到研究所需要的资料？怎样对所收集的资料进行分析和解释？如何将研究的结果清晰明了地告诉他人？因此，社会研究方法是一个解决这些问题的庞大的体系，是一个有着不同层次和方面的综合体系。

二、社会研究方法论的结构

方法论（methodology）所涉及的是规范一门科学学科的原理、原则和方法的体系。社会研究是一种复杂的认识活动，社会研究中的方法论所涉及的主要是社会研究过程的逻辑和研究的哲学基础。它包括两种基本的，同时又相互对立的方法论：实证主义方法论和人文主义方法论。其中，实证主义方法论一直占据着主流地位。

实证主义方法论认为，社会研究应该向自然科学研究看齐，应该对社会世界中的现象及其相互联系进行类似于自然科学那样的探讨，要通过具体的、客观的观察，进行概括，得出结论。这种研究还应该是可以重复进行的。从研究方式上来讲，定量研究是实证主义方法论的最典型特征。

人文主义方法论则认为，研究社会现象和人们的社会行为时，需要充分考虑到人的特殊性，考虑到社会现象与自然现象之间的差别，要发挥研究者在研究过程中的作用。韦伯倡导社会科学研究，他指出，社会现象既是人的有目的活动的结果，也是一种特殊的、非重复的历史现象，他认为社会研究是需要人的“投入理解”的。因此，从研究方式上来讲，定性研究是人文主义方法论的典型特征。

第二节　社会研究的基本方式

正如学者指出的，“社会学的问题五花八门，因此其方法也比经济学或心理学的方法更为多样化”“这种多样性还由于社会学过去乃至现在都一直给自己提出一些逻辑特性差异极大的问题，因而导致方法上的千差万别”[①]。

社会研究有自己特有的方式，即为研究所采取的具体形式或研究的具体类型。其通常可分为四种基本方式：调查研究、实验研究、实地研究和文献研究。

这四种基本方式有两大显著特征：

首先，每一种方式都能独立地完成一项具体的社会研究过程。

其次，每一种方式都具备某些基本的元素或特定的语言，构成一项具体的社会研究，这是区别于其他社会研究的明显特征。举例说明如下：调查研究的构成要素有抽样、问卷和统计分析。实验研究的构成要素有操纵与控制、实验组与控制组、前测与后测、因果关系。实地研究的构成要素有参与观察研究者的角色、投入理解等。文献研究的构成要素有内容分析、编码与解码、二次分析。

---

① 布东. 社会学方法［M］. 黄建华，译. 上海：上海人民出版社，1987：3.

社会研究的基本方式与社会研究方法论的关系是，调查研究、实验研究与文献研究这三种属于实证主义方法论，以定量研究为主；而实地研究属于人文主义方法论，以定性研究为主。

调查研究采用定量研究的方式，主要通过描述一个大概的、总体的状况，探讨不同的变量之间的相互关系。

实验研究为定量研究的一种，主要是通过探索证明两个变量的因果关系。

实地研究采用定性研究的方式，通过深入理解社会现实，提炼和构建理论。

文献研究也是定量研究的方式，在此方式中，不会产生干扰被研究者的情况，研究者是分离于研究对象之外的，这是其他三种方式在时间和空间上无法达到的，是对社会现象的总结和补充。

社会研究四种基本方式的对比见表1-1。

表1-1　**社会研究的四种基本方式的对比**

研究方式	方法论	子类型	资料收集方法	资料分析方法	研究的性质
调查研究	实证主义	普遍调查 抽样调查	统计报表 自填式问卷 结构式访问	统计分析	定量
实验研究	实证主义	实地实验 实验室实验	自填式问卷 结构式访问 结构式观察 量表测量	统计分析	定量
实地研究	人文主义	参与观察 个案研究	无结构观察 无结构访问	定性分析	定性
文献研究	实证主义	统计资料分析 二次分析 内容分析	官方统计资料 他人原始数据 文字、音像资料	统计分析	定量

第三节　社会研究的具体方法和技术

一、社会研究的方法体系

社会研究的具体方法和技术，是指在社会研究过程中所使用的各种资料搜集方法、资料分析方法，以及各种特定的操作程序和技术。

它们处于社会研究方法体系的最具体的层面，具有专门性、技术性、操作性的特点，主要包括：问卷法、访谈法、观察法、量表法、抽样方法、测量方法、统计分析方法、定性资料分析法、计算机应用技术等。

方法论决定了研究方式，研究方式也基本决定了具体方法和技术。

资料收集和分析是社会研究过程中的两项重要任务，与四种不同的研究方式相对应，研究者可以采用多种不同的资料收集方法和分析方法。比如，自填问卷的方法、结构访问与无结构访问的方法、局外观察与参与观察的方法、随机抽样的方法、概念操作化的方法、问卷资料的编码方法、数据的统计分析方法，以及量表制作技术、变量测量技术、实验控制技术、计算机应用技术等。

概括起来，社会研究的方法体系可用图1-1简要表示。

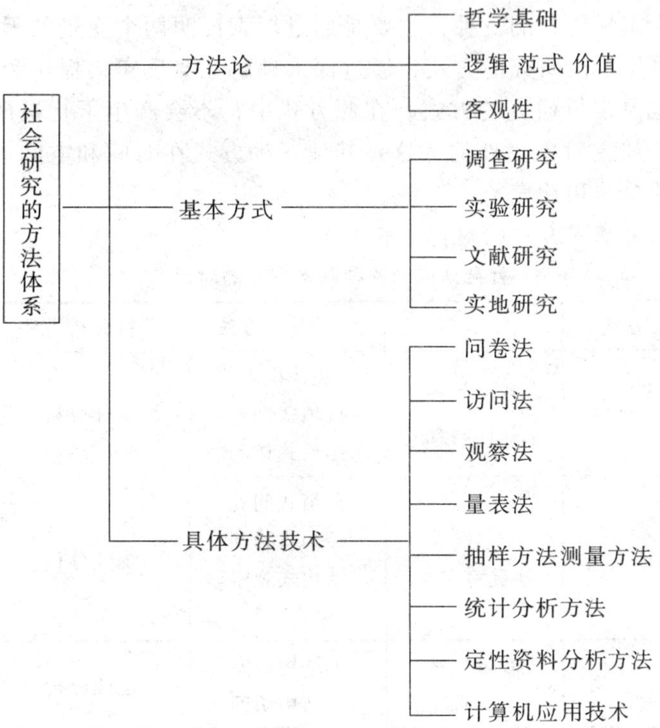

图1-1　社会研究的方法体系

二、社会研究方法体系中各部分之间的关系

社会研究的方法体系是一个有机的整体。虽然它们之间有层次上的差别，但各种方法论、研究方式、具体方法和技术都不是各自独立、互不相关的。方法论与研究方式之间、研究方式与具体方法和技术之间，都存在着十分紧密的内在联系。

由于方法论是指导研究的一般思想方法和哲学基础，因而它与研究方式之间的关系尤为密切。不同的方法论观点不仅影响着研究者对研究问题的选择，还直接影响着研究者对研究方式的选择，进而在研究方式和方法论之间逐渐形成一种常见的模式。

就像不同的研究方式与不同的方法论之间存在某种内在的联系一样，各种不同的具体方法和技术与不同的研究方式之间，也存在着内在的联系。

第四节 社会研究的基本过程

一、"科学环"与路线图

社会研究之所以是一门科学，不仅在于它的方法和手段由简单向复杂发展，还在于它把社会研究程序化，即把人们自觉认识社会过程的规律总结出来，使之系统化。

1971年，社会学家华莱士在其名著《社会学中的科学逻辑》中提出了人类进行科学研究的基本逻辑模型，被人们称为"科学环"①，见图1-2。"科学环"认为科学研究是一个永远没有终止的循环，在这个周而复始、无限循环的过程中，人类的知识不断得到积累和发展。

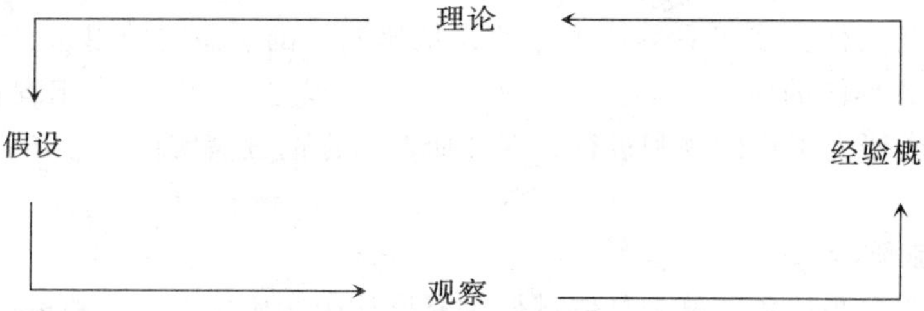

图1-2 华莱士"科学环"示意图

华莱士告诉我们，在这一"科学环"中，研究者有两个入口：有时科学研究从理论开始，由理论形成假设，由假设导致观察，再由观察阶段收集到的资料形成概括，然后用这个经验概括检验假设，进而充实理论或者修改理论；有时科学研究从观察开始，通过描述、解释所记录的事实形成经验概括，并上升到理论，然后以理论为依托做出预测（即对有待弄清的问题先给出假设），再通过观察到的新事实来检验这种预测。

社会研究的整个过程也有一个"科学环"。不过，这里有两点先要加以说明：

（1）任何一项社会研究的逻辑起点都是问题。在社会研究中，问题可以分为4种类型：①关于事实的问题；②关于变量关系的问题；③关于价值的问题；④关于政策的问题。

（2）对社会研究来说，了解、记录事实（即收集资料）的手段并非只限于观察（"看"），"问"和"听"也都是不可或缺的手段。

二、社会研究的主要阶段

作为一种系统的、科学的认识活动，社会研究遵循着一套比较固定的程序。从大的方面看，我们可以将社会研究的过程分为5个阶段：

① WALLANCE W L. The logic of science sociology [M]. London: Aldine-Atherton, Inc., 1971: 18.

1.选择研究问题阶段

对于社会研究者来说，选择一个合适的研究问题并非一件十分简单的事情。从程序上看，选择研究问题是一项社会研究活动的起点，是整个研究工作的第一步。研究问题一旦确定，整个研究活动的目标和方向也就随之确定。有众多的因素决定着和制约着研究问题的选择。这些因素包括研究者的理论素养、生活阅历、观察角度、研究兴趣，也包括他所处的社会环境、他所具有的客观条件等。研究问题选择得如何，在一定程度上决定着整个研究工作的成败，决定着研究成果的好坏。因此，应当对选题阶段的工作给予高度的重视。

2.研究设计阶段

如果说选择研究问题的意义在于确定研究的目标和方向，那么研究设计阶段的全部工作就可以理解成为实现研究的目标而进行的道路选择和工具准备。所谓道路选择，是指为达到研究的目标而进行的研究设计工作，它涉及研究的思路、策略、方式、方法以及具体技术工具等各个方面，从研究目的、研究的用途、研究方式、分析单位，直到具体的研究方案。就像实施一项工程之前必须进行工程设计一样，要保证一项社会研究工作的顺利进行，保证研究目标的圆满实现，也必须进行周密的研究设计。

3.研究实施阶段

这个阶段的主要任务，就是具体贯彻研究设计中所确定的思路和策略，按照研究设计中所确定的方式、方法和技术进行资料的收集工作。因而，有的书中将此阶段称为资料收集阶段。这个阶段的主要特点是：研究者往往要深入实地，要接触被研究者；或者要设计出实验环境，实施实验刺激和测量；或者要收集大量的文献资料。

4.资料分析阶段

资料分析阶段在有的书中也称为研究阶段。这一阶段的主要任务是，对研究所收集到的原始资料进行系统的审核、整理、归类、统计和分析。这里既有对原始数据资料的整理、转换和录入等工作，也有对原始文字资料、图片资料、音像资料等的整理、分类和加工工作；既有对数据资料进行的各种定量分析，也有对定性资料进行的综合、归纳和解读分析。

5.得出结果阶段

这一阶段的主要任务是：撰写研究报告，评估研究质量，交流研究成果。研究报告是一种用文字和图表将整个研究工作所得到的结果系统地、集中地、规范地反映出来的形式。它是社会研究成果的集中体现。撰写研究报告也可以说是对整个社会研究工作进行全面的总结。

图1-3反映的就是社会研究从选择研究问题开始到得出研究结果为止的全部过程，以及这一过程的5个主要阶段和每个阶段的基本内容。社会研究的过程基本始于选择研究问题，经过若干个不同的阶段，最终得出研究结果。图1-3中的箭头则表明，从问题到结果的“道路”不止一条。

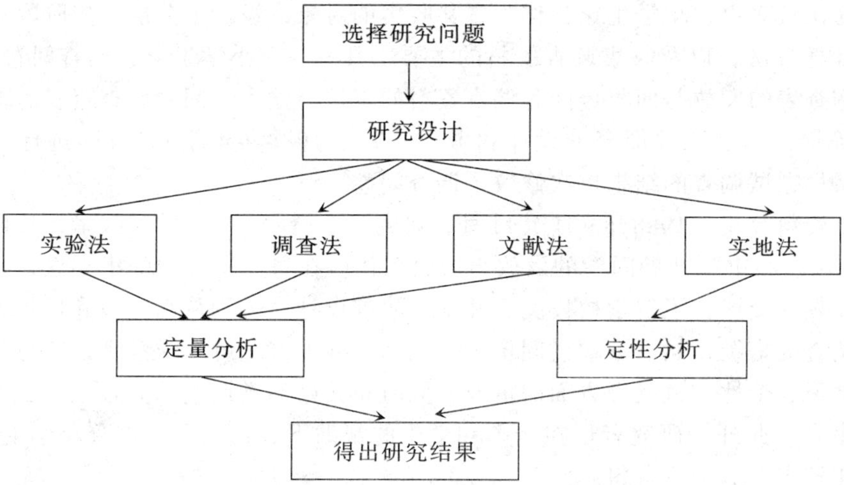

图 1-3　社会研究的基本过程

三、研究过程示例

独生子女是20世纪70年代末以来出现在中国这个世界人口第一大国中的特殊人口：这一代特殊人口的产生引起了广大社会学、人口学、心理学、教育学研究人员以及整个中国社会的普遍关注。80年代以来，不少研究者对这一问题进行了研究。下面以社会学家风笑天1987—1992年的一项研究为例，具体说明社会研究的一般程序。

（1）选择研究问题。1987年风笑天在北京大学社会学系攻读博士学位时，导师袁方教授为其提出了博士论文的选题：中国独生子女问题研究。可以说，导师所定的选题只是确定了研究的主题。由于独生子女这一主题中包含众多的内容，涉及众多的方面，比如，独生子女的结构及分布、教育问题、社会化，独生子女家庭的结构与关系、生活方式、老年保障等，因而需要将比较宽泛的研究主题转化为比较具体明确的研究问题。经过阅读和分析当时国内这一领域中的已有文献和一部分国外文献，研究者将研究问题确定为：独生子女家庭的基本状况描述、独生子女教育领域中的“溺爱”现象和“望子成龙”现象分析、独生子女家庭养老面临的主要问题探讨等。

（2）研究设计。为了达到上述研究目标，研究者决定采用以调查研究为主的方式进行探讨。研究者选取了地处全国中部，在人口结构、家庭规模、人口出生率、独生子女比重、社会经济发展水平等方面均处于全国平均水平的湖北省作为调查地区，以武汉市、黄石市、沙市市、仙桃市、云梦县城关镇作为调查点（分别代表特大城市、大城市、中等城市、小城市、城镇，以及综合性的中心城市、重工业城市、轻工业城市、县级市和镇），其目的是尽可能提高研究结果的代表面。根据研究者所拥有的时间、经费和人力等条件，研究采取了横向调查的形式，确定了以描述为主的研究目标，选择了小学生中的独生子女作为分析单位，小学生中的非独生子女作为比较对象，小学生家长作为资料收集的对象，设计了分层、多阶段、整群随机的抽样方法，以及收集调查资料的主要工具——《小学生家长调查问卷》，并对问卷调查表的发放与回收、问卷调查资料的审核与输入、问卷调查资料的统计分析方法等均进行了比较周密的设计和考虑，并于1988年4月至5月间进行了试调查，然后根据试调查的结果再次修改了调查问卷。

（3）资料收集。1988年9月至11月，研究者在整整3个月的时间里，独自一人奔赴5个调查城市，开展问卷的发放与回收工作。在每一所抽中的小学里，研究者先与学校领导交谈，了解学校概况，并根据研究设计，分别从高年级和低年级中抽出两个调查的班级，然后分别访问班主任老师，向他们了解小学独生子女与非独生子女在学习、个性、家庭等方面的情况，同时布置好问卷调查的方式、方法、要求等有关事宜。此外，研究者还在老师和学生的帮助下，访问了一部分小学生家长，获得了比较丰富的个案资料。

（4）资料分析。问卷资料回收后，研究者首先对所有问卷进行了审核。经过核查，剔除了少数空白、未填完等不合格的问卷。然后，研究者请北京大学社会学系的10名本科生对问卷资料进行了编码过录，并请一名博士生将编码过录后的问卷资料全部输入计算机。问卷资料的统计分析均在计算机上运用SPSS/PC+软件进行。根据研究的目的、要求，同时兼顾到时间等客观条件的限制，研究者主要进行了单变量的描述统计和双变量的交互分类统计及其相关分析。

（5）得出结果。通过对调查资料的系统分析和深入探讨，研究者得出了“三口之家是独生子女家庭的典型特征”“生育两个孩子是大部分独生子女父母的生育意愿”“小学独生子女父母的角色中增加了教师的角色及同龄伙伴的角色”“独生子女并非都是小皇帝”“独生子女家庭养老将面临严重挑战”等一系列研究结果和结论。当然，研究者也客观地指出了其研究存在的局限性，提示了研究结果的适用范围，以及值得进一步研究的问题。1990年，研究者将这些结果撰写成一篇博士论文。1992年，研究者又在这篇博士论文的基础上，撰写了一本从社会学角度系统研究我国独生子女问题的学术专著——《独生子女：他们的家庭、教育和未来》。

相关链接

知识问答

1.国内生产总值与国民生产总值有何区别与联系？

国内生产总值（GDP）与国民生产总值（GNP）都是反映宏观经济的总量指标，但它们既有联系又有区别。

国内生产总值是指一个国家或地区范围内的所有常住单位，在一定时期内生产的最终产品和提供的劳务价值的总和。所谓“常住单位”，其内涵与“常住居民”相同。一国的“常住居民”包括：（1）居住在本国的本国公民；（2）暂居（一年以内）外国的本国公民；（3）长期（一年及一年以上）居住在本国的外国居民。也就是说，在一国领土范围内，其居民无论国籍如何，只要符合本国常住居民定义，他们在一定时期内所生产的最终产品和提供的劳务价值都可算作本国的生产总值。生产总值的价值形态是指各国民经济部门增加值之和，增加值等于国民经济各部门的总产出减去中间产品和劳务价值后的余额。

国民生产总值是指一个国家或地区的所有常住单位在一定时期内在国内和国外所生产的最终成果和提供的劳务价值的总和。它等于国内生产总值加上来自国外的净要素收入。国外的净要素收入是指从国外得到的要素收入减去支付给国外的要素收入。

可见，国民生产总值与国内生产总值之间的区别就在于国外的净要素收入。生产要素的提供者不一定都是本国居民，有时也有外国居民，本国居民也有向外国的经济活动提供要素的。国内经济活动所创造的收入，作为要素收入，既分配给本国居民，也分配给外国居民，相反，国外的经济活动所创造的收入也分配给本国居民，这两项的差额就是国外的净要素收入。

由此可见，国内生产总值是“领土”概念，国民生产总值是“生产要素”概念；国内生产总值是“生产”概念，国民生产总值是“收入”概念。在经济封闭的国家或地区，国民生产总值等于国内生产总值；在经济开放的国家或地区，国民生产总值等于国内生产总值加上国外的净要素收入。因此，国内生产总值和国民生产总值是两个不同但又有联系的指标。

2.什么是恩格尔系数？

1857年，德国统计学家恩格尔阐明了一个定律：随着家庭和个人收入增加，收入中用于食品方面的支出比例将逐渐减小。这一定律被称为恩格尔定律，反映这一定律的系数被称为恩格尔系数。恩格尔系数是指购买食物的人均支出在消费总支出中的比例（即食品消费支出占消费总支出的比重），是判断国民生活水平的国际标准。其公式表示为：

恩格尔系数（%）=食品支出总额/家庭或个人消费支出总额×100%

恩格尔定律主要表述的是食品支出占总消费支出的比例随收入变化而变化的一种趋势，揭示了居民收入和食品支出之间的相互关系，用食品支出占消费总支出的比例来说明经济发展、收入增加对生活消费的影响程度。众所周知，吃是人类生存的第一需要，在收入水平较低时，其在消费支出中必然占有重要地位。随着收入的增加，在食物需求基本满足的情况下，消费的重心才会开始向穿、用等其他方面转移。因此，一个国家或家庭生活越贫困，恩格尔系数就越大；反之，生活越富裕，恩格尔系数就越小。国际上常常用恩格尔系数来衡量一个国家和地区人民的生活水平。根据联合国粮农组织提出的标准，恩格尔系数在59%以上为贫困，50%～59%为温饱，40%～49%为小康，30%～39%为富裕，低于30%为最富裕。

3.什么是基尼系数？

基尼系数是国际上用来综合考察居民内部收入分配差异状况的一个重要分析指标，由美国经济学家阿尔伯特·赫希曼于1943年提出的。其经济含义是：在全部居民收入中，用于进行不平均分配的那部分收入占总收入的百分比。

基尼系数最大为1，最小等于0。前者表示居民之间的收入分配绝对不平均，即100%的收入被一个单位的人全部占有了；而后者则表示居民之间的收入分配绝对平均，即人与人之间收入完全平等，没有任何差异。但这两种情况只是在理论上的绝对化形式，在实际生活中一般不会出现。因此，基尼系数的实际数值只能介于0～1之间。

目前，国际上用来分析和反映居民收入分配差距的方法和指标很多。基尼系数由于给出了反映居民之间贫富差异程度的数量界线，可以较客观、直观地反映和监测居民之间的贫富差距，预报、预警和防止居民之间出现贫富两极分化，因此得到世界各国的广泛认同和普遍采用。按照国际惯例，基尼系数在0.2以下，表示居民之间收入分配高度平均；0.2～0.3之间表示相对平均；0.3～0.4之间为“比较合理”；同时，国际上通常把0.4作为收入分配贫富差距的警戒线，认为0.4～0.6为差距偏大，0.6以上为高度不平均。

思考与实践

1.列举你所知道的社会研究的例子，并根据其性质或应用领域说明它们分别属于哪一类社会研究。

2.找几篇发表在学术刊物、通俗杂志、一般报纸上的社会调查报告进行阅读，看看它们之间有什么异同。

3.社会研究的方法体系由哪几个部分构成？不同的方法论、研究方式和具体方法之间存在怎样的关系？

推荐书目

[1] 巴比. 社会研究方法 [M]. 邱泽奇，译.11版. 北京：华夏出版社，2009.

[2] 费孝通. 从事社会学五十年 [M]. 天津：天津人民出版社，1985.

[3] 风笑天. 现代社会调查方法 [M]. 5版. 武汉：华中科技大学出版社，2014.

[4] 默顿. 社会研究与社会政策 [M]. 林聚任，等，译. 北京：生活·读书·新知三联书店，2001.

第二章

选题与文献回顾

著名科学家爱因斯坦曾经说过："提出一个问题往往比解决一个问题更重要，因为解决一个问题也许仅是一个数学上或实验上的技术而已，而提出新的问题、新的可能性，从新的角度去看旧的问题，都需要有创造性的想象力，而且标志着科学的真正进步。"①一项具体的社会研究往往开始于对研究课题的选择，因而，选题始终是社会研究的第一步。这里所提到的"课题"，也可以称为研究题目，与通常所说的"社会问题"或"社会现象"既有些相近，又有所不同。社会研究的课题所涉及的常常是现实生活中的某种社会现象或某种社会问题，这是它们有些相近的原因，但社会研究的课题通常比某种社会现象或社会问题更具体、更集中，也更明确，这是它们之间有所不同的地方。这一点，我们在学习有关选择研究课题的内容之前应该有所了解。

第一节 选题的类型

社会研究课题，是指在特定领域经过精心选择的所要说明和解决的问题，它包含着一定的求解目标和范围。对于学习和从事社会研究的人来说，选题的任务是要寻找一个既值得做，又可以做的研究题目。

社会研究必须从社会需要出发，社会需要是多种多样的，因此，社会研究的课题也是多种多样的。归纳起来，社会研究的课题可分为以下几类：

一、理论性研究课题和应用性研究课题

根据社会研究的不同目的，可以将研究课题分为理论性研究课题和应用性研究课题。

1.理论性研究课题

理论性研究课题是指为检验和发展某些理论或假设而从事的社会研究课题。这

① 爱因斯坦．物理学的进化［M］．周肇威，译．上海：上海科学技术出版社，1962：66．

种研究不是为了解决当时的社会问题，而是为了揭示某种社会现象的本质及发展规律。

2.应用性研究课题

应用性研究课题是为了解决当前的社会问题而提出的研究课题。它的目的是满足社会实际应用的需要。在社会现实中，一些新变化、新现象的出现，需要得到陈述和澄清，一些迫切需要解决的问题，需要研究其原因，进而制定可行的对策。应用性研究课题主要有两类：第一类是一般性的应用课题，主要研究一些较长时间内普遍存在的社会问题，如人口问题、生态平衡问题、社会管理问题、婚姻问题等。第二类是特殊的应用问题，即在一定时期或某种特定的情况下存在的问题，如金融危机问题、就业问题、农民工问题、社会保障制度改革问题等。

无论是理论性的还是应用性的研究课题，有关的研究结果通常既可以在理论上做出一定贡献，同时也有助于社会实际问题的解决。例如，人口学家研究如何控制生育率的问题，其研究结果既是对人口理论的延伸和发展，又可以为政府在制定人口政策时提供参考与建议。

二、描述性研究课题与解释性研究课题

1.描述性研究课题

描述性研究课题，是指为弄清发生了什么事而提出的研究课题，其目的在于探明和详细描述社会已发生的现象。研究这类课题，研究者必须大量收集各种有关情报和信息，以便能充分地回答研究中需要解答的问题并做出详细的描述。例如，市场研究的目的是对购买或将要购买某种产品的消费倾向进行描述。

2.解释性研究课题

解释性研究课题，是指试图进一步对现象产生的原因和过程做出解释或说明的研究课题。与描述性研究课题比较，解释性研究课题能进一步深化人们对社会现象的了解。在解释性研究课题中还可以进一步延伸出预测性研究课题。预测性研究课题是在说明社会现象的现状及其因果联系的基础上，进一步推测社会现象发展趋势的课题。

三、自选课题和委派课题

研究课题根据来源可以分为自选课题和委派课题。

1.自选课题

自选课题是指研究者根据自己所从事的科研、教学或实际工作的需要，或者是根据自己的专业领域、研究方向或研究兴趣，并结合社会的某种需要，自己选定的课题。研究者具有很大的主动性和决定性。

2.委派课题

委派课题是指由有关的机构、部门、单位或个人根据他们的某种需要所确定并委托或指派给研究者进行研究的课题。

上述研究课题的分类只具有相对的意义。在实际的社会研究中，不少研究课题常常是理论性研究与应用性研究、描述性研究与解释性研究兼而有之，只是其侧重点不同而已。

第二节 选题的标准

选择研究课题既然有着如此重要的意义，就应该高度重视选题的工作。为了选好题、选准题，必须明确选题时应该依据的标准。在实践中，人们通常采用下列几条标准来作为选择研究课题的依据：重要性、创造性、可行性、合适性。

一、重要性

重要性是指研究课题所具有的意义或价值。通俗地说，它是指一项研究课题所具有的用途或用处。我们所从事的任何一项研究课题，首先必须具有某种意义或价值，或者说，首先必须是“值得去做”的。当然，对于不同的研究课题来说，这种意义或价值会有大有小。同时，这种意义既可以是理论方面的，也可以是实践方面的，或者是理论与实践两方面兼而有之的。

理论方面的意义或价值，主要体现在研究课题对一门学科的发展、对某种理论的形成或检验、对社会规律的认识、对社会现象的解释等所能做出的贡献上；而实践方面的意义或价值，则主要体现在研究课题对现实社会生活所提出的各种具体问题能否进行科学的回答、能否提供合理的解决办法。例如，研究课题“社会转型与职业流动的调查研究”，其关注点主要在于探讨社会生活中的职业流动现象与整个社会的转型之间的关系，因而主要具有理论方面的价值；而研究课题“当前我国的吸毒现象及其防治对策研究”，则主要针对现实社会生活中存在的具体社会问题，因而具有明显的实践意义。

在众多可供选择的研究课题面前，要思考或评价一项社会研究课题是否具有重要性，就等于先问问自己：做这项研究课题有没有用处？有什么用处？有多大的用处？无论是在提高人们对社会现象、社会过程、社会规律的认识和理解方面，还是在促进解决社会问题、改善社会管理、提出社会政策方面，用处越多的课题越是好课题，用处越大的课题越是好课题，因而，也是越值得去做的课题。

二、创造性

创造性也可以称作创新性或独特性，它是指研究课题应该具有某种新的东西，具有与众不同的地方，具有自己的特点。作为一种科学的认识活动，每一项具体研究必须能够在某些方面增加人们对现实世界的认识，能够为人们了解和理解现实社会生活中的各种现象、各种问题、各种规律提供新的东西，而不能总是在同一领域、同一范围、同一层次上重复别人的研究，重提已有的结论。

最具创造性的课题当然是那种全新的、前人从没有做过的课题，这也就是人们常说的属于“填补空白”的课题。然而，要找到一个这样的课题也最为困难，因为无论在哪个领域中，完全无人涉足的现象或问题已几乎不存在，世上已基本没有那种“尚未开垦的处女地”。所以，对于大多数研究者来说，一项课题具有创造性，是指该课题在研究的思路或者研究的角度、依据的理论、研究的对象、采用的方法、研究的内容等方面，与前人的研究有所不同，有自己独到的、新颖的地方。

例如，一个对青年人的婚姻家庭问题感兴趣的研究者，在看到前人做过“大城市青年人结婚消费问题研究”的课题后，选择做一项“中小城市青年人结婚消费问题研究”的课题，或者选择做一项“农村青年人结婚消费问题研究”的课题，这就在研究的对象上有了创新性；如果他选择做一项“大城市青年人结婚仪式选择研究”的课题，或者“大城市青年人恋爱问题研究”的课题，这就在研究的内容上有了创新性。如果前人的课题所研究的是某一特定时期的现象或问题，比如“20世纪90年代青年人的生育观念研究”，那么，我们可以选择不同时期的这一现象或问题进行研究，即可以选择“21世纪10年代青年人的生育观念研究”。当然，选择课题时这种“与众不同”要有明确的目的，要根据理论上或实践上的价值和需要，而不能单纯地为了不同而不同。

三、可行性

可行性是指研究者是否具备进行或完成某一研究课题的主观、客观条件。换句话说，就是指研究者在现有的主观、客观条件下去从事这项研究课题是否行得通。在许多情况下，越是具有重要价值和创新性的研究课题，它所受到的主观、客观限制往往也越多，这也就是说，它的可行性往往也越差。要进行或完成这样的课题常常十分困难，有时甚至是完全不可能进行。

主观限制是指研究者自身条件方面的限制。它包括研究者在生活经历、知识结构、研究经验、组织能力、操作技术等方面的限制，甚至还包括研究者的性别、年龄、语言、体力等纯粹的生理因素的限制。例如，一个年轻的男性大学生研究者如果选择以“离婚妇女的心理冲突与调适研究”作为研究课题，那么，从可行性方面来考察，我们就会发现，这一课题对于这个大学生研究者来说是不太可行的。因为无论是从他的年龄、性别、社会生活经历等个体因素来看，还是从他对这一领域的相关背景知识的熟悉程度来看，他都与这一研究课题的特点和要求相差较大，往往很难圆满地完成这一研究课题。同样的道理，一个不懂少数民族语言和风俗习惯的研究者，如果选择一个以少数民族成员为研究对象的研究课题，显然也是不可行的。

客观限制是指进行一项研究课题时受到的外在环境或条件的限制。如研究时间不够，研究经费不足，有关文献资料不能取得，所涉及的对象、单位和部门不能给予必要的支持和合作，研究课题违反国家有关政策法令，或者违反社会伦理道德，或者与被研究者的生活习俗、宗教信仰相违背等，都是导致一项研究课题无法进行的客观障碍。比如，“青少年初次犯罪原因研究”这一研究课题无论从重要性，还是从独特性来看，都是值得去做的课题。然而，如果研究者无法取得公安局、监狱、少管所等部门的准许、支持和配合，无法接近研究对象，课题就难以进行。再比如，要进行“私营企业劳资关系调查研究”的课题，如果得不到有关的私营企业主的支持与配合，恐怕研究者连私营企业的厂门都进不去，收集资料就更不用谈了。

因此，选择研究课题时，仅考虑前面两条标准是远远不够的，我们还必须把可行性这条标准放到非常重要的地位。一项不具备可行性的研究课题，无论其多么有价值，多么有新意，最多也只能是一项“伟大的空想”。

四、合适性

合适性是指所选择的研究课题最适合研究者的个人特点。这种个人特点主要包括研究者对该研究课题的兴趣、研究者对与该研究课题相关的社会生活领域的熟悉程度、研究者与所研究的对象之间的相似性程度，以及研究者所具有的各种资源、条件与该课题的要求相符合的程度等。

合适性与可行性不同，可行性所解决的是课题的“可能性”问题，而合适性所涉及的则是课题的“最佳性”问题。这也就是说，可行性是关于这项课题“能不能做”的问题，而合适性则是关于这项课题对于研究者来说“是不是最好”的问题。具有了可行性的课题也许有很多，但对于某个具体的研究者来说，最适合他的课题则往往只有一个。也可以说，可行的课题不一定是合适的课题，而合适的课题必须是可行的课题。

个人兴趣虽然不应该是影响课题选择的决定因素，但我们却可以说它是帮助和促使研究者做好课题的一个重要因素。在其他条件相同的情况下，研究者应该首先选择自己最感兴趣的课题。同样，研究者对具有可行性的课题相关的社会生活领域的熟悉程度，也是影响到研究课题能否顺利进行的一个重要因素。在可能的条件下，研究者应该尽量选择与自己所熟悉的社会生活领域相关的研究课题，而不要选择自己比较陌生的领域中的课题。对于研究者与研究对象的相似性（或同质性）问题，虽然有不同的看法，但是，在大多数情况下，二者之间的相似程度越高，越利于研究的进行，也利于研究者对研究资料的分析和理解。比如，同样是研究青年人的婚姻恋爱问题，作为大学生研究者来说，选择“目前大学生的婚姻观”这样的课题，可能比选择“目前青年工人的婚姻观”或“目前青年军人的婚姻观”等课题更为合适。

以上我们介绍了选择研究课题时人们通常采用的四条标准，需要进一步指出的是，这四条标准之间存在着某种层次上的联系：重要性是最基本的标准；独特性则是在重要性的基础上提出的新的标准；可行性在某种意义上可以说是课题选择中的决定性标准；合适性则是在前三条标准的基础上提出的更进一步的标准。这四条标准层层深入，从几个不同的侧面，将一个理想的研究课题从最初众多不成熟的想法、思路和课题雏形中，逐渐分离出来。

|第三节|　研究课题明确化

一、选题的方法

掌握了选题的标准，并不能保证就一定能选择到一个恰当的研究课题，就像有了渔网和船并不一定就能打到鱼一样，我们还需要解决“哪儿有鱼”“到哪里才能打到鱼”的问题。对于选择研究课题来说，就是要解决“到哪里去找课题”，以及“用什么方法去找课题”的问题。这就是研究课题的来源问题、选择研究课题的途径问题以及选择研究课题的方法问题。

1.从现实社会生活中寻找

每个研究者始终生活在现实的社会中，而千姿百态、形形色色的社会生活又是各种社会研究课题最丰富、最精彩的来源，关键是要善于观察、勤于思考。在日常生活中，要养成对各种社会现象、社会行为、社会心理、社会问题经常问个“为什么”的习惯。这样做往往可以使人们从纷繁复杂的生活大潮中、从变化无穷的社会现象中，抽出值得研究和探讨的课题来。处处留心，皆是“课题”。

一项好的调查研究课题的发现，也和作家写小说一样，既需要“深入生活”，也需要“灵感和火花”，这里所说的“深入生活”，主要指的是广泛地接触社会，而“灵感和火花”则是指那些可以发展成为研究课题的最初的想法和思路。没有广泛地与现实社会生活密切接触，这种“灵感和火花”就成了无本之木、无源之水。

2.从个人经历中寻找

个人经历和经验是人们观察各种事物、理解各种现象的基本视角和出发点，因此，以观察和理解社会现象为目的的社会研究工作，更离不开个人经验的帮助。研究者也可以向相关领域的专家和学者请教。这些专家和学者通常对所从事的领域有专门的研究，对研究现状也比较熟悉和了解，从他们那里可以获知课题的研究价值、可行性、重点和难点、创新以及特色等方面的有用信息。

3.从现有文献中寻找

通过查阅文献资料，可以了解到围绕某一课题，前人或他人已经研究过哪些问题，研究到什么程度，有哪些领域还没有人研究或研究得不够，有哪些领域出现了与已有研究不同的新情况、新变化等。弄清了这些情况，可以避免重复劳动和无效劳动，可以保证课题的新意或深度，可以明确研究课题的起点和重点。研究者常常可以从学术著作和教科书的内容中，从报刊的文章和标题中，以及从学习笔记和谈话记录中捕捉到相关信息。尤其是各种社会科学的报刊，常常成为灵感和火花的重要来源，很多的社会研究问题都是在此基础上得以形成的。

目前，国内有大量的社会科学期刊给我们提供了发现和探索特定研究课题的机会。比如，《中国社会科学》《经济研究》《教育研究》《社会学研究》《湖北社会科学》《湖南社会科学》等期刊。这些专门的社会科学期刊每年每期都有诸多可供选择的社会研究课题的相关报告或论文，因此常常是研究者寻找研究课题的重要来源之一。

4.从实地考察中寻找

研究者可以选择与研究课题有关的、具有代表性的少数单位和对象进行座谈、访问，以了解与课题有关的实际情况，特别是了解那些受到人们普遍关注的、迫切需要研究解决的现实问题。实地考察可以使研究者的思想更符合实际情况，使课题更具社会价值，使研究方向更为明确。

二、研究课题的明确化

在实际选择一项研究课题时，初学者或缺乏经验的研究者经常犯的一个毛病，就是只选择某一个比较宽泛的或者是比较笼统的问题领域，甚至是某一类社会现象或社会问题，而不是一个明确的、具体的研究课题。

比如，某班学生在学习了《社会研究方法》一书中的“选择研究课题”一章后，按老师的要求做了一次选择研究课题的练习。我们从他们所选择的研究课题中，挑出以下几个作为例子，进行分析和说明：

学生甲所选择的研究课题是“我国社会中的青少年犯罪问题研究”。

学生乙所选择的研究课题是“农村青年的价值观研究”。

学生丙所选择的研究课题是“当前我国社会中的家庭问题研究”。

用前面第二节中的标准来衡量，不难发现，这几个课题都具有很重要的意义，但是，在可行性上它们都比较欠缺。而造成这种欠缺的一个重要原因，就是他们所选择的研究课题在内涵上过于宽泛，过于一般。要使这种一般性问题转变成为焦点集中的、切实可行的研究课题，必须使研究课题明确化。

研究课题的明确化，是指对研究课题进行某种界定，给予明确的陈述，将最初头脑中比较含糊的想法变成清楚明确的研究主题，将最初比较笼统、比较宽泛的研究范围或领域变成特定领域中的特定现象或特定问题。

无论是青少年犯罪问题，还是农村青年价值观问题，都包括许多具体的方面和内容。比如，初次犯罪的原因，群体犯罪的心理，农村经济发展程度与青年价值观之间的关系等。同样的道理，如果说“我想研究民工潮的现象”，或者说“我打算做一个有关农民工的研究课题”，这都是很不够的，因为这种研究课题的内涵不够确切，焦点不够集中，你还应该进一步将你的课题具体化、清晰化。你应该仔细问问自己：究竟是想了解民工潮的规模、地区分布、形成原因、后果及其影响，还是其他内容；所感兴趣的是哪一种类型的民工潮，或是哪一个时期的民工潮。

第四节　文献回顾

一、文献回顾及其意义

文献回顾也称为文献考察或文献评论，是指对到目前为止的、与某一研究问题相关的各种文献进行系统查阅和分析，以了解该领域研究状况的过程。文献回顾是社会研究过程中前期重要的工作之一。有经验的社会研究人员在选题时无疑会系统地查阅相关文献，文献回顾与课题选择之间有着密切的联系。在选择研究课题时，文献回顾的工作会给予研究者极大的指导和支持。文献回顾的步骤如图2-1所示。

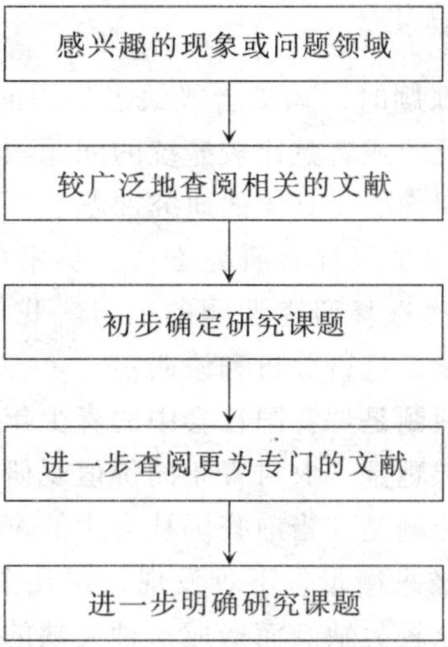

图2-1　文献回顾的步骤

这一过程表明，查阅相关的文献，与研究课题的选择以及与研究课题的明确化都有着密切的关系。在某种程度上，我们可以说正是查阅文献帮助研究者一步一步地走向最终的研究课题。除了在选择研究课题方面的重要作用外，查阅文献对于一项具体的社会研究还具有以下两个方面的作用：

第一，帮助研究者熟悉和了解本领域中已有的研究成果。通过系统的文献查阅，研究者能比较全面地了解本领域中的研究状况，特别是已取得的研究成果。这种了解对于研究者选择和确定自己的研究课题具有十分重要的作用。它将研究者自己的研究放到现有研究的背景中去，便于研究者确立自己的研究在该领域中的位置，认识到自己的工作对增加人们的认识，对学科理论的发展，或对实际问题的解决所具有的意义和贡献（哪怕只是一点小小的贡献）。

第二，为研究者提供一些可供参考的研究思路和方法。通过文献查阅，研究者可以了解到以前的研究者在探索该问题领域时所采取的各种不同的研究角度和研究策略，以及各种具体的研究方法。这些角度、策略和方法无论其成功与否，都为研究者在自己的研究中进行研究设计、资料收集和分析提供了一种借鉴和参考的具体框架。文献查阅的结果还可以帮助研究者发现和利用现有研究中对某些关键变量的操作化方法和测量指标。

二、文献回顾的方法

与一个研究问题相关的文献数目往往非常巨大，而研究者用于文献回顾的时间也是有限的，因此有效掌握文献回顾的方法尤为重要。文献回顾的过程通常包括三项任务：一是查找相关的文献；二是对文献进行选择；三是实际阅读和分析文献。

查找文献主要集中在三个方面：一是相关的著作；二是相关的论文；三是相关的统计资料和档案材料。著作的查找主要在图书馆进行。查找方法是通过专门的计算机检索工具，按照“书名”“作者”“主题词”“索书号”等进行检索和查询。各种统计资料、档案材料也主要在图书馆进行查找。相关论文的查找是文献查找中重要的内容之一。英文的论文可以从Science Citation Index（科学引文索引，简称SCI）上查找，这一索引收录了全世界最重要的英文社会科学期刊上所发表的论文题目。此外，各社会科学学科还有专门的索引或具有类似索引功能的论文摘要期刊。比如，人口学中的Population Index（人口索引），以及更广泛的Social Science Abstracts（社会科学摘要），Social Sciences Citation Index（社会科学引文索引，简称SSCI）等。中文的论文则可以从《全国报刊资料索引》（哲学社会科学版）上查找。该期刊每月一本，收集了全国几千种报纸杂志上所发表的各种文章的目录，并分类排列。研究者可以从中查到相关的论文题目，作者，发表的期刊、期号等。目前，该索引已有光盘版，在有些大学或研究机构的局域网中，研究者可以通过与局域网相连接的计算机进行网上查阅。此外，中国学术期刊也开始建立网络学术期刊论文检索系统，研究者也可以上网进行论文的查找。

需要说明的是，我们这里所说的相关文献，通常并不包括各种大众传播媒介，如报纸、通俗杂志中的文章或者电视上、网络上的评论，哪怕这些文章也涉及同样的社会内容，因为记者们的工作属于另一个不同的领域。无论是他们收集资料的方式，还是他们分析资料、表达结果的方式，都与社会研究的方式大不相同。他们的工作最多只能作为启发我们思路的某种基础。

当我们查找到相关的文献后，还必须解决对这些文献进行选择的问题。有时某一个领域中已有的文献数量很多，通过检索和查找，我们可能会收集到上百篇甚至好几百篇相关的论文。要全部阅读这些文献不仅难度大，实际上也没有必要。通常我们必须决定在所查找到的这些文献中，哪些是必须详细阅读的，哪些是可以大致浏览的，哪些是不用阅读的。那么，如何确定哪些是必须重点阅读的文献呢？或者说，如何判断哪些是对自己的研究最为重要的文献呢？可以考虑下列几个方面的因素：

（1）根据文献的相似性来选择。文献中所研究的变量、所涉及的主要内容、所使用的样本类型、所依据的理论框架与自己的研究越相似越好，相似的方面越多越好。

（2）根据发表的时间来选择。选择近期研究的原则来源于科学的累积性质。一般来说，在其他方面的情况差不多时，时间越近的研究越有用，因为从理论上说，这些研究应该已经考虑了比其更早一些的研究成果。

（3）根据研究者在该领域中的学术影响以及是不是权威来选择。这是因为，在每一领域中，总有一些研究者具有一定的知名度，并且已树立一定的学术声望。这种声望和知名度常常使得他们的研究比那些较不知名的研究者所进行的研究显得更为重要。但是，这种考虑实际上也存在着一定的偏见，因为所有的知名学者也都是从不知名走过来的。

对相关文献的阅读是一项既需要时间、耐心和细致，也需要敏锐的眼光和效率的工作。阅读文献时，应特别注意如下几个方面的内容：一是每项研究的理论框架和研究背景，它们是从哪一点出发的，它们各自的目标是什么；二是该研究的方法，包括研究对象、研究方式、抽样设计、样本特征、资料分析方法等；三是该研究的主要结果，包括它在讨论部分所提出的观点、所做的推论等。在查阅文献的时候，对某些重要内容要画上记号，并随手做一些简要的评论，这样做十分有助于文献查阅的后期整理和总结工作。如果有时间，还可适当做些摘录，摘录的原文要注明出处和页码。

相关链接

“真课题”？“假课题”？

近年来，我国研究生连年扩招，国人为之欢欣鼓舞。但扩招后，一些值得思考的深层次问题逐渐暴露出来，研究生教育质量和学术论文水平便是其中两个相互关联的问题。全国政协委员，合肥工业大学教授、博士生导师邓善熙发现，为保证研究生教育质量，很多学校出台了一些规定，其中之一是，不论硕士生还是博士生，必须做“真课题”；还有，研究生申请学位论文答辩前，必须发表过若干篇论文。以上两项规定在前几年研究生总数不多时，起到了积极的作用，但研究生大量扩招后，显示出其不合理性。

首先是研究生没有那么多的“真课题”可做。在一些研究型大学里，研究生总数通常在5 000～10 000人，甚至10 000人以上。以10 000人计，如果两名研究生同做一个课题，就要有5 000个课题。若10名研究生做一个大课题（或一个课题分解出10个子课题），则需1 000个大课题。可是中国有多少大学能每年拥有如此数量的“真课题”？由此带来了几个研究生论文题目不同，内容却大同小异，甚至互相抄袭的问题。而一些人想做一点新探索、新尝试，却被视为“假课题”。

因此邓善熙委员认为：一要取消对探索性的自拟科研课题的限制，特别是博士生的研究课题，应鼓励博士生自由选题和自由探索，而不是由导师申请课题，再规定博士生去完成其中的某一部分；二要取消对研究生做国民经济尤其是生产企业实际科研课题的限制，取消“横向课题”与“纵向课题”的界限。

其次是研究生论文要发表谈何容易，何况要发表在国家339种核心刊物上才算数。而这些核心刊物，每年能刊登多少篇文章呢？假设以300种计，有月刊和季刊，以平均每年出10期计，每期可刊登40篇论文，总共可发表12万篇文章。但每年全国招收研究生总数超过20万人，年年继续递增。他们毕业时，几十万篇论文从何而来？到哪儿发表论文？

邓善熙委员认为，要求研究生做课题的同时发表一些学术论文，这是培养研究生的一个重要方面，但不应对论文的数量作硬性规定。现在的研究生为了赶在毕业答辩前完成发表论文的指标，出现了各式各样的“对策”。没的写，就在网上下载某偏僻小国不知名大学发行量很少的杂志上的洋论文，改头换面，甚至只换个作者姓名，就拿去投稿，这就是近年来陆续出现剽窃、造假论文的由来。至于低水平的重复，更是不计其数。

基于上述两个问题，邓善熙委员建议，学习和推行国外“读学分硕士”制度。

在国外很多著名大学中，硕士生读30~45个学分课程，不做课题研究和论文便可毕业，但他们的理论基础却很扎实。通过学习每门课程，做大量作业和实验，其动手能力并不比我国的硕士生差，同时又为部分人攻读博士学位打下很好的理论基础。他们的经验值得我们借鉴。

邓善熙委员建议我国大学本科生的学习，主要以打好数理化基础为主，适当学习一些宽泛的专业技术基础课。本科毕业后攻读硕士学位，要在某个专业学科上，深入学习该专业基础理论，夯实专业理论基础，而不应该像现在的硕士生那样，只上一年课，便忙于搞一年半课题研究。推行“读学分硕士”的制度还可带来另一好处，使有限的、真正的科研课题留给博士生去做，解决课题不足以及几十万硕士生要发表论文的难题。

邓善熙委员呼吁，教育要发展，体制要创新，才能培养出创新型的人才。学习国外的“读学分硕士”制度，应当提到议事日程上来了。

思考与实践

1.从社会研究相关期刊中选取若干研究报告，用本章所介绍的选题标准对其进行评价。

2.分析上述社会研究课题的来源，并评价它们课题的明确化工作。

3.研究课题的可行性指的是什么？这种可行性与重要性、创新性之间的关系如何？

4.到图书馆查找社会研究方面文献资料的方式和方法。

5.通过计算机和学校图书馆的局域网查找下列专题的文献：“社会化”“亲子关系”“离婚原因”。

推荐书目

[1] 边燕杰. 市场转型与社会分层：美国社会学者分析中国 [M]. 北京：生活·读书·新知三联书店，2002.

[2] 陆建华. 中国社会问题报告 [M]. 北京：石油工业出版社，2002.

第三章 测量与操作化

作为认识社会现象的活动，社会研究必然会涉及对社会现象进行测量的问题。与抽样一样，测量也是社会研究中最为关键的步骤和内容之一。社会调查的资料以及社会调查成果的质量，都直接与测量的质量紧密相连。因此，每一个社会调查研究人员必须高度重视测量工作。在本章中，我们将对测量的概念与尺度、操作化过程、测量的层次、测量的信度与效度等内容进行介绍。

第一节 测量的概念与尺度

一、测量的概念

在日常生活中，我们对于测量并不陌生。比如，人们总是在用人体自身的各种器官去对外部世界进行测量：眼睛在测量物体的大小、颜色、形状、空间距离；耳朵在测量各种声音的高低、方向、含义；鼻子在测量各种气体的味道；皮肤在测量周围的温度等。由于人体器官的测量能力十分有限，而且测量的结果往往也不够精确，因而人们在科学研究中发明了许多专门的测量仪器，规定了各种测量的特定程序，创造了许多规范的测量方法，极大地提高了测量的水平和效果。人们不仅有了米尺、磅秤等这样一些基本的测量物体长短、高矮、大小、轻重的工具，发明了温度计来精确测量大气的温度、水的温度和人体的温度，发明了望远镜来测量宇宙中不同行星之间的距离，还发明了显微镜来测量人眼所无法看到的血液中的红、白细胞的数目等。

在社会调查中，人们也进行着另外一些形式的测量。比如，用人口登记的方法来测量一个国家的人口数量和人口结构，用电话访问的方法来测量人们对不同政党候选人的支持率，用自填问卷的方法来测量大学生们所具有的择业倾向等。虽然各种各样的测量在所测量的内容、方式等具体方面千差万别，但它们在一些最本质的方面却完全一致。这些最本质的方面，就是测量所具有的科学的内涵。

那么，究竟什么是测量呢？

美国学者史蒂文斯认为，“测量就是依据某种法则给物体安排数字”[①]这一定义被一些社会科学研究人员所采用。本书则用下述定义来进一步解释测量的含义：所谓测量，就是根据一定的法则，将某种物体或现象所具有的属性或特征用数字或符号来表示的过程。

测量的主要作用，在于确定一个特定分析单位的特定属性的类别或水平。它不仅可以对事物的属性作定量的说明（即确定特定属性的水平），同时，它也可以对事物的属性作定性的说明（即确定特定属性的类别）。而在社会调查中，研究者所进行的大部分测量往往都是这种定性的测量。

二、测量的要素

为了更好地理解测量的概念，有必要对测量定义中的四个必不可少的要素进行专门的说明。这四个要素是测量客体、测量内容、测量法则、数字和符号。

1.测量客体

测量客体，即测量的对象。它是客观世界中所存在的事物或现象，是我们要用数字或符号来进行表达、解释和说明的对象。比如，我们测量一张桌子的高度时，这张桌子就是我们测量的客体或对象。在社会调查中，最常见的测量客体是各种各样的个人，以及由若干个人所组成的各种社会群体、社会组织、社区等。在测量的四个要素中，测量客体所对应的是“测量谁”的问题。

2.测量内容

测量内容，即测量客体的某种属性或特征。实际上，在任何一种测量中，我们所测量的对象虽然是某一客体，但所测量的内容却并不是客体本身，而是这一客体的特征或属性。比如，桌子是我们的测量客体，而桌子本身我们却无法测量，只有桌子的各种特征（如它的高度、宽度、重量、颜色等），才能构成我们测量的内容。同样的道理，社会中的个人、群体、组织，以及社区等是我们的测量客体，是社会调查中的测量对象，但我们所测量的却并不是这些个人、群体、组织、社区本身，而是他们的各种特征。比如，测量个人的行为、态度和社会背景，测量群体和组织的规模、结构和管理模式，测量社区的范围、人口密度和人际关系等。只有这些特征才是我们的测量内容。在测量的四个基本要素中，测量内容所对应的是“测量什么”的问题。

3.测量法则

测量法则，即用数字和符号表达事物各种属性或特征的操作规则。也可以说，它是某种具体的操作程序和区分不同特征或属性的标准。比如，“将桌子放置在水平的地面，然后用直尺从地面垂直地靠近桌面的边缘，桌面所对应的直尺上的刻度即是桌子的高度”，这句话所陈述的就是测量桌子高度的操作规则。又比如，在社

① GUY R F. Social research methods: puzzles and solutions [M]. Boston: Allyn and Becon Inc., 1987: 138.

会调查中，我们要测量人们的收入状况，那么，“将被调查者工资单上的应发工资数额加上每月奖金发放统计表上所得的奖金数额”就是一种测量法则。在测量的四个基本要素中，测量法则所对应的是“怎么测”的问题。

4.数字和符号

数字和符号，即用来表示测量结果的工具。比如，60cm、100cm等就是测量桌子高宽等所得的结果；1 000元、2 000元等就是测量人们收入的结果。在社会调查中，研究者进行测量的结果，许多是用数字来表示的。比如，被调查者的年龄、收入，上下班路途所需时间；被调查家庭的人口数，及其用于购置大件家电商品的费用；被调查组织的规模等。但是，同样也有许多是用文字来表示的。比如，被调查者的性别（男、女）、婚姻状况（未婚、已婚、离婚、丧偶），被调查者对住房购买政策的态度（赞成、反对）等。尽管许多用文字表达的测量结果在统计分析时都转换成了数字（见第八章），但这种数字并不能像算术中的数字那样进行加、减、乘、除运算，最多只能作为不同类别的代号进行频数统计。在测量的四个基本要素中，数字和符号所对应的是“如何表示”的问题。

三、测量尺度

由于社会调查研究中所涉及的现象具有各种不同的性质和特征，因而对它们的测量也就具有不同的层次和标准。史蒂文斯创立了被广泛采用的测量尺度分类法，他将测量尺度分为四种，即定类测量、定序测量、定距测量和定比测量。不同层次的测量方法所对应的测量对象则分别称作定类变量、定序变量、定距变量和定比变量。

1.定类测量

定类测量也称为类别测量或定名测量，是测量层次中最低的一种。定类测量在本质上是一种分类体系。它将调查对象的不同属性或特征加以区分，标以不同的名称或符号，以确定其类别。定类测量的数学特征主要是“等于”与“不等于”（或者“属于”与“不属于”）。定性测量实际上都是在定类层次上的测量。在社会调查中，对诸如人们的性别、职业、婚姻状况、宗教信仰等特征的测量，都是常见的定类测量的例子。它们分别将被调查者划分成“男性与女性”“工人、农民、教师、商人”等各种不同的群体或类别，而每一个被调查者则分别属于或者不属于其中某一类别。

由于定类层次的测量实质上是一种分类体系，因而必须注意所分的类别既要具有穷尽性，又要具有互斥性，即既要相互排斥、互不交叉重叠，又要涵盖各种可能的情况，包罗万象。这样，我们所测量的每一个对象都会在分类体系中占据一个类别，且只会占据一个类别。比如，将性别分为“男性”和“女性”两类，将职业分为“工人”“农民”“干部”“教师”“商人”“其他”6类。

定类测量具有两种属性：对称性和传递性。所谓对称性，是指甲对乙的关系也就是乙对甲的关系。如果甲与乙同类，则乙也一定与甲同类。反之，如果甲与乙不同类，则乙也一定不会与甲同类。所谓传递性，是指如果甲与乙同类，而乙与丙同类，那么，甲一定与丙也同类。

由于对任何一门科学来说，分类都是基础，其他的几种层次的测量，也都把分类作为其最基本的测量内容。或者说，其他几种层次的测量中，都无一例外地包含着定类测量的分类功能。特别是在社会现象的测量中，大量的变量又都是定类变量，分类更是最基本的目标和最经常性的操作。因此，运用好定类测量，发挥其应有的作用，是调查研究人员的一项重要任务。

2. 定序测量

定序测量也称为等级测量或顺序测量。定序测量的取值可以按照某种逻辑顺序将调查对象排列出高低或大小，确定其等级及次序。比如，测量人们的文化程度，可以将它们分为文盲、半文盲、小学、初中、高中、大专、大学及以上等，这是一种由低到高的等级排列；测量城市的规模，可以将它们分为特大城市、大城市、中等城市、小城市等，这是一种由大到小的等级排列。在社会调查中，研究者可用定序测量对人们的社会地位、生活水平、住房条件、工作能力等特征进行类似的等级排列。

定序测量不仅能够像定类测量一样，将不同的事物区分为不同的类别，而且还能反映出事物或现象在高低、大小、先后、强弱等等级序列上的差异。它的数学特征是大于或小于（>或者<），它比定类测量的数学特征高一个层次。定序测量所得到的信息比定类测量更多。同时，定序测量除了具备定类测量的对称性（即区分同类与不同类）以外，还具备不对称性。这种不对称性是指甲对乙具有某种关系时，并不等于乙对甲也具有这种关系。比如，大于的关系（或小于的关系）就是不对称的，甲>乙时，就不会有乙>甲。但此时传递性依然成立：如果甲>乙，乙>丙，那么，一定有甲>丙。

3. 定距测量

定距测量也称为间距测量或区间测量。它不仅能够将社会现象或事物区分为不同的类别、不同的等级，而且可以确定它们相互之间的间隔距离和数量差别。比如，测量人的智商和测量自然界中的温度就是定距测量的典型例子。在定距测量中，我们不仅可以说明哪一类别的等级较高，而且还能说明这一等级比那一等级高出多少单位。这也就是说，定距测量所测出来的结果相互之间可以进行加减运算。如果测得张三的智商为130，李四的智商为115，那么由此可得张三的智商比李四高15。同样，我们分别测量武汉与上海的天气温度，结果发现武汉气温为35℃，上海气温是29℃，则从这一测量中，我们不仅可以了解到武汉与上海气温不同（定类测量的测量结果），还了解到武汉的气温比上海的气温高（定序测量的测量结果），更了解到武汉的气温比上海的气温高出6℃（定距测量的测量结果）。

需要注意的是，定距测量所得的值虽然可以为0，但这个“0”却不具备数学中我们所熟悉的“0”的含义。比如，在冬天，我们可以测得北京的气温为0℃，从测量的角度看，此时的“0”却并不是表示北京“没有温度”，而只是代表北京的气温达到了水的“结冰点”，这只不过是一个特定的数字而已，它是人们主观认定和选取的，因为在另一种温度量表中（华氏温度计中）0℃则是冰点下32度（32℉）。

4.定比测量

定比测量也称为等比测量或比例测量。定比测量除了具有上述三种尺度的全部性质之外，还具有一个绝对的零点（有实际意义的零点）。所以，它测量所得到的数据既能进行加减运算，又能进行乘除运算。比如，对人们的收入、年龄，以及某一地区的出生率、性别比等等所进行的测量，都是定比层次的测量。它们的测量结果都能进行乘除运算。如测得张三的收入为480元，李四收入为240元，那么由此我们可以说，张三的收入是李四收入的两倍（或李四的收入是张三收入的一半）。应该注意，是否有一个具有实际意义的零点（绝对零点）存在，是定比测量与定距测量的唯一区别。

5.测量尺度小结

上述四种测量的层次由低到高，逐渐上升。高层次的测量具有低层次测量的所有功能，它既可以测量低层次测量可以测量的内容，也可以测量低层次测量所无法测量的内容，同时，高层次的测量还可以作为低层次测量处理。比如，定序测量具有定类测量的分类功能，且可以作为定类测量使用；同样，定距测量具有定序测量的排序功能与定类测量的分类功能，也可以作为这两种测量使用，但反过来则不行。为了进一步清楚地说明这四种测量层次的差别，我们将它们各自的数学特性总结在表3-1中。

表3-1　**四种测量尺度的数学特性总结**

	定类测量	定序测量	定距测量	定比测量
类别区分（=、=）	有	有	有	有
次序区分（>、<）		有	有	有
距离区分（+、-）			有	有
比例区分（×、÷）				有

明确不同的测量尺度所具有的不同的数学性质，这一点在社会研究中十分重要。因为在对研究资料进行整理和统计分析过程中，我们需要根据不同的层次测量所具有的不同数学特性来选用不同的统计分析方法。

第二节　操作化

操作化既是社会调查中常用的概念，同时，它也是社会调查过程中最为困难、最为关键的步骤之一。因此，我们这里专门用一小节来介绍操作化的含义和有关内容。

一、操作化的有关术语

为了更好地理解操作化的概念与方法，有必要先对概念、变量和指标作一简要的说明。

1. 概念

概念是对现象的抽象，是一类事物的属性在人们主观上的反映。比如，“椅子”是一个很简单的概念，当说到椅子时，不同的人头脑中会出现各种不同的、特定的椅子：有的是木制的，有的是钢制的；有的是方的，有的是圆的；有的是黄色的，有的是棕色的。尽管这些椅子不完全一样，但是它们却具有某些共同的特征，即有四条腿支撑着一个供人坐的平面。椅子的概念正是对这些具体的、各不相同的椅子的抽象。

由于现实世界中事物和现象的类型、结构、复杂程度不同，所以，概念的抽象程度也有高有低。比如，“同情心”“责任感”“生活方式”这样的概念，其抽象层次就比“苹果”“椅子”“书”这类概念的抽象层次要高。社会研究中的概念大多是抽象程度较高的概念，因此，难以直接观察与描述。抽象层次高的概念往往包含多个抽象层次低的概念，并且它往往是难以直接观察和描述的。这是因为概念的抽象层次越高，其涵盖面就越大，特征也就越含糊。相反，一个概念的抽象层次越低，其涵盖面也就越小，特征也越明确。这一点可通过图3-1简单说明。

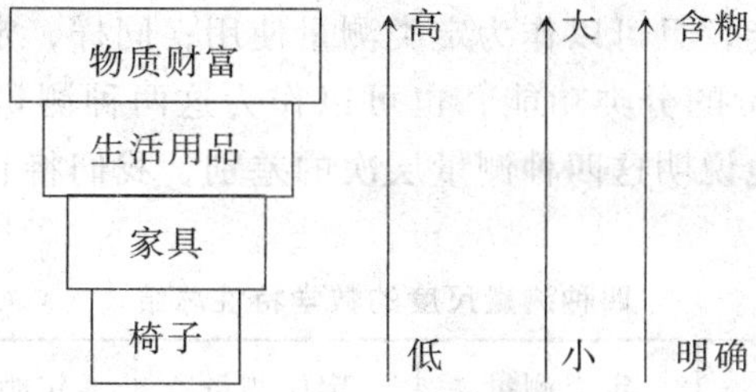

图3-1　概念及其特征

概念的抽象性对于理论有着重要的作用，从牛顿发现重力的事例中，我们可以看到这一点。许多世纪以来，人们经常看到苹果从树上掉下来，但却不能真正理解这一现象发生的原因，直到抽象的“重力”概念的提出，人们才找到答案。同时，使许多类似的现象在重力概念的范围内得到了说明。由于概念是命题的建筑材料，而命题则是理论的建筑材料，所以，有的社会学家把概念称为建筑理论大厦的砖石。

2. 变量

许多概念往往包括若干个范畴、值或亚概念，比如“性别”这一概念就包括男性和女性两个范畴；“职业”这一概念就包括工人、农民、干部、教师、医生等多个范畴。正是因为概念具有这种多值的特性，所以，在社会调查中，人们借用了一个数学术语，把所研究的概念称作变量（或变数）。所谓变量，就是指具有一个以上取值的概念，或者说，就是包括一个以上范畴的概念；而那些只有一个固定不变的值的概念，则叫作常量。比如，“性别”就是常量。

变量具有两个重要的性质。一是构成变量的各个值必须是穷尽的，即每个被调查者的情况都应能归于某个取值中。如果职业这一变量中只设工人、农民、军人三个取值，那么这个变量就不是穷尽的，因为它没有涵盖所有的人在职业方面的全部属性。比如，教师、医生、商人等都不能归于这三类中的某一类，他们被漏掉了。二是构成变量的取值必须是互斥的，即每个被调查者的情况仅属于一个取值，而不能同时属于两个或多个取值。比如，职业这一变量的取值中，如果既有工人，又有司机、车工等，那么，它的取值就不是互斥的，而是相互包含的了。

根据变量取值的性质不同，又可以分为定类变量、定序变量、定距变量和定比变量。以上四种变量分别对应四种测量尺度。

3.指标

表示一个概念或变量含义的一组可观察到的事物，称为这一概念或变量的一组指标。概念是抽象的，而指标则是具体的；概念是人们的主观印象，而指标则是客观存在的事物。因此，概念只能想象，而指标则可以观察和辨认。比如，“社会阶级”是一个抽象概念，通过操作化，我们可以用一组指标来测量它，这组指标包括职业、收入、文化程度等。由于指标是变量在经验层次上的一种体现，因而它同样具有变量的特征。这也就是说，一个指标也会有若干个不同的取值。比如，我们说“职业”是变量“社会阶级”的一个测量指标，它就有工人、农民、军人、教师等多个不同的取值；同样，“文化程度”也是“社会阶级”的一个测量指标，它也有文盲、半文盲、小学、初中、高中、大学等不同取值。

对于社会调查中所使用的“概念”“变量”“指标”“取值”这几个既相互联系又有所不同的概念之间的关系，我们可以用图3-2作粗略的区分。

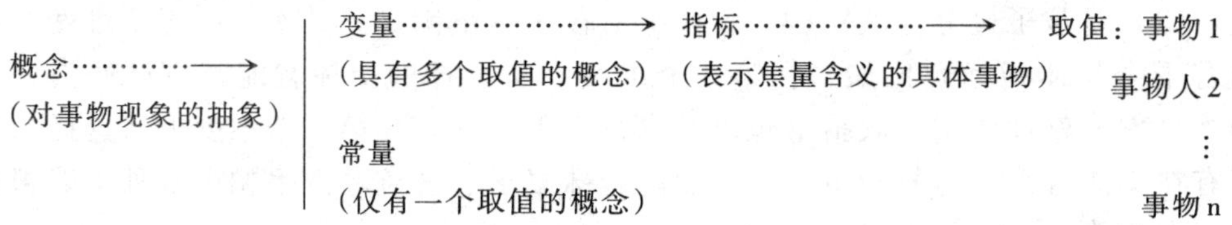

图3-2　概念、变量、指标及取值关系图

二、操作化的含义与作用

所谓操作化，就是要把我们无法得到的有关社会结构、制度或过程，以及有关人们行为、思想和特征的内在事实，用代表它们的外在事实来替换，以便于通过后者来研究前者。或者说，操作化就是将抽象的概念转化为可观察的具体指标的过程。它是对那些抽象层次较高的概念进行具体测量所采用的程序、步骤、方法、手段的详细说明。比如，将抽象概念“同情心”转化为“主动帮助盲人过街”“主动给讨饭者钱物”“主动向灾区捐款”，就是操作化的一个例子。而“将学生的语文、数学、外语三门课程的成绩按3、2、1的权重分别加权，然后相加并计算出平均值”，是对抽象概念“智力水平”进行操作化的一个例子。

操作化在社会研究中有着极为重要的作用。一方面，研究者头脑中的各种概念、意识，及其用以构建其理论大厦的各种基本变量，它们只有经过了合适的操作化之后，才会在普通人可以看得见、摸得着的现实社会中显现出来。另一方面，操作化也是具有定量取向的社会研究的关键一环。尤其是在解释性研究中，若要对任何有关社会现实的理论进行检验，操作化往往是不可回避的前提。这就是说，只有通过操作化的过程，将思辨色彩很浓的理论概念“转变成”“翻译成”经验世界中那些人人可见的具体事实，假设检验才够成为可能。

因此，可以说操作化是社会研究中由理论到实际、由抽象到具体这一过程的“瓶颈”。操作化过程，就是使抽象的理论概念与具体的经验事实之间架起了沟通的桥梁，让那些通常只存在于我们头脑中的抽象概念，最终在我们熟悉的、所生活的现实世界中“现出原形”，让那些本来只能靠我们的思维去理解、去体验的东西，“变成”我们看得见、摸得着的东西，即可观察、可测量的东西。例如，前面提到的“同情心”的概念。什么是“同情心”呢？虽然我们既不知道它的形状、大小、颜色，也没有摸到过它。但是，当我们将它操作化为“主动帮助盲人过街”“主动给讨饭者钱物”“主动向灾区捐款”时，我们就会在现实生活中看到它，并测量它。

举例来说，我们在研究独生子女的教育问题时，需要了解和比较独生子女父母与非独生子女父母在溺爱孩子方面的行为表现和心理状态。研究中，我们可对“溺爱孩子”的概念进行如下操作化处理：首先，根据“溺爱孩子”概念的名义定义，将其操作化为四个不同的维度，以反映这一概念的四个不同层面。这四个维度是：（1）不注意培养孩子的生活自理能力；（2）不注意培养孩子的劳动习惯；（3）对孩子过分迁就；（4）物质上对孩子尽量满足。其次，在每个维度上选择若干个具体指标。比如，在第一个维度上所选择的指标有能否自己洗头、洗澡、穿衣、整理床铺、收拾书包以及自行上下学等。在第二个维度上所选择的指标有在家能否简单地打扫卫生，饭后能否抹桌子、洗碗、洗手帕以及外出能否自己买东西等。[①]

三、概念的操作化

操作化是通过对抽象概念的定义来选择或制定研究指标，从而将抽象概念转化为具体的可以观测的变量（从而将研究假设转化为具体假设，假如有研究假设的话）的过程。

研究课题往往是以抽象的概念来表述的，对研究课题的操作化实际上是通过概念的操作化来实现的。而抽象的概念是无法直接测量的，所以需要对概念进行操作化。

概念操作化的步骤如下：

1.对概念进行定义

（1）抽象定义（理论上的定义）。

① 风笑天. 独生子女：他们的家庭、教育和未来［M］. 北京：社会科学文献出版社，1992：121-122.

根据调研目的，从概念的众多特征中抽出最能反映调查研究目的的特征，或从概念的众多定义中选择一个最适合调查研究目的定义。如从“社区”的众多定义（如定义一：“社区”是地域、社会互动和社会关系的综合体。定义二：“社区”是一个区域性社会，是人类生活的区域共同体）中选择一个与调查研究目的最适合的定义。

（2）操作定义（操作上的定义）。

根据抽象定义所界定的内涵与外延提出一些可观测的调查指标或调查项目。其目的在于实际测量某一概念。

例如，对“社区”这一概念进行操作化：

概念：社区。

抽象定义：人类生活的区域共同体。

操作定义：社区包括人口、地域、社会制度、生活设施、文化特征、心理特质等要素。

发展指标：（1）人口规模、人口变动；（2）地域面积；（3）成文的社会制度；（4）现代化生活设施；（5）共同文化特征；（6）共同心理特质。

又如，人口增长→某一地区1年内人口在数量上的增减变化→出生人口、死亡人口、迁入人口、迁出人口之和→出生人口数、死亡人口数、迁入人口数、迁出人口数。

收入→1个人1个月内的现金收入→工资、奖金、红利、利息、意外金钱（如中彩）之和。

2.选择或开发设计调查指标

（1）选择是指寻找与利用前人已有的指标，并可在此基础上作一定的修改与补充，以此作为调查指标。

（2）开发设计是指研究者通过初步探索自己创设新指标作为调查指标。

四、研究假设的操作化

在社会研究中，假设检验作为一种认识社会的重要方法，比较突出地反映了现代社会研究的定量化取向。研究假设也叫理论预设，是在研究之前提出的有待检验的命题。研究假设可以从文献资料和已有的理论中获得，也可以经由以往的调查或本次调查的事先研究中获得，也可以结合上述两种方式获得。由于假设是预先提出来的，因此它需要用经验事实加以检验，用研究结果来决定是接受它还是不接受它。

研究假设是对研究课题的尝试性回答，是用抽象概念陈述现象之间的关系，由概念构成。因此，对研究假设进行操作化的关键是对概念进行操作化，即研究假设的操作化是通过对概念的操作化来实现的。

例如，课题名：社区的现代化程度与人际关系。

研究假设：社区的现代化程度越高，人际关系越淡漠。

具体假设：①社区人口规模越大，人际关系越淡漠；
②社区地域面积越大，人际关系越淡漠；
③社区生活设施越好，人际关系越融洽。

只需要将社区现代化和人际关系两个概念进行操作化即可。

第三节　指数与量表

一、指数与量表的概念

对概念的复合测量可以有两种主要的方式：指数和量表。

1. 指数

指数将多个指标整合为一个单一的分数。指数是将社会现象的多个方面的指标通过一定方法整合为一个系数。典型的如股市指数（如上证指数）。

2. 量表

量表是一种具有结构顺序的复合测量，其全部陈述或项目都是按一定的结构顺序来安排的，以反映出所测量的概念或态度具有的各种不同的程度。典型的如李克特量表等。

3. 指数和量表的关系

相同点是二者都是对社会现象进行复合测量的工具。

两者的不同点主要体现在3个方面：

（1）二者得分的方式不同。指数是根据被测量对象选择指标的多少给予不同的得分，量表则是根据被测量对象对问题回答的强弱程度给予不同的得分。量表的信息量更大。

（2）量表测量属于定序测量。指数虽在理论上属于定序测量，但在实践中常常被作为定距和定比测量。

（3）在实践中，指数比量表运用更频繁。原因是量表虽然信息量大，但建立量表很难。

二、建立指数

一个指数就是由多个不同的回答所构成的一个简单累加的分数。它是由一组对有关事物的态度或看法的陈述构成的，回答者分别对这些陈述发表同意或不同意的意见，然后按某种标准将问答者在全部陈述上的得分加起来，就得到了该回答者对这一事物态度的量化结果。所以也称作总加量表。

选取指标时应该注意，首先要尽量选取表面效度较高的指标，其次要对不同指标的相关性进行检验。在指数中，每一个具体的陈述（也称作一个项目）在对概念的测量中都具有同等的地位，占有同等的比重，彼此间也不存在特定的顺序结构（若要对指数中的某些重要指标予以特殊的分量，常会用加权的形式）。比如，表3-2就是指数的一个例子。

表 3-2　　**贝利生育意愿指数**[①]

	同意	不同意
1.结婚的主要原因之一是要生孩子	1	0
2.只生一个孩子是错误的，因为独生子女是在孤独中长大的，且因无兄弟姐妹而忧郁	1	0
3.生育孩子是一个妇女所能具有的最深刻的经历之一	1	0
4.有两种性别的孩子至少比仅有一种性别的孩子好	1	0
5.没有孩子的妇女决不会感到完全的满足	1	0
6.男人知道他只有自己成为孩子的父亲时，才算是“真正的男人”	1	0
7.（由于生育控制等因素）不能导致怀孕的性生活是不道德的	1	0
8.未结婚的或者结了婚而没有孩子的男人可能是同性恋者	1	0
9.妇女的首要职责是做母亲，只有在不影响其母亲职责时，才谈得上事业	1	0
10.没有孩子的夫妇实在可怜	1	0

三、量表的类型

在社会研究中，我们也往往需要对个体或分析单位的某一特征进行度量，特别是度量态度和观念的不同程度或差异，这就引出了量表以及它们的设计和应用问题。量表一方面可以有效地压缩资料数量，另一方面由于做的是定序测量，所以它们在社会研究中的使用也是相当广泛的。

例如，如果测量普通美国人的“政治参与程度”，可以建构一个量表，见表3-3。与表3-2中的10个项目具有同等“分量”，所不同的是，表3-3中的5个项目相互之间存在着一种趋强的顺序。正是这种趋强的顺序，使得表3-3成为量表，而不是指数。

表 3-3　　**政治参与程度量表**

	是的	不是的
1.你进行过选民登记吗	□	□
2.你参加过投票吗	□	□
3.你为政治运动捐过款吗	□	□
4.你为政治运动工作过吗	□	□
5.你自己参加过竞选议员吗	□	□

1.李克特量表

李克特量表是指数（即总加量表）的一种特殊形式。它是由美国社会心理学家李克特于1932年在原有的指数形式的基础上改进而成的。李克特量表也由一组对某事物的态度或看法的陈述组成，与指数所不同的是，回答者对这些陈述的回答不是被简单地分成“同意”和“不同意”两类，而是被分成“非常同意、同意、不知

① 参见BAILY K D. Methods of social research［M］. 3rd ed. New York：Free Press，1987：344.

道、不同意、非常不同意”5类，或者“赞成、比较赞成、无所谓、比较反对、反对”5类。由于答案类型的增多，人们在态度上的差别就能更清楚地反映出来。李克特量表是社会研究中用得最多的一种量表形式。表3-4是这种量表的一个例子。

表3-4 **请你对下列看法发表意见**

	非常同意	同意	不知道	不同意	非常不同意
1.婚事应该尽量办得简单一些	□	□	□	□	□
2.结婚是人生大事，花再多钱也值	□	□	□	□	□
3.就是有钱，婚事也不该大操大办	□	□	□	□	□
4.为了不让别人看笑话，借钱也要办好	□	□	□	□	□

表3-4中，四条陈述所代表的态度倾向是不同的，可按下列方式计分：对赞同节俭办婚事的看法，我们按1＝非常同意，2＝同意，3＝不知道，4＝不同意，5＝很不同意来赋值；而对赞同婚事大操大办的看法，我们则按5＝非常同意，4＝同意，3＝不知道，2＝不同意，1＝很不同意来赋值。这样，上例中四种看法的具体赋值情况见表3-5。

表3-5 **四种看法的赋值**

	非常同意	同意	不知道	不同意	很不同意
看法1	1	2	3	4	5
看法2	5	4	3	2	1
看法3	1	2	3	4	5
看法4	5	4	3	2	1

每一个回答者在这一量表上的四个得分（每行一个答案所对应的赋值）加起来，就构成他对婚事操办方式的态度得分。按我们上述赋值方式，则一个回答者在该量表上的得分越高，表明他的态度越倾向于婚事大操大办。

2.社会距离量表

如果研究者希望定量地测量人们相互间交往的程度、相互关系的程度或者某一群体所持的态度及所保持的距离，则可采用鲍格达斯社会距离量表。社会距离量表的逻辑是选项是“是与否”式的二项选择。在陈述强度上依次排列，能够接受高强度内容的人必定能够接受低强度内容，之间没有累积性。例如，要测量人们对黑人的态度，可用表3-6。

表3-6 **社会距离量表**

愿意	不愿意	
□	□	1.你愿意让黑人生活在你的国家吗
□	□	2.你愿意让黑人生活在你所在的城市吗
□	□	3.你愿意让黑人住在你们那条街吗
□	□	4.你愿意让黑人做你们的邻居吗
□	□	5.你愿意与黑人成为朋友吗
□	□	6.你愿意让你的子女和黑人结婚吗

在表3-6中，不同的问题所表示的人们相互间的距离不同，越往后，相互间的距离越近。显然，能接受高强度内容的人必定能接受低强度内容。比如，一个愿意让他的子女与黑人结婚的人，绝不会反对前面5项内容。同样的，一个连让黑人生活在他的国家都不愿意的人，也肯定不会同意后面的5项内容。而那些愿意让黑人住在他那条街的人，肯定愿意黑人生活在他所在的城市和他的国家，但却不一定愿意和黑人做邻居、做朋友、做亲家。因此，用这种具有逻辑结构的量表，可以测得不同的人或不同的群体对某一群体的态度。

3.语义差异量表

语义差异量表也称为语义分化量表，最初是美国心理学家奥斯古德等人在他们的研究中使用的，主要用于对社会现象的文化比较研究，个人及群体间差异的比较研究，人们对周围环境或事物的态度、看法的研究和市场调查中的品牌忠诚度研究等。语义差异量表的测量结果通常是用部分分析法来分析。具体而言，就是计算出每个测量项目的平均值，并通过统计或绘图的方式进行分析，这样做将有助于得出可供决策的结论。

语义差异量表的形式由处于两端的两组意义相反的形容词构成，每一对反义形容词中间分为7个等级。每一等级的分数从左至右分别为7、6、5、4、3、2、1，也可以计为+3、+2、+1、0、-1、-2、-3。被测量的概念或事物（如某一群体、某种问题、某个国家等）放在量表的顶端，调查时要求被调查者根据自己的感觉在每一对反义形容词构成的量表中的适当位置画记号（如画“×”）。研究者通过对这些记号所代表的分数进行统计和计算，来研究人们对某一概念或事物的看法或态度，或者进行个人或团体间的比较分析。语意差异量表具有较好的灵活性，其中所采用的数值对形容词要能够考察被调查者对研究对象的感觉、态度等各种要素或各种维度。一般在具体实践中，常常会用到以下三个维度：评价（好与坏，重要与不重要，善与恶）、力量（强与弱，硬与软）、行动（主动与被动，快与慢）。表3-7就是这种测量的一个例子。

表3-7 **语义差异量表举例**

	女同学							
热情的	×							冷漠的
主动的							×	被动的
大方的					×			拘谨的
强的							×	弱的
快的						×		慢的
善的	×							恶的

第四节 测量的信度与效度

在社会调查中，任何一种精确地、系统地收集资料的方法，实际上都是一种特定形式的社会测量。而对于任何一种测量尺度或测量手段来说，必然会涉及这样一些基本问题：测量所得的数据或资料是否与人们感兴趣的特征有关；测量所得的结果是否正是人们所希望测量的东西；当这种测量的时间、地点、操作者发生改变时，测量的结果将会受到什么样的影响，所有这些都涉及测量的信度和效度问题。

一、信度

信度即可靠性，是指采取同样的方法对同一对象重复进行测量时，其所得结果相一致的程度。换句话说，信度是指测量结果的一致性或稳定性，即测量工具能否稳定地测量所测的事物或变量。

比如，用同一台磅秤去称某一物体的重量，如果称了几次都得到相同的结果，则可以说这台磅秤的信度很高；如果几次测量的结果互不相同，则可以说它的信度很低，或者说这一测量工具是不可信的。

大部分信度指标都用相关系数来表示，具体类型主要有以下三种：

（1）再测信度。对同一群对象采用同一种测量，在不同的时间点先后测量两次，根据两次测量的结果计算出相关系数，这种相关系数就叫作再测信度。这是一种最常用、最普遍的信度检查方法。使用这种方法时，两次测量所采用的方法、所使用的工具是完全一样的。再测信度的缺点是容易受到时间因素的影响，即在前后两次测量之间受某些事件、活动的影响，会导致后一次测量的结果客观上发生改变，使两次结果的相关系数不能很好地反映两次测量的实际情况。

（2）复本信度。复本信度采取的是另一种思路，如果一套测量可以有两个以上的复本，则可以根据同一群研究对象同时接受这两个复本测量所得的分数来计算其相关系数。比如，学校考试时出的卷子就是这种复本的相似的例子。在社会调查中，研究人员可以设计两份调查问卷，每份使用不同的项目，但都用来测量同一个概念或事物，对同一群研究对象同时用这两份问卷进行测量，然后根据两份问卷所得的分数计算其复本信度。复本信度可以避免上述再测信度的缺点，但是，它的要求是：所使用的复本必须是真正的复本，即二者在形式、内容等方面都应该完全一致。然而，在实际调查中，调查问卷或其他测量工具达到这种要求往往是一件十分困难的事情。

（3）折半信度。将研究对象在一次测量中所得的结果，按测量项目的单双号分为两组，计算这两组分数之间的相关系数。这种相关系数的项目，若采用折半法技术来了解其内在一致性，则可以将项目分为相等的两部分，再求其相关系数。通常，研究者为了采用折半信度来检验测量的一致性，需要在它的测量表中增加一倍的测量项目。这些项目与前半部分的项目在内容上是重复的，只是表面形式不同而已。如果被调查者在前后两部分项目上的得分高度相关，则可以认为这次测量是可信的。这种方法与复本信度的情况类似，它要求前后两个部分的项目的确是在测量同一个事物或概念。一旦二者所测量的并不是同一个事物或概念，那么，研究者就无法用它来评价测量的信度了。

二、效度

测量的效度也称作测量的有效度或准确度。它是指测量工具或测量手段能够准确测出所要测量的变量的程度，或者说是能够准确、真实地度量事物属性的程度。结合前面所介绍的有关概念，我们也可以说，效度是指测量标准或所用的指标能够如实反映某一概念真正含义的程度。当一项测量所测的正是它所希望测量的事物时，我们就说这一测量具有效度，或者说它是一项有效的测量。反之，则称为无效的测量或者测量不具有效度。

比如，我们打算测量某个样本中的大学生的智商分布情况。我们采用一份标准的智商测验量表对他们进行测验，并用他们每个人在测验中所得的分数来表示他们的智商，那么，这一测量是有效的。但是，如果我们采用的是一份英文的智商测验量表，那么，当我们同样用所得到的分数来表示他们的智商时，我们的测量就不具有效度。因为我们所测量的并不是大学生们的智商，而是他们的英文水平（我们所测量到的并不是我们所希望测量的东西）。

测量的效度具有三种不同的类型，即表面效度、准则效度和结构效度，它们分别从不同的方面反映测量的准确程度。人们在评价各种测量的效度时，也往往采用这三种类型作为标准。

（1）表面效度。表面效度也称为内容效度或逻辑效度，是指测量内容或测量指标与测量目标之间的适合性和逻辑相符性。也可以说，它是指测量所选择的项目是否“看起来”符合测量目的和要求。评价一种测量是否具有表面效度，首先必须知道所测量的概念是如何定义的，其次需要知道这种测量所收集的信息是否和该概念密切相关，然后评价者才能尽其判断能力之所及，得出这一测量是否具有表面效度的结论。比如，采用问卷去测量人们的消费观念，那么，首先要弄清“消费观念”的定义，然后看问卷中的问题是否都与人们的消费观念有关。如果问卷中的问题明显是有关其他方面的，则这种测量就不具有表面效度。发现问卷中的问题所涉及的都是有关消费观念方面的内容，而看不出它们是在测量与消费观念无关的其他观念，则可以说这一测量具有表面效度。

（2）准则效度。准则效度也称为实用效度、预测效度或共变效度，是指用一种不同以往的测量方式或指标对同一事物或变量进行测量时，将原有的一种测量方式或指标作为准则，用新的方式或指标所得到的测量结果与原有准则的测量结果作比较，如果新的测量方式或指标与原有的作为准则的测量方式或指标具有相同的效果，那么，我们就说这种新的测量方式或指标具有准则效度。

（3）结构效度。它是指在一个理论的关系结构中对其他概念（或变量）的测量。比如，我们设计了一种测量方法，来测量人们的“婚姻满意程度”，为了评价这种测量方法的效度，我们需要用到与婚姻满意程度有关的理论命题或假设中的其他变量。假定我们有下列与婚姻满意程度相关的理论假设：婚姻满意程度与主动做家务的行为有关，且婚姻满意程度越高，越是主动承担家务，那么，如果我们的测量在婚姻满意程度与承担家务方面的结果具有一致性，则称我们的测量具有结构效度；如果婚姻满意程度不同的对象在承担家务方面的行为都是一样的，那么，我们测量的结构效度就面临挑战。

最后需要特别注意的是，测量的效度与信度都是一种相对量，而不是一种绝对量，即它们都是一种“程度事物”。对于同一种对象，人们常常会采用各种不同的测量方法和各种不同的测量指标。也许这些方法和指标都没有错，但它们一定会在效度与信度这两方面存在程度上的差别。我们对它们进行评价和选择的标准则是，越是在准确性和一致性上程度更高的方法和指标，就越是好的测量方法，就越是高质量的测量指标。

相关链接

全面建设小康社会的指标体系

全面建设小康社会的指标体系由发展动力、发展质量、发展公平三大战略指标构成。

发展动力指标则包含工业化、信息化、市场全球化（市场化与全球化的综合指标）、城市化、科技创新能力五大动力指标。

其中，工业化动力指标有3个：人均GDP、第一产业产值占GDP的比例、第一产业就业人口占总就业人口比例。信息化动力指标有4个：百户居民拥有的电脑数、千人拥有的互联网用户数、百人拥有的电话数、人均邮电业务总量。市场全球化动力指标有3个：贸易依存度、外资占GDP的比例、市场化程度与非国有固定资产投资的比例。城市化动力指标1个：城市化率。科技创新能力动力指标7个：R&D经费占GDP的比例、万人拥有的科学家和工程师人数、人均公共教育支出、新产品产值率、万人拥有的专利申请量、科技市场合同交易额占GDP比例、千名科技人员发表的论文数。

发展质量指标由经济发展质量、集约化程度、社会运行质量、生态化程度构成。

经济发展质量指标有3个：成本费用利润率、流动资产周转率、总资产贡献率。集约化程度指标4个：万元产值能耗、万元产值水耗、万元产值三废排放当量、全员劳动生产率。社会运行质量指标7个：人口自然增长率、预期寿命、大专以上受教育人口比例、失业率、恩格尔系数、千人拥有医生数、人均住房面积。生态化程度指标5个：废气综合处理率、废水排放达标率、固体废弃物综合利用率、水资源重复利用率、污染治理投资占GDP比例。

发展公平指标由收入公平度（城乡收入差距）、就业公平度（男女就业公平度）、教育公平度（男女受教育公平度）构成。

资料来源　中国科学院可持续发展战略研究组. 2004年中国可持续发展战略报告［M］. 北京：科学出版社，2004.

思考与实践

1.对人们的“婚姻状况”“受教育年限”“学术水平”的测量分别属于哪一层次的测量？

2.量表主要是用来测量什么的？请设计一份用来测量人们对夫妻家庭角色看法的李克特量表。

3.试简要说明概念、变量、指标三者之间的联系与区别。

4.试将概念“越轨行为”“上进心”“媒介接触”“生育意愿”操作化为一组测量指标。

5.请设计一个李克特量表，用于测量同学关系亲密度。（要求：提问项目不少于8个，同时写出项目分数赋值表，并对得分高低作相应的说明）

推荐书目

[1] 吉登斯. 社会学方法的新规则 [M]. 田佑中，刘江涛，译.北京：社会科学文献出版社，2003.

[2] 米勒，萨尔金德. 研究设计与社会测量导引 [M]. 风笑天，等，译. 6版. 重庆：重庆大学出版社，2004.

第四章

抽样

在许多情况下，社会研究者希望对某一社会现象的整体或某一类人的总体进行描述和研究。如果对这些总体中的每一个元素（或个体）都进行研究，当然是最为全面的，但这往往是最不现实的。比较理想的情形是：只研究总体中的一部分个体，但所得到的，却不仅仅是这一部分个体的情况，而是渗透在、折射在、体现在这一部分个体身上的总体的情况。因此，选择能够代表总体的一部分个体，成为社会研究者必须解决的主要问题之一。经过长期的探索和实践，社会研究者充分地借助了在现代统计学和概率论基础上发展起来的抽样理论与方法，使自己的研究更能适应现代社会高异质性、高流动性、高变动性的现实。在本章中，我们将对抽样的基本概念、原理和方法进行介绍。

第一节　抽样概述

一、抽样的发展

社会科学中的抽样方法是与政治选举中的预测方法一起发展起来的。跟社会研究中的多数情况不同，在预测选举中，社会科学家必须对选举结果做出准确估计。选举结果本身即是预测结果是否准确的绝对标准。

1.奥夫·兰登还是富兰克林·罗斯福

《文学文摘》杂志是美国的一家大杂志。杂志编辑部在大选前用邮寄明信片询问投票倾向的办法正确预告了1920年、1924年、1928年和1932年的当选总统。1936年，这家杂志根据电话簿和私人汽车簿上的名单寄出了一千万张询问卡，从调查情况来看，共和党候选人奥夫·兰登以57%的优势超过仅占43%的民主候选人富兰克林·罗斯福。但选举结果表明罗斯福获胜连任总统。问题出在抽样方法上：在大萧条时期拥有汽车、电话的是富人，从电话簿和汽车登记簿上抽样导致富人过多，而穷人基本上都为罗斯福新政投了赞成票。

2.戴维还是杜鲁门

在1993年大选中崭露头角的民意测验者乔治·盖洛普正确地预言了罗斯福的当选。盖洛普的名字后来成为“民意”的同义语。盖洛普成功的预测是由于运用了定额抽样的方法。定额抽样建立在了解抽样总体性质的基础之上，其中包括不同的性别、收入、年龄的人在总体中所占的比例。按这些比例分配定额：样本中应有几名贫困的、白种的、农村的男人，应有几名富裕的、黑种的、城市的女人等。定额是根据那些与研究关系最密切的变量确定的。盖洛普用这种方法保证了他的样本中各个阶层、各种类型的人都占有正确的比例。

盖洛普及其美国民意测验运用定额抽样的方法正确地预测了1936年、1940年和1944年大选结果。然而在1948年，盖洛普和其他许多民意测验机构都陷入了预测失败的窘境，他们预言纽约州长、共产党候选人汤玛斯·戴维将战胜民主当候选人杜鲁门。预测失败的原因包括：首先，他们都在十月份就结束了调查，而到11月大选这一月间支持杜鲁门的趋势高涨。其次，许多候选人一直犹豫不定，在临投票时大批转向杜鲁门一方。然而最重要的一点是盖洛普样本的代表性出现了偏差。定额抽样的方法是他以前成功的原因也是他这次失败的原因。到1948年，经过第二次世界大战，美国大量人口从农村流向城市，而盖洛普对人口总体的知识仍停留在1940年的状况。城市居民倾向于投民主党的票，因此，样本中过大的农村人口比例造成了对民主党投票人数的过低估计。①

3.两种基本抽样方法

在1948年，一些研究者开始采用概率抽样方法，结果比定额方法更成功。如今，概率抽样方法成为社会科学研究抽取样本的基本方法。为了弄懂概率抽样的逻辑，有必要将其与非概率抽样相对照。本章主要论述概率抽样方法，同时对非概率抽样方法也略有涉及。

二、抽样的相关概念

1.总体

总体通常与构成它的元素共同定义，总体是构成它的所有元素的集合，元素则是构成总体的最基本单位。

2.样本

样本就是从总体中按一定方式抽取出的一部分元素的集合。或者说，一个样本就是总体的一个子集。

3.抽样

明白了总体和样本的概念，再来理解抽样的概念就十分容易了。所谓抽样，是指从组成某个总体的所有元素的集合中，按一定的方式选择或抽取一

---

① 巴比. 社会研究方法［M］. 邱泽奇，译. 北京：华夏出版社，2000：124-125.

部分元素（即抽取总体的一个子集）的过程，或者说，抽样是从总体中按一定方式选择抽取样本的过程。抽样的目的之一，就是要通过这些样本值去估计和推断各种总体值。抽样作为人们从部分认识整体这一过程的关键环节，其基本作用是向人们提供一种实现“由部分认识总体”这一目标的途径和手段。

4.抽样单位

抽样单位就是一次直接的抽样所使用的基本单位。抽样单位与构成总体的元素有时是相同的，有时又是不同的。

5.抽样框

抽样框又称作抽样范围，是指一次直接抽样时总体中所有抽样单位的名单。

6.参数值

参数值也称为总体值，它是关于总体中某一变量的综合描述，或者说是总体中所有元素的某种特征的综合数量表现。在统计中最常见的总体值是某一变量的平均值。

7.统计值

统计值也称为样本值，它是关于样本中某一变量的综合描述，或者说是样本中所有元素的某种特征的综合数量表现。样本值是从样本的所有元素中计算出来的，它是相应的总体值的估计量。

8.置信度与置信区间

置信度又称为置信水平，是指总体参数值落在样本统计值的某一区间中的概率。置信区间是指在一定的置信度下，样本值与总体值之间的误差范围。它所反映的是抽样的精确性程度。范围越大，精确性程度越低；范围越小，精确性程度越高。

三、抽样的类型

根据抽取对象的具体方式，我们把抽样分为不同的类型。从大的方面看，各种抽样都可以归为概率抽样与非概率抽样两大类。这是两种有着本质区别的抽样类型。概率抽样是依据概率论的基本原理，按照等概率原则进行的抽样。因而，它能够避免抽样过程中的人为误差，保证样本的代表性；而非概率抽样则主要是依据研究者的主观意愿、判断或是否方便等因素来抽取对象，它不考虑抽样中的等概率原则，因而往往产生较大的误差，难以保证样本的代表性。本章的大部分内容将主要涉及概率抽样的方法，因为它是目前用得最多、也是最有用的抽样类型，而对于非概率抽样方法的介绍只占很小的篇幅。在概率抽样与非概率抽样这两大类中，我们还可细分出若干不同的形式，如图4-1所示。

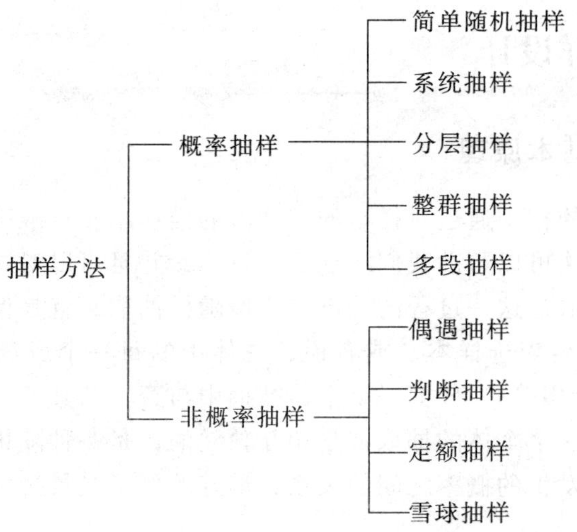

图 4-1 抽样的类型

四、抽样的作用

从抽样的定义中不难看出，抽样主要涉及处理有关总体与部分之间的关系问题。抽样作为人们从部分认识整体这一过程的关键环节，其基本作用是向人们提供一种实现“由部分认识总体”这一目标的途径和手段。实际上，抽样早就在人们的认识活动中发挥着这种作用。抽样的基本思想或基本逻辑早就被人们自觉或不自觉地运用着。在日常生活中，人们同样经常用到抽样的方法。比如，厨师在做菜时，常常从一大锅汤中舀一勺汤尝一尝，以便知道整锅汤的味道如何；顾客在买米时，往往先从一大袋米中随手抓一把看看，便知道这批米的质量好不好；医生只要从病人身上抽取很少的一点血液，便可以了解到病人全部血液的各种情况。

当然，抽样方法也广泛地应用在各种形式的社会科学研究、自然科学研究，以及生产、销售等经济活动中。例如，对社会热点问题进行民意测验、对不同水稻品种的产量进行估计、对各种商品的质量进行检验或评比，都少不了抽样方法的运用和帮助。需要说明的是，在前面同质性极高的例子里，只需要很少的元素（如一勺汤、一把米、一点血），就能很好地代表总体、反映总体。但对于研究社会现象来说，情况就大不相同，其中一个重要的原因，就是社会现象的研究往往与人有关，并且常常是以人为对象的，而任何一个总体中的个人相互之间在许多方面都存在着很大的差异。抽样方法作为科学研究方法中重要的技术之一，可以说，它是架在研究者十分有限的人力、财力和时间与庞杂、广阔、纷繁、多变的社会现象之间的一座桥梁。有了它的帮助，研究者可以方便地从较小的部分认识到很大的整体。

第二节 抽样设计

一、抽样的基本原理

抽样的最终目的在于通过对样本的统计值的描述来相对准确地勾画出总体的面貌。概率抽样的方法可以帮助我们实现这一目标，并且可以对这种勾画的准确程度做出估计。随机抽取是这一过程的关键。所谓随机抽取，就是保证总体中的每一个个体都有同等的机会入选样本。或者说，总体中的每一个成员被抽中的概率相等(也即被抽中的机会相等)。任何一个个体被抽中与否，与其他个体毫不相关，互不影响。或者说，每一个个体的抽取都是相互独立的，是一种随机事件。为了理解事件的随机性与事件发生的概率之间的关系，最好的例子是投掷硬币。

二、抽样的一般程序

虽然不同的抽样方法具有不同的操作要求，但它们通常都要经历这样几个步骤：

1.界定总体

界定总体就是在具体抽样前，首先对从中抽取样本的总体范围与界限作明确的界定。这一方面是由抽样的目的所决定的。因为抽样虽然只对总体中的一部分个体实施，但其目的是描述和认识总体的状况与特征，是发现总体中存在的规律性，因此必须事先明确总体的范围；另一方面，界定总体也是达到良好的抽样效果的前提条件。如果不清楚明确地界定总体的范围与界限，那么，即使采用严格的抽样方法，也可能抽出严重缺乏总体代表性的样本来。

2.制定抽样框

这一步骤的任务就是依据已经明确界定的总体范围，收集总体中全部抽样单位的名单，并通过对名单进行统一编号来建立起抽样使用的抽样框。需要注意的是，当抽样是分几个阶段、几个不同层次进行时，则要分别建立起几个不同的抽样框。

3.决定抽样方案

从前面有关抽样类型的介绍中，我们已经了解到具体的抽样方法有好几种。而从后面对这些方法的介绍中我们将会看到，各种不同的抽样方法都有自身的特点和适用范围。因此，对于具有不同研究目的、不同范围、不同对象和不同客观条件的社会研究来说，所适用的抽样方法也不一样。这就需要我们在具体实施抽样之前，依据研究的目的要求、各种抽样方法的特点，以及其他有关因素来决定具体采用哪种抽样方法。除了抽样方法的确定以外，还要根据要求确定样本的规模以及主要目标量的精确程度。

4.实际抽取样本

实际抽取样本的工作就是在上述几个步骤的基础上，严格按照所选定的抽样方法，从抽样框中抽取一个个的抽样单位构成样本。依据抽样方法的不同，以及抽样框是否可以事先得到等因素，实际的抽样工作既可能在研究者到达实地之前就完成，也可能需要到达实地后才能完成。也就是说，既可能先抽好样本，再直接对预先抽好的对象进行调查或研究，也可能一边抽取样本一边就开始调查或研究。

5.评估样本质量

一般情况下，样本的抽出并不是抽样过程的结束。完整的抽样过程还应该包括样本抽出后对样本进行的评估工作。所谓样本评估，就是对样本的质量、代表性、偏差等进行初步的检验和衡量，其目的是防止由于样本的偏差过大而导致的失误。评估样本的基本方法是将可得到的反映总体中某些重要特征及分布的资料与样本中的同类指标的资料进行对比。若二者之间的差别很小，则可认为样本的质量较高，代表性较大；反之，若二者之间的差别十分明显，那么样本的质量和代表性就一定不会很高。

三、抽样设计的原则

抽样设计在进行过程中要遵循四项原则，分别是：目的性原则；可测性原则；可行性原则；经济性原则。①

1.目的性原则

目的性原则是指在进行抽样方案设计时，要以课题研究的总体方案和研究的目标为依据。以研究的问题为出发点，从最有利于研究资料的获取，以及最符合研究的目的等因素来考虑抽样方案和抽样方法的设计。

2.可测性原则

可测性原则是指抽样设计能够从样本自身计算出有效的估计值或者抽样变动的近似值，在研究中通常用标准误差来表示。这是统计推断必需的基础，是样本结果与未知的总体值之间客观、科学的桥梁。

3.可行性原则

可行性原则是指研究者所设计的抽样方案必须在实践中切实可行。它意味着研究者所设计的方案能够预料到实际抽样过程中可能出现的各种问题，并设计了处理这些问题的方法。由于在理论上设计抽样方案和在实际中执行这一方案是两码事，因而可行性是抽样设计的一条重要标准。

4.经济性原则

经济性原则主要是指抽样方案的设计要与研究的可得资源相适应。这种资源主要包括研究的经费、时间、人力等。

由于这四项原则相互之间存在一定的制约关系，甚至会相互冲突，因而在实际设计中，常常存在这样的情况，即研究者很难设计出一个在上述四项原则上同时达到最大值的抽样方案。在更多的情况下，实际的抽样设计就成为研究者在这四项原

① 科时．抽样调查［M］．倪加勋，主译．北京：中国统计出版社，1997：25．

则中进行取舍和保持平衡的过程。

第三节 概率抽样

概率抽样是按照概率原理进行的，它要求样本的抽取具有随机性。所谓随机性，就是总体中的每一个成员都具有同等的被抽中的可能性。或者说，总体中的每一个成员被抽中的概率相等（被抽中的机会相等）。前面已经提到，概率抽样有若干种不同的形式，而每一种具体的形式有着各自不同的特点。因此，对它们的选择涉及了调查研究问题的性质、良好的抽样框的获得、调查研究经费的多少、样本精确性的要求，以及调查资料的收集方法等因素。下面我们就结合这些因素对常用的几种概率抽样方法逐一进行介绍。

一、简单随机抽样

简单随机抽样又称纯随机抽样，是概率抽样的最基本形式。它是按照等概率原则直接从含有 N 个元素的总体中抽取 n 个元素组成样本（$N>n$）。常用的办法是抽签，即把总体的每一个单位都编号，将这些号码写在一张张小纸条上，然后放入一容器如纸盒、口袋中，搅拌均匀后，从中任意抽取，直到抽够预定的样本数目。这样，由抽中的号码所代表的单位组成的就是一个随机样本。

比如，某系共有学生360人，系学生会打算采用简单随机抽样的办法，从中抽取60人进行调查。为了保证抽样的科学性，他们先从系办公室那里得到一份全系学生的名单，然后给名单中的所有学生都编上一个号（从001到360）。抽样框编好后，他们又在360张小纸条上分别写上001，002，…，360的号码。他们把这360张写好不同号码的小纸条放在一个盒子里，搅乱掺混后，随意地抽出60张写有不同号码的小纸条。然后，他们按这60张小纸条上的号码找到总体名单上所对应的60位同学。这60位同学就构成了他们本次调查的样本。这种方法简便易学，但当总体单位很多时，写号码的工作量就很大，搅拌均匀也不容易。因而，此法往往在总体单位较少时使用。

对于总体单位很多的情形，我们则采用随机数表来抽样（见附录）。随机数表中的数码和排列都是随机形成的，没有任何规律性，故也称为乱数表。利用随机数表进行抽样的具体步骤是：

（1）先取得一份总体所有元素的名单（即抽样框）；

（2）将总体中所有元素按顺序编号；

（3）根据总体规模是几位数来确定从随机数表中选几位数码；

（4）以总体的规模为标准，对随机数表中的数码逐一进行衡量并决定取舍；

（5）根据样本规模的要求选择出足够的数码个数；

（6）依据从随机数表中选出的数码，到抽样框中去找出它所对应的元素。

按上述步骤选择出来的元素的集合，就是所需要的样本。举例来说，某总体共

3 000人，需要从中抽取100人作为样本进行调查。首先，我们要得到一份总体成员的名单，然后对总体中的每一个人从1到3000进行编号，再根据总体的规模，确定从5位数一组的随机数表中，选择4位数。既可以是后4位，也可以是前4位。选择的起点可以任意指定，即可以从表中任意一行和任意一列开始。顺序既可以从左到右，也可以从右到左；既可以从上到下，也可以从下到上。然后以3000为标准对随机数表中的数码进行取舍，凡小于或等于3000的数码就选出来，凡大于3000的数码以及已经选出的数码则不要，直到选够100个号码为止。最后按照所抽取的号码，从总体名单中找到它们所对应的100个成员。这100个成员就构成一个调查的样本。表4-1就是对3 000人的总体进行抽样时，我们采用后4位数码进行取舍的例子。

表4-1　**随机数表使用实例**

随机数表中的数码	选用的数码	不选用的原因
90906	0906	
73020		后面4位数大于3000
10041	0041	
22507	2507	
04310		后面4位数大于3000
66042		后面4位数大于3000
12683	2683	
82507		与所选的第三个数码重复
51176	1176	

如果采用前4位数码小于3000，那么从表4-1中我们又可以抽取出1004、2250、0431、1268这4个号码。

二、系统抽样

系统抽样又称等距抽样或间隔抽样，它是把总体的元素进行编号排序后，再计算出某种间隔，然后按这一固定的间隔抽取元素来组成样本的方法。它和简单抽样一样，需要有完整的抽样框，样本的抽取也是直接从总体中抽取元素，而无其他中间环节。

系统抽样的具体步骤如下：

（1）给总体中的每一个个体按顺序编号，制定抽样框。这与简单随机抽样的做法一样。

（2）计算出抽样间距。计算方法是总体的规模除以样本的规模。假设总体规模为 N，样本规模为 n，那么抽样间距 K 就由下列公式求得：

K（抽样间距）$=N$（总体规模）$/n$（样本规模）

（3）在最前面的K个个体中，采用简单随机抽样的方法抽取一个个体，记下这个个体的编号（假设所抽取的这个个体的编号为A），它被称作随机的起点。

（4）在抽样框中，自A开始，每隔K个个体抽取一个个体，即所抽取个体的编号分别为A，A+K，A+2K，…，A+（$n-1$）K。

（5）将这n个个体合起来，就构成了该总体的一个样本。

例如，要在某大学总共3 000名学生中，抽取一个容量为100名的大学生样本。我们先将3 000名学生的名单依次编上号码，然后按上述公式可求得抽样间距为：

K=3 000/100=30

即每隔30名抽一名。为此，我们先在1～30的数码中，采用简单随机抽样的方法抽取一个数字，假如抽到的是12，那么就以12为第一个号码，每隔30名再抽一个。这样，我们便可得到12，42，…，2982，总共100个号码。我们再根据这100个号码，从总体名单中一一对应地找出100名学生，这100名学生就构成本次调查的一个样本。

从上面的过程中我们不难看出，系统抽样较之简单随机抽样来说，显然简便易行多了，尤其是当总体及样本的规模都较大时更是如此。这也正是社会调查较少采用简单随机抽样而较多采用系统抽样的原因。

值得注意的是，系统抽样的重要前提条件是总体中元素的排列。对于研究的变量来说，它应是随机的，即不存在某种与研究变量相关的规则分布；否则，系统抽样的结果将会产生极大的偏差。因此，我们在使用系统抽样方法时，一定要注意抽样框的编制方法，特别要注意下列两种情况：

一是在总体名单中，元素的排列具有某种次序上的先后、等级上的高低的情况。比如，我们要从总体为2 000户家庭的社区中，抽取一个50户家庭的样本进行消费状况调查，而这2 000户家庭的名单是按每个家庭总收入的多少，由高到低顺序排列的。根据系统抽样的方法，我们可算出抽样间距：

K=2 000/50=40

这样，如果有两个研究者都采取系统抽样的方法从这个总体中进行抽样，一个抽到的初始号码为3，另一个抽到的初始号码为38。那么，从前一个研究者所抽样本中算出的家庭平均收入，一定大大高于后者所抽样本中算出的家庭平均收入。因为第一个样本中的每一个家庭都要比第二个样本中的每一个家庭在收入等级中靠前35个位置，即前者中的每一个家庭都要比后者中的每一个家庭在总收入上高出35个家庭。我们如果事先注意到这种情况，就可以采取措施，打乱其原来的顺序，重新编制总体名单，或者改用其他的抽样方法。

二是在总体名单中，元素的排列上有与抽样间隔相对应的周期性分布的情况。比如，前面关于大学生调查一例中，我们计算出间距为30。如果此时总体名单是按教学班排列，每班正好也是30个左右的学生，并且每班的名单都是按学生学习成绩高低排列，或是按班干部、一般学生、较差学生的顺序排列的，那么，当所抽的初始号靠前时，如果抽到的是2号，样本就由各班上成绩优秀的学生组成，或是全由各班的班干部组成；而当所抽的初始号靠得较后时，如果抽到的是25号，样本就会由各班中成绩较差的学生，或是各方面表现较差的学生组成。显然，无论是哪种情况，都不符合总体的全面情况，都是一个有着严重偏差的样本。

三、分层抽样

分层抽样又称类型抽样，它是先将总体中的所有元素按某种特征或标志（如性别、年龄、职业或地域等）划分成若干类型或层次，然后再在各个类型或层次中采用简单随机抽样或系统抽样的办法抽取一个子样本，最后将这些子样本合起来构成总体的样本。

例如，在一所大学抽取学生进行调查时，我们可以先把总体分为男生和女生两大类。然后，采用简单随机抽样或系统抽样的方法，分别从男生和女生中各抽取100名学生。这样，由这200名学生所构成的样本就是一个由分层抽样所得到的。当然我们还可以按年级、按系或者按专业来对总体进行分层。

分层抽样方法的一个优点就是在不增加样本规模的前提下降低抽样误差，提高抽样的精度。我们曾经指出，总体的同质性程度越高，样本就越容易反映和代表总体的特征和面貌；而总体的异质性程度越高，样本对总体的反映和代表就越困难，对抽样的要求也越高。采用分层抽样的基本目的，正是在于把异质性较强的总体分成一个个同质性较强的子总体，以便提高抽样的效率，达到更好的抽样效果。

分层抽样方法的另一个优点就是便于了解总体内不同层次的情况，也便于对总体中不同的层次或类别进行单独研究，或者进行比较。比如，在《中国妇女社会地位调查》中，研究者为了能分析比较城乡差别，提高抽样精度，并能保证城乡分析具有足够的样本容量，他们采取了各个调查省在省内进一步按城乡分域（实际上是作为研究域的层），分别进行抽样的做法，并使城乡两域的样本规模相等。这表明，该调查采用的是不按比例的分层抽样方法。

在实际运用分层抽样方法时，研究者需要考虑下列两个方面的问题：

一是分层的标准问题。

同一个总体可以按照不同的标准进行分层，或者说，根据不同的标准可以将一个总体分成不同的类别或层次。那么，在实际抽样中究竟应该按什么标准来分层呢？通常采用的原则如下：

（1）以调查所要分析和研究的主要变量或相关的变量作为分层的标准。比如，若要调查研究居民的消费状况和消费趋向，可以以居民家庭人均收入作为分层标准；又如，要调查了解社会中不同职业的人员对社会经济改革的看法，就可以以人们的职业作为分层的标准。

（2）以保证各层内部同质性强和各层之间异质性强、突出总体内在结构的变量作为分层变量。比如，在工厂进行调查，可以以工作性质作为分层标准，将全厂职工分为干部、工人、技术人员、勤杂人员等几类来进行抽样。

（3）以那些已有明显层次区分的变量作为分层变量。比如，在社会调查中，性别、年龄（如老、中、青）、文化程度、职业等，就经常被用作分层的标准。其他标准如学生按年级、专业、学校分层，城市按规模分层等。

二是分层的比例问题。

分层抽样中有按比例和不按比例分层抽样两种方法。按比例分层抽样是指按各种类型或层次中的单位数目与总体单位数目间的比例来抽取子样本的方法，即在单位多的类型或层次中所抽的子样本就大一些，在单位少的类型或层次中所抽的子样本就小一些。比如，某厂有工人600人，按性别分层则有男工500人，女工100人。两类工人人数与总体人数的比例分别为5：6和1：6，因此，若要抽60人作样本，那么，按比例分层抽样方法就是根据上述比例，从500名男工中随机抽取50人，而从100名女工中随机抽取10人。这样，样本中男女工人之比与总体中男女工人之比完全相同，均为5：1。可以说，样本的性别结构是总体中性别结构的一种缩影。

采取按比例分层抽样的方法，可以确保得到一个与总体结构完全一样的样本。但是，在有些情况下，又不宜采用这种方法。例如，有时总体中有的类型或层次的单位数目太少，若以按比例分层的方法抽样，则有的层次在样本中个案太少，不便于了解各个层次的情况，这时往往要采取不按比例抽样的方法。在上例中，我们可以在500名男工中抽30人，在100名女工中也抽30人。这样，样本就能很好地反映出男女两类工人的一般状况，我们也能很好地对男女两类工人的情况进行比较和分析。

需要注意的是，我们采用不按比例分层抽样的方法，主要是便于对不同层次的子总体进行专门研究或进行相互比较，但若要用样本资料推断总体时，则需要先对各层的数据资料进行加权处理，即通过调整样本中各层的比例，使数据资料恢复到总体中各层实际的比例结构。在上例中，若要用30个男工、30个女工的收入资料去推断全厂工人的平均收入时，就需要在男工的收入后乘以5/3，而在女工的收入后乘以1/3，再加总平均，否则就会导致推断的偏差。

四、整群抽样

整群抽样是从总体中随机抽取一些小的群体，然后由所抽出的若干个小群体内的所有元素构成调查样本的方法。整群抽样与前几种抽样的最大差别在于，它的抽样单位不是单个的元素，而是成群的元素。这种小群体可以是居民家庭、学校中的班级，也可以是工厂中的车间，还可以是城市中的居民委员会等。整群抽样中对小群体的抽取可采用简单随机抽样、系统抽样或分层抽样的方法。

举例来说，假设某大学共有100个班级，每班都是30名学生，总共有3 000名学生。现要抽300名学生作为样本进行调查。如果我们采用整群抽样的方法，就不是直接去抽一个个的学生，而是从全校100个班级中，采取简单随机抽样的方法

（或是系统抽样、分层抽样的方法）抽取10个班级，然后由这10个班级的全部学生构成调查的样本。

采取整群抽样的方法，不仅可以简化抽样的过程，更重要的是它可以降低调查中收集资料的费用，同时还能相对地扩大抽样的应用范围。在简单随机抽样和系统抽样中，都要求有一份总体所有成员的名单，即抽样框。但在实际调查过程中，这样的名单往往难以获得。有时即使可以获得，真正运用起来也十分麻烦，因此，上述两种抽样方法的应用范围受到一定限制。例如，要在一个有10万户家庭的城市中抽取1 000户家庭进行调查，若按上述两种方法，就必须首先得到一份10万户家庭的排列名单。而在实际调查中，这样的名单往往是很难弄到的。这时，如果采用整群抽样的方法，就可以省去这种麻烦，使抽样变得简单易行。比如说，我们可以按居民委员会来编制抽样框，假设全市共有200个居民委员会，每个居民委员会有500户左右的家庭，那么我们只需弄到一份200个居民委员会的名单，并按上述两种方法之一，从中抽取两个居民委员会，然后将这两个被抽中的居民委员会中的所有家庭户作为我们调查的样本就行了。从这一事例中，我们不难看出整群抽样所具有的优点。许多较大规模的社会调查往往从节省经费、人力，以及从调查的可行性等方面考虑，采用整群抽样的方法。例如，20世纪80年代中期，中国社会科学院、社会学研究所等单位组织进行的“五城市婚姻家庭调查”，就是采用这种整群抽样的方法，从5个调查城市中抽取了8个居民点，以这8个居民点所包括的总共4 385户家庭作为样本进行的调查。

不过应该看到，整群抽样所具有的简便易行、节省费用的优点，是以其样本的分布面不广、样本对总体的代表性相对较差等缺点为代价的。由于整群抽样所抽样本中的个体相对集中，而涉及的面相对缩小，故在许多情况下会导致样本的代表性不足，使得调查结果的偏差较大。拿上面的例子来说，200个居民委员会中任何两个居民委员会所包含的1 000户家庭，由于受到具体的地理、职业等社区条件和环境的限制，往往难以体现出整个城市的不同地段、不同职业、不同生活区居民家庭的特点。这1 000户家庭对全市家庭的代表性，比起用简单随机抽样或者系统抽样和分层抽样的方法，从全市10万户家庭中直接抽取的1 000户家庭来说，显然要差一些。

为了更好地理解整群抽样的特点，我们可以将整群抽样与前述几种抽样方法，特别是分层抽样方法做一下比较。假设我们调查的总体是全国所有城市的集合，我们要抽取一个规模为40个城市的样本。若按照简单随机抽样或系统抽样的方法，则首先需要弄到一份全国城市的名单，然后根据随机数表或通过计算抽样间距，直接从抽样框中抽取城市；若按照分层抽样的方法，则可以先按城市规模将总体分为特大城市、大城市、中等城市和小城市四类，然后分别从每一类中抽取若干城市，并将这些城市合起来构成样本；若采用整群抽样的方法，则可以按照省（自治区、直辖市）为抽样单位，从全国32个省（自治区、直辖市）中随机抽取3～5个省（自治区、直辖市），再以所抽中的这些省（自治区、直辖市）中所包含的全部城市的集合作为调查的样本。

整群抽样方法的运用，尤其要与分层抽样方法相区别。当某个总体是由若干个有着自然界限和区分的子群（或类别、层次）所组成时，不同子群相互之间差别很大，而每个子群内部的差异不大时，则适合于分层抽样的方法；反之，当不同子群相互之间差别不大，而每个子群内部的异质性程度比较大时，则特别适合于采用整群抽样的方法。

五、多段抽样

多段抽样又称为多级抽样或分段抽样，它是按抽样元素的隶属关系或层次关系，把抽样过程分为几个阶段进行。在社会调查中，当总体的规模特别大，或者总体分布的范围特别广时，研究者一般采取多段抽样的方法来抽取样本。多段抽样的具体做法是：先从总体中随机抽取若干个大群（组），然后再从这几个大群（组）内抽取几个小群（组），这样一层层抽下来，直至抽到最基本的抽样元素为止。

比如，为了调查某市青年工人的状况，需要从全市青年工人这一总体中抽取样本。我们可以把抽样过程分为下述几个阶段进行：首先，以企业为单位抽样，即以全市所有企业为抽样框，从中随机抽取一部分企业；其次，在抽中的企业里，以车间为单位抽样，即从全部车间中抽取若干个车间；最后，再在抽中的车间内抽取青年工人。需要说明的是，在上述每个阶段的抽样中，都要采用简单随机抽样或等距抽样或分层抽样的方法进行。

在运用多段抽样方法时，要注意在类别和个体之间保持平衡，或者说，保持合适的比例。举例来说，假设某市共有2.4万名教师，他们分布在全市10个区的200所学校中。现在要抽取一个由1 200名教师组成的样本。如果按照三阶段抽样的方法，我们就可以有下列各种不同的抽样选择（见表4–2）。

表4–2　不同的抽样选择

	第一阶段	第二阶段	第三阶段
方案1	抽10个区	每个区抽4所学校	每所学校抽30名教师
方案2	抽2个区	每个区抽20所学校	每所学校抽30名教师
方案3	抽10个区	每个区抽20所学校	每所学校抽6名教师
方案4	抽8个区	每个区抽15所学校	每所学校抽10名教师
方案5	抽5个区	每个区抽12所学校	每所学校抽20名教师
方案6	抽4个区	每个区抽10所学校	每所学校抽30名教师
方案7	抽3个区	每个区抽10所学校	每所学校抽40名教师
方案8	抽2个区	每个区抽10所学校	每所学校抽60名教师
方案9	抽1个区	每个区抽20所学校	每所学校抽50名教师

究竟该选择哪一种抽样方案呢？或者说，如何确定每一阶段抽样的单位数目呢？主要考虑的因素有两方面：

（1）各个抽样阶段中的子总体同质性程度。同质性程度高的子总体，所抽的规模就应相对小一点；反之，则应相对大一点。

（2）要考虑研究者所拥有的人力和经费。一般来说，在其他条件不变的情况下，样本所覆盖的面越大，样本的代表性也越大。

因此，如果仅从这方面考虑，则“大的类别中抽取单元相对较多，而每一单元中抽取的个体相对较少”的做法效果较好（即方案3最好，依次递减，方案9最差）。但是，抽样时我们还应从实践的角度来进行衡量。抽的区越多、抽的学校越多，也意味着收集资料时，调查员要奔波的范围越广，所需要的时间、经费也越多。而这则是研究者往往最不愿意看到的。所以，如果从这方面来考虑，则“大的类别中抽取单元相对较少，而每一单元中抽取的个体相对较多”的做法效果较好（即方案9最好，依次递减，方案3最差）。

多段抽样适用于范围大、总体对象多的社会调查。由于它不需要总体的全部名单，各阶段的抽样单位数量一般较少，因而抽样比较容易进行。但由于每段抽样时都会产生误差，故这种抽样方法的误差较大，这是它的主要不足。在同等条件下减少多段抽样误差的方法，是指相对增加开头阶段的样本数而适当减少最后阶段的样本数。

|第四节|　户内抽样与PPS抽样

一、户内抽样

当研究者以家庭作为分析单位，以入户访谈的方法收集资料，试图研究城乡家庭的结构、关系、生活方式或其他内容时，他们往往采用多段抽样的方法。先从某一市（县）中抽取区（乡），再从区（乡）中抽取街（村），从街（村）中抽取居民委员会（居民组），然后从居民委员会（居民组）中抽取家庭户，最后从家庭户中抽取一位成年人作为访谈对象。在这种研究中，我们不仅需要抽出家庭户的样本，同时还要进行户内抽样——从所抽中的每户家庭中抽取一个成年人，以构成访谈对象的样本。在抽取家庭户中的成年人之前的每个抽样阶段中，我们可以采用前面所介绍的某种方法来抽样。而这最后一个阶段的抽样则可以采取一种被称作“Kish选择法”的方式进行。根据这种方法，每户家庭中所有的成年人（18岁以上者）都具有同等的、被选中的概率（机会）。

Kish选择法的具体做法是：研究者先将调查表分为（编号为）A、Bl、B2、C、D、E1、E2、F8种，每种表的数目分别占调查表总数的1/6、1/12、1/12、1/6、l/6、1/12、1/12、1/6。同时，印制若干套（一套8种）“选择卡”发给调查员，每人一套。“选择卡”的形式见表4-3。

表4-3 Kish选择表

A式选择表

如果家庭户中18岁以上人口数为	被抽选人的序号为
1	1
2	1
3	1
4	1
5	1
6或以上	1

B1式选择表

如果家庭户中18岁以上人口数为	被抽选人的序号为
1	1
2	1
3	1
4	1
5	2
6或以上	2

B2式选择表

如果家庭户中18岁以上人口数为	被抽选人的序号为
1	1
2	1
3	1
4	2
5	2
6或以上	2

C式选择表

如果家庭户中18岁以上人口数为	被抽选人的序号为
1	1
2	1
3	2
4	2
5	3
6或以上	3

D式选择表

如果家庭户中18岁以上人口数为	被抽选人的序号为
1	1
2	2
3	2
4	3
5	4
6或以上	4

E1式选择表

如果家庭户中18岁以上人口数为	被抽选人的序号为
1	1
2	2
3	3
4	3
5	3
6或以上	5

E2式选择表

如果家庭户中18岁以上人口数为	被抽选人的序号为
1	1
2	2
3	2
4	4
5	5
6或以上	5

F式选择表

如果家庭户中18岁以上人口数为	被抽选人的序号为
1	1
2	2
3	3
4	4
5	5
6或以上	6

调查员首先要对每户家庭中的成年人进行排序和编号，排序的方法是男性在前，女性在后；年纪大的在前，年纪小的在后，即最年长的男性排第一，次年长的男性排第二，以此类推；最年长的女性排在最年幼男性后面，其他女性也按年纪从大到小接着排列，见表4-4。

表4-4　　家庭内成年人排序表

序号	年龄和性别特征
1	最年长的男性
2	次年长的男性
⋮	⋮
n	最年幼的男性
n + 1	最年长的女性
n + 2	次年长的女性
⋮	⋮
n + m	最年幼的女性

其次，调查员按照调查表上的编号找出编号相同的那种“选择表”，根据家庭人口数目从“选择表”中查出该选个体的序号，最后对这一序号所对应的那个家庭成员进行访谈。比如，某家庭18岁以上的成年人共有四人：祖母、父亲、母亲、儿子。其排序则为：（1）父亲；（2）儿子；（3）祖母；（4）母亲。若调查表为A类，则抽取父亲；若调查表为B2类，则抽取儿子；若调查表为D类，则应抽取祖母，而调查表为F类时，则抽取母亲。

二、PPS抽样

以上所介绍的抽样方法有一个共同的特点：总体（或子总体）中的每一个元素都具有同等的被抽中的概率。如果总体中每个元素的“大小”基本相同，或者每一个元素在总体中的地位或重要性相差不多，则这种基于同等概率的抽样是合适的。但当元素的大小不同，或者元素在总体中的地位不同时，则需要采用不等概率抽样的方法。比如，从全市几百家企业中抽取20家企业进行调查时，一个有着数万职工的大型企业与一个只有一二百人的小企业所占的地位，显然是很不一样的。如果此时仍然采用等概率抽样的方法，则样本的代表性和精确度都会比较差。而如果采用不等概率抽样的方法，使大的企业入选样本的概率大，小的企业入选样本的概率小，这样就可以大大提高估计的精确度。社会研究中最重要也最常用的一种不等概率抽样叫作“概率与元素的规模大小成比例的抽样”，简称PPS抽样。

第五节　非概率抽样

在实际研究中，人们有时还采用非概率抽样的办法来选取样本。非概率抽样不是按照概率均等的原则，而是根据人们的主观经验或其他条件来抽取样本。因而，其样本的代表性往往较小，误差有时相当大，而且这种误差又是无法估计的。所以，在大规模的正式研究中，一般很少用非概率抽样，常常只是在探索性研究中采用。常用的非概率抽样有以下几种：

一、偶遇抽样

偶遇抽样又称作方便抽样或自然抽样，是指研究者根据现实情况，以自己方便的形式抽取偶然遇到的人作为调查对象，或者仅仅选择那些离得最近的、最容易找到的人作为调查对象。如为了调查某市的交通情况，研究者到离他们最近的公共汽车站，把当时正在那里等车的人选作调查对象。其他类似的偶遇抽样还有：在街头路口拦住过往行人进行调查；在图书馆阅览室对当时正在阅览的读者进行调查；在商店门口、展览大厅、电影院等公共场所向进出往来的顾客、观众进行调查；利用报纸杂志向读者进行调查；老师以他所教的班级的学生作为调查样本进行调查等。

这种碰到谁就选谁的简单方法往往被有些人误认为就是随机抽样，仅从表面上看，二者的确有些相似，它们都排除了主观因素的影响，纯粹依靠客观机遇来抽取对象。但二者有一个根本的差别，这就是偶遇抽样没有保证使总体中的每一个成员都具有同等的被抽中的概率。那些最先被碰到的、最容易见到的、最方便找到的对象具有比其他对象大得多的机会被抽中。正是这一点使我们不能依赖偶遇抽样得到的样本来推论总体。

二、判断抽样

判断抽样又称为立意抽样，它是调查者根据研究的目标和自己主观的分析来选择和确定调查对象的方法。进行典型调查时，确定典型的方法在一定程度上与判断抽样类似。这种抽样首先要确定抽样标准。由于标准的确定带有较大的主观性，所以，此法的运用结果往往与研究者的理论修养、实际经验以及对调查对象的熟悉程度有很大关系。

判断抽样的主要优点在于可以充分发挥研究人员的主观能动作用，特别是当研究者对研究的总体情况比较熟悉，研究者的分析判断能力较强、研究方法与技术十分熟练、研究的经验比较丰富时，采用这种方法往往十分方便。但是由于它仍然属于一种非概率抽样，所以，其所得样本的代表性往往难以判断。在实际调查中，这种抽样多用于总体规模小、调查所涉及的范围较窄或调查时间、人力等条件有限而难以进行大规模抽样的情况。

三、定额抽样

定额抽样又称作配额抽样，它是一种比偶遇抽样复杂一些的非概率抽样方法。进行定额抽样时，研究者要尽可能地依据有可能影响研究变量的因素来对总体分层，并找出具有各种不同特征的成员在总体中所占的比例。然后依据这种划分以及各类成员的比例去选择调查对象，使样本中的成员在各种特征方面的构成和在样本的比例上尽量接近总体情形。如果把各种因素或各种特征看作不同的变数的话，那么，定额抽样实际上就是依据这些变数得到的组合。下面，我们以性别、年级和专业3个因素来解释这种变数的组合，以及其定额抽样的实施办法。

假设某高校有2 000名学生，其中男生占60%，女生占40%；文科学生和理科学生各占50%；一年级、二年级、三年级、四年级学生分别占40%、30%、20%、10%。现要用定额抽样方法依上述3个变数抽取一个规模为100人的样本。依据总体的构成和样本规模，我们可得到下列定额表（见表4-5）：

表4-5　**100个人的定额样本分布表**

男生(60人)			女生(40人)	
文科(30人)		理科(30人)	文科(20人)	理科(20人)
年级	一 二 三 四	一 二 三 四	一 二 三 四	一 二 三 四
人数	12 9 6 3	12 9 6 3	8 6 4 2	8 6 4 2

表4-5的最下面一行就是样本中具有各种特征的学生数目。这一数目是依据总体中的结构分配的，它使得样本在这几个方面与总体保持了一致。可以想象，如果所依据的类似特征（即变数）越多，样本中成员的分类也将越细，与总体的结构也将越接近。同时我们也可以看出，每增加一个分类特征，这种分布的复杂性就会增加一层，抽样的步骤就会增加一步。

许多书中都谈到定额抽样与分层抽样十分相似，或把定额抽样称为分层抽样在非概率抽样中的对应词。实际上，二者同样具有本质上的差别。二者虽然都依据某些特征对总体进行分层，但二者的目的不同，抽样方法也不同。定额抽样之所以分层分类，其目的在于要抽选出一个总体的“模拟物”，其方法则是通过主观的分析来确定和选择组成这个模拟物的成员。也就是说，定额抽样注重的是样本与总体在结构比例上的表面一致性。而分层抽样进行分层，一方面是要提高各层间的异质性与同层中的同质性，另一方面也是为了照顾某些比例小的层次，使得所抽取样本的代表性进一步提高，误差进一步减小。而其抽样的方法则是完全依据概率原则，排除主观因素，客观地、等概率地在各层中进行抽样，这与定额抽样中那种“按事先规定的条件，有目的地寻找”的做法是完全不同的。

四、雪球抽样

当我们无法了解总体情况时，可以从总体中少数成员入手，对他们进行调查，向他们询问还知道哪些符合条件的人，再去找那些人并再询问他们知道的人。如同滚雪球一样，我们可以找到越来越多具有相同性质的群体成员。如果总体不大，有时用不了几次就会接近饱和状况，即后访问的人再介绍的都是已经访问过的人。例如，要研究退休老人的生活，可以清晨到公园去结识几位散步老人，再通过他们结识其朋友，不用很久，你就可以交上一大批老年朋友。但是这种方法的误差也很大，对于那些不好活动、不爱去公园、不爱和别人交往、喜欢一个人在家里活动的老人，你就很难把雪球滚到他们那里去，而他们却代表着另外一种退休后的生活方式。现在很普遍的钟点工或者足球球迷这些群体等都适合用雪球抽样的方法来研究。

第六节　样本规模与抽样误差

一、样本规模

样本规模又称为样本容量，是指样本中所含个案的多少。确定样本规模也是每一项具体的社会研究所必须解决的问题之一。统计学中通常以30为界，把样本分为大样本（30个个案及以上）和小样本（30个个案以下）。之所以这样区分，是因为当样本规模大于30时，其平均值的分布将接近于正态分布。从而许多统计学的公式就可以运用，也可以用样本的资料对总体进行推论。但是，需要注意的是，30个个案的样本对于社会研究来说常常是不够的。统计学中的大样本与社会研究中的大样本并不是一回事。根据一些社会研究专家的看法，社会研究中的样本规模至少不能少于100个个案。

在95%置信度的条件下（t = 1.96）计算出不同抽样误差所对应的最小样本量规模见表4-6（为计算简便，取t=2）。

表4-6　　95%置信度水平下不同抽样误差所要求的样本规模

容许的抽样误差（%）	样本规模n	容许的抽样误差（%）	样本规模n
1.0	10 000	5.5	330
1.5	4 500	6.0	277
2.0	2 500	6.5	237
2.5	1 600	7.0	204
3.0	1 100	7.5	178
3.5	816	8.0	156
4.0	625	8.5	138
4.5	494	9.0	123
5.0	400	9.5	110
		10.0	100

二、影响样本规模确定的因素

一般情况下，社会研究中样本规模的确定主要受到以下四个方面因素的影响：（1）总体的规模；（2）抽样的精确性；（3）总体的异质性程度；（4）研究者所拥有的经费、人力和时间。

1.总体的规模

样本规模与总体规模有关，这不难理解。按一般的想法，总体规模越大时，则样本规模也要越大，这样才能保证一定的精确度。但是，这种想法只在一定的程度上是正确的。当总体的规模达到一定程度时，样本规模的增加与它并不保持同等的增长速度。图4-2表明，在其他有关因素不变时，样本规模的增加速度大大低于总体规模的增加速度。换句话说，当总体的规模达到一定程度时，样本规模的改变量是很小的。

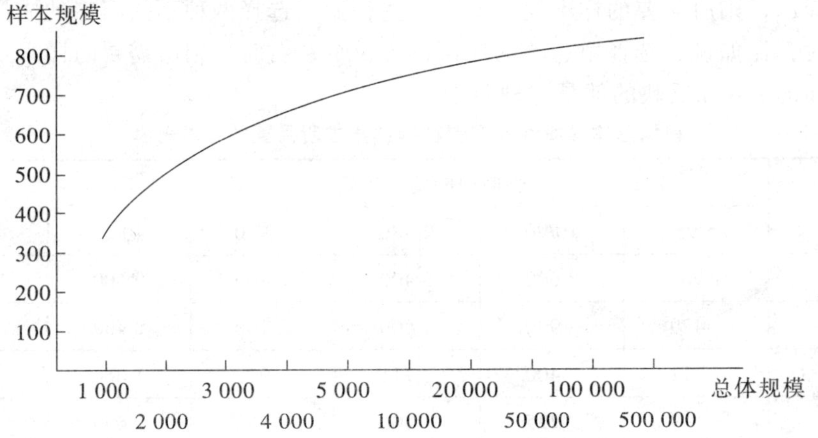

图4-2　不同的总体规模所需要的样本量

（相对于95%置信度、±3%置信区间和总体参数值以50%对50%比例均分的假定而言）

2. 抽样的精确性

抽样的目的往往是由样本去推论总体。影响样本规模确定的第二个因素，就与这种推论的可靠性和精确性密切相关。在社会研究中，我们用置信度与置信区间这两个概念来说明样本规模与抽样的可靠性及精确性之间的关系。一般来说，在其他条件不变的情况下，置信度越高，即推论的可靠性越大，则所要求的样本规模就越大。比如说，在同样的条件下，99%置信度所要求的样本规模，就比95%置信度所要求的样本规模要大。另外，在其他条件不变的情况下，置信区间越小，即样本统计值与总体参数值之间的误差范围越小，则所要求的样本规模就越大。比如，对一个总数为20 000的总体，置信度确定为95%，此时，若要求置信区间为±5%，需要377个样本；若要求置信区间为±4%，则需要583个样本；而当要求置信区间为±1%时，则需要6 849个样本，此时的样本规模已相当于总体规模的1/3。

3. 总体的异质性程度

总体的异质性程度对所需样本规模的影响也十分明显。总体中成员相互之间不存在差别时，只要了解其中之一就行了。这当然是极端的情况。一般来说，要达到同样的精确性，在同质程度高的总体中抽样时，所需要的样本规模就小一些；而在异质程度高的总体中抽样时，所需要的样本规模就大一些。其主要原因是，同质性越高，表明总体在各种变量上的分布越集中，波动性越小，同样规模的样本对总体的反映就会越准确。而异质性程度越高，则表明总体在各种变量上的分布越分散，波动性越大，同样规模的样本对总体的反映就会越粗略。比如，当总体中的个体在收入上的差别比较小，或者说分布比较集中时，所抽取的样本中人均收入值的随机波动就很小，因而抽样误差也就会很小，抽样的精确度就会比较高。

与总体异质性程度有关的另一个因素是，当总体中的大部分成员对某个问题的回答或选择与小部分成员的回答或选择不同时，比如，70%的成员选择甲，30%的成员选择乙，则所需要的样本规模要小一些；而当选择两种不同回答的成员比例相差无几时，比如说，选择甲、乙的比例都为50%左右时，则所需要的样本规模为最大。下面的表4-7反映的就是这种差别。

表4-7　**根据总体异质性程度和精确性要求所需要的样本规模**

容许的抽样误差	所期望的给予特定回答的总体百分比					
	5/95	10/90	20/80	30/70	40/60	50/50
1%	1 900	3 600	6 400	8 400	9 600	10 000
2%	479	900	1 600	2 100	2 400	2 500
3%	211	400	711	933	1 066	1 100
4%	119	225	400	525	600	625
5%	76	144	256	336	370	400
6%	—	100	178	233	267	277
7%	—	73	131	171	192	204
8%	—	—	100	131	150	156
9%	—	—	79	104	117	123
10%	—	—	—	84	96	100

注：①置信度为95%；②样本规模小于表中相应的数字时，难以进行有意义的分析。

4.研究者所拥有的经费、人力和时间

除了以上几个因素外，研究者所拥有的经费、人力和时间，也对样本规模的大小产生影响。从样本的代表性、抽样的精确性考虑，样本规模当然是越大越好，但抽样所得到的样本是要用来进行调查的。样本规模越大，就意味着所需要投入的人力、物力和时间越多，还意味着所可能受到的限制和障碍也越多。因此，究竟选择多大规模的样本，往往需要做出选择。而这种选择的一个重要砝码，就是研究者所拥有的经费、人力和时间。

总之，样本规模的确定需要综合考虑各方面因素，没有一成不变的规定。规模在1 000～3 000之间的一般为大型的样本规模，主要用于全国性的研究项目中。正式的研究中一般要达到中型的样本规模（在300～1 000之间）。这也是目前实践中采用最多的一类样本规模。在一般情况下，它兼顾到了样本的误差大小、研究者的经费、人力和时间，以及调查的组织和实施等多方面因素。

三、样本规模与抽样误差

抽样误差就是样本的统计值与总体的参数值之间的误差。它是由于抽样本身的随机性所引起的误差。无论采取什么样的抽样方式，这种误差都是不可避免的。但是，抽样误差的大小是可以在样本设计中事先确定的。除了抽样误差以外，抽样调查中还存在另一种误差，即度量误差，也称作非抽样误差，它是指在调查、记录、填答、汇总等工作中所出现的误差。

抽样误差主要取决于总体的分布方差和抽样规模，这两个因素都可以导致抽样误差的增加或减少。当样本规模增加时，样本统计量的随机波动程度就会降低，从而使抽样误差也减少。在简单随机抽样中，人们正是以扩大样本规模的方式来达到减少抽样误差的目的的。而分层抽样则是着眼于缩小总体的异质性程度或分布方差，即通过将总体划分为不同的类别或层次，使得这些不同类别或层次在样本中都有代表，又使得抽样误差中不存在层次间的变差成分，而只存在层内变差成分，其效果相当于降低了总体分布的方差，从而降低了样本统计量的随机波动程度，提高了样本统计量估计总体参数的精确度。

有关抽样规模与抽样误差之间的关系问题，我们还应该注意两点：一是对于比较小的样本来说，样本规模上的一点增加，便会带来精确性方面很明显的增加。在前面表4-7中，当样本规模从100增加到156时（仅仅增加了56个个案），抽样误差就由10%下降到8%。对于比较大的样本来说，同样增加这么多个个案，却收效甚微，要使其抽样误差从2%下降到1.5%，则需要增加2 000个个案。因此，许多调查公司通常将他们的样本规模限制在2 000之内，因为当样本规模超过了这一点时，花费在所增加的样本规模上的人力、物力，相对于增加估计的精确性来说，就有些得不偿失。二是扩大样本规模虽然可以减少抽样误差，但同时它又会增加非抽样误差。所以，并非样本越大其结果就肯定越精确。

相关链接

2016年三亚市春节“黄金周”旅游市场抽样调查报告

为准确、及时了解游客在三亚市春节“黄金周”期间的旅游消费情况。根据市政府对春节“黄金周”任务要求，我局特选取南山、天涯海角旅游景区以及20家宾馆酒店作为调查样本，对国内游客在“黄金周”期间内的旅游花费情况进行抽样调查，并广泛听取了游客的意见和建议。现将调查整体情况汇总报告如下：

一、游客的基本信息

接受调查的全部样本对象包括：国内过夜游游客1 100人，一日游游客170人。

（一）过夜游客的地区排位

调查结果显示：广东省游客居于首位，占比达到12.2%，同比提高3.0个百分点；其次为本省游客，占比达到6.8%，同比提高3.8个百分点；再次是湖南省游客，占比达到5.7%。前三甲省份游客占全国总体的比重达到24.7%。

（二）过夜游客的区域分布

从调查游客的区域分布看：华南地区游客占比24.1%，同比上升9.3个百分点；华东地区游客占比20.8%，同比上升3.4个百分点；华北地区游客占比8.1%，同比上升0.8个百分点；华中地区游客占比15.6%，同比上升0.2个百分点；西南地区游客占比10.8%，同比下降0.4个百分点；东北地区游客占比6.2%，同比下降5.2个百分点。调查显示，华南、华东等地区游客比重持续加大，东北地区游客比重下降明显（见表4-8）。

表4-8　　春节“黄金周”国内客源比重　　单位：%

省（市、区）	2016年春节	2015年春节	提高或下降百分点
广东	12.2	9.2	3.0
海南	6.8	3.0	3.8
湖南	5.7	4.6	1.1
北京	5.6	5.2	0.4
四川	5.4	6.4	-1.0
上海	5.2	5.2	—
广西	5.1	2.6	2.5
河南	5.0	5.9	-0.9
湖北	4.9	4.9	—
江苏	4.4	2.9	1.5
浙江	4.3	4.6	-0.3
福建	4.1	1.3	2.8
重庆	3.1	2.6	0.5
山东	2.8	3.4	-0.6
黑龙江	2.6	4.9	-2.3
河北	2.5	2.1	0.4
云南	2.3	2.2	0.1
吉林	2.0	3.2	-1.2
辽宁	1.6	3.3	-1.7
其他	14.4	22.4	-8.0

二、过夜游客到三亚旅游的意向

（一）观光、度假游客占比逾九成

调查显示，观光、度假游客占比逾九成，其中观光占比52.5%，休闲度假占比43%，探亲、访友及商务往来分别占比3.1%、0.9%；会议、文化和其他仅占0.5%。

（二）“回头客”数量平稳

调查显示，第1次来三亚的游客占比53%，同比上升0.1个百分点；回头客占比基本保持稳定，其中第2、3次来三亚的游客占比37.6%，同比上升0.2个百分点；第4次及以上来三亚的游客占比9.4%，同比下降0.3个百分点。

（三）散客占比近八成

调查显示，国内过夜游客散客持续增长，占比达到77.6%，参团游客仅占22.4%。由此可见，散客作为三亚市旅游市场的主体，正呈现逐步发展壮大的趋势。

（四）大东海、南山寺、天涯海角三景区热度不减

调查显示，大东海、南山寺、天涯海角景区的游览率分别为46.3%、42.2%、40.4%，其次是亚龙湾（37.5%）、鹿回头（32.5%）、大小洞天（30.5%），再次是西岛（28.5%）、蜈支洲岛（20.2%）等（如图4-3所示）。

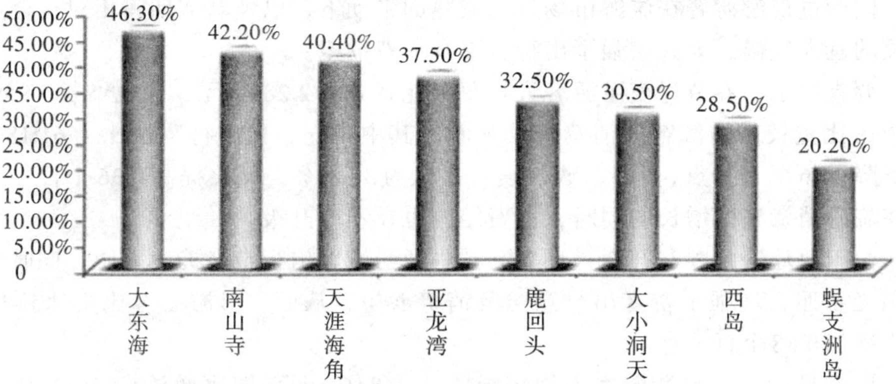

图4-3 景区游览率

调查还显示，游客尚要游览景区的意向游览率分别为：南山寺（31.2%）、天涯海角（28.4%）、大东海（25.3%）、亚龙湾（20.5%）、鹿回头（15.5%）、大小洞天（13.5%）、西岛（10.1%）、蜈支洲岛（7.3%）等。

三、国内游客对三亚旅游环境的评价

一年来，三亚市的铁腕治旅力度不断加强，成立了国内首支旅游警察队伍，加大了涉旅案件打击力度。尤其在春节前夕，三亚市召开“优质服务迎新春”暨城市治理管理和旅游市场综合整治动员大会，进一步加强综合环境整治，对旅游市场、交通管理、环境卫生、民生服务等进行针对性的全面部署，强调责任担当，敢于碰硬，把迎新春优质服务抓好，进一步提升了旅游服务水平。在接受调查的1 270名游客中，综合满意率为97.13%，同比提高0.12个百分点。

（一）过夜游情况

调查显示，过夜游游客对三亚的综合旅游环境、宾馆饭店、餐饮、民航、景区环境及卫生、文化娱乐、购物、旅行社与导游服务几大旅游市场要素评价乐观，调查表明，过夜游客综合满意率为96.73%，同比提高0.13个百分点。

各分项中，民航满意率居于首位，达到98.7%，购物、餐饮、景区环境及卫生

满意率均有所提高，分别为98.4、97.9和97.6个百分点；宾馆饭店满意率为96.3%；旅行社和导游服务满意率相对最低，仅为95.7%。

（二）一日游情况

调查结果显示，一日游综合满意率为99.52%，同比提高0.05个百分点。

四、国内游客在三亚的旅游花费情况

春节前夕，海南离岛免税政策实施第三次调整，海南免税商品购买额度提升至1.6万元，对前来三亚旅游的国内游客，放宽购物次数限制，离岛免税购物品种增加到38种。三亚海棠湾免税购物中心作为全球最大单体免税店，以其全方位升级的接待能力、品牌阵容优势成为三亚消费市场增长主力军，促使游客在“游、购、娱”方面的消费潜力得到进一步深入挖掘。

（一）总体情况

国内过夜游游客在旅游市场日趋成熟的带动下，以及春节期间相对于全国普遍降温的宜人气候，大大增强了出行意愿及消费欲望。

调查显示，春节过夜游游客人均每天花费达到2 289.6元，同比增长7.95%。从其中占比重较高的散客的消费构成来看，其中“吃、住、行”占比为61.18%，同比下降0.36个百分点，“游、购、娱”占比为38.82%，同比提高0.36个百分点，可见在旅游消费整体增长的同时，消费结构也在不断升级。

由于西环铁路顺利开通，环岛高铁贯通给游客出行带来极大方便，同时春节期间阳光普照，增强了游客出行意愿及消费欲望，从而一日游游客比重达到15.1%，同比增加0.88个百分点。

调查显示，一日游游客人均每天花费为846.3元，同比增长5.52%。从其消费构成看，“吃、行”占比为35.2%，同比上升0.65个百分点，而“游、购、娱”占比为64.8%，同比下降0.65个百分点（见表4-9）。

表4-9　**一日游游客花费构成一览表**

情况 / 类型	指标	2016年春节国内一日游游客		金额增减（元）	同比增减（%）
		人均消费金额（元）	占比重（%）		
一日游游客	返程交通费	98.17	11.60	3.21	3.38
	餐 饮	199.73	23.60	17.57	9.65
	购 物	288.59	34.10	8.89	3.18
	景区门票	128.81	15.22	8.28	6.87
	娱 乐	93.94	11.10	8.89	10.45
	其 他	37.06	4.38	−2.58	−6.51

（二）参团游客

调查显示，春节参团游客人均每天花费为1 417.3元，同比增长11.8%。其中，返程交通费288.42元，同比增长13.29%；购物656.64元，同比增长12.61%；娱乐288.99元，同比增长12.43%；其他花费183.25元，同比增长5.93%（见表4-10）。

（三）非参团游客

调查显示，春节非参团游客人均每天花费2 488.49元，同比增长6.57%。其中，返程交通费498.2元，同比增长7.45%；住宿631.08元，同比增长4.27%；餐饮393.18元，同比增长6.87%；景区门票184.89元，同比增长6.66%；购物521.09元，同比增长7.77%；娱乐171.71元，同比增长11.07%；其他花费88.34元，同比增长1.86%（见表4-10）。

表4-10　国内过夜游游客花费构成一览表

类型＼情况	指标	国内过夜游客 人均消费金额（元）	国内过夜游客 占金额比重（%）	金额增减（元）	同比增长（%）
参团游客	返程交通费	288.42	20.35	33.83	13.29
	购物	656.64	46.33	73.54	12.61
	娱乐	288.99	20.39	31.94	12.43
	其他	183.25	12.93	10.26	5.93
非参团游客	返程交通费	498.20	20.02	34.56	7.45
	住宿	631.08	25.36	25.86	4.27
	餐饮	393.18	15.80	25.26	6.87
	景区门票	184.89	7.43	11.54	6.66
	购物	521.09	20.94	37.57	7.77
	娱乐	171.71	6.90	17.12	11.07
	其他	88.34	3.55	1.61	1.86

五、游客在三亚的停留天数

调查显示，春节国内过夜游客在三亚人均总停留天数达到4.58天，同比增长5.29%。其中，过夜6天以上的游客占比12.8%；过夜4～5天的游客占44.2%，过夜1～3天的游客占比43%。

六、国内游客对三亚旅游环境的意见

从总体上看，绝大多数被访者对三亚市春节“黄金周”期间的旅游环境感到比较满意，而仍有两成游客提出意见和建议，现针对游客反馈相对集中的问题梳理如下：

游客反馈意见主要集中在五大方面：一是市区交通线路不完善，秩序混乱，公交车次和出租车不够充足，占比30%；二是服务质量不佳，服务行业人员态度较差，业务素质能力低下，占比15%；三是物价相对于其他同质旅游景区过高，占比25%；四是旅游环境不佳，硬件设施不够到位，占比20%；五是其他相关建议，占比10%（见表4-11）。

表4-11　　**国内游客的信息反馈**

序号	游客反馈信息		比重（%）
1	改善交通条件（30%）	旅游专线少、出租车少、公交车少、堵车	20
		标示、标识不明	5
		路牌不清晰	5
2	改善服务质量（15%）	景区、酒店服务意识不够	8
		讲话不文明	5
		客房服务员不够热情	2
3	物价问题（25%）	餐饮价格有待规范	5
		酒店房价太高、收费高、消费高	5
		物价高、商品贵	5
		有宰客现象、出租车要价高	10
4	改善旅游环境（20%）	景区志愿者太少	2
		卫生条件差、公共厕所脏	5
		景区厕所太少	3
		景区设施配套不完善	1
		随地吐槟榔水	5
		服务人员普通话水平有待提高	4
5	建议（10%）	要注重旅游推广、提升服务态度	2
		加强三亚湾的绿化带及铁丝网管理	2
		加强物价监管；节假日交通加大投入	2
		其他	4
合计			100

七、相关建议

综合来看，三亚市的旅游发展目前仍停留在“吃、住、行”的粗放阶段，对旅游产品、景点景区的开发力度仍不到位，游客在“游、购、娱”方面的消费虽有所提升，但潜力并未得到深入挖掘，地方文化特色不浓，国际旅游岛内涵不够，缺少精品意识。现提出针对性建议如下：

（一）加强治理力度，高标准严要求抓好整改提升

在交通系统的管理方面，要提升服务质量和水平，加强教育和监督管理，加强交通系统法规建设，完善交通系统的信息化建设，信息务必精准、及时；严惩哄抬物价、价格欺诈、短斤缺两、垄断市场的违法违规行为；公开曝光环境卫生存在问题的景区、企业，并责令限期整改。

（二）加大宣传力度，打造诚信、文明旅游城市形象

充分发挥舆论监督作用，鞭挞失信行为，对失信败德行为进行批评揭露，使之成为“过街老鼠”。加强对失信行为处罚结果的跟踪报道，以反面典型为教材进行德法释义，使人人敬畏法律“高压线”，打造三亚诚信、文明旅游城市形象。

（三）加大宣传海南离岛免税政策，打造三亚购物天堂旅游目的地形象

充分发挥全媒体的宣传作用，宣传海南离岛免税政策，宣传三亚文明的购物环境，吸引国内高端游客到三亚来旅游购物，打造三亚购物天堂旅游目的地形象。

（四）传统旅游业更新升级，全面提升本土竞争力

充分发挥旅游业的拉动力、融合力和催化力，为相关产业和领域的发展提供平台，相互结合催生新业态。通过旅游+新型城镇化，引导旅游地产发展方向，促进发展特色旅游城镇；通过旅游+新型工业化，促进发展旅游装备制造业、户外用品、特色旅游商品，发展工业旅游；通过旅游+农业现代化，促进精准扶贫、发展乡村旅游、休闲农业等现代农业新形态，使旅游发展从“围景建区、设门收票”向“区景一体、产业一体”转变。

（五）尽可能提高参与度，全民共建共享全域旅游

要积极引领旅游发展成果为全民共享，增强居民获得感和实际受益，促进居民和游客树立人人都是旅游形象，自觉把自己作为旅游环境建设的一分子，真正树立主人翁意识，从而提升整体文明素质，全民共建共享全域旅游。

资料来源　佚名. 2016年三亚市春节“黄金周”旅游市场抽样调查报告［EB/OL］.［2016-08-11］. www.systats.gov.cn/tjfx/ztfx/201603/t20160302_1778811.html.

思考与实践

1.什么是抽样中的随机性？为什么概率抽样的方法能够保证样本对总体的代表性？

2.分层抽样与整群抽样的具体操作方法是怎样的？二者之间有何异同？什么情况下应选用分层抽样？什么情况下应选用整群抽样？

3.如果条件允许，多段抽样中应尽可能扩大哪一级样本的规模？为什么？

4.在实际社会调查中，有哪些因素影响研究者对样本规模的确定？

5.某市有300所小学，共240 000名学生。这些小学分布在全市5个行政区中。其中重点小学有30所，一般小学有240所，较差的小学有30所。现要从全市小学生中抽取1 200名学生进行调查，以了解全市小学生的学习情况。请设计一种抽样方案。

推荐书目

［1］基什．抽样调查［M］．倪加勋，等，译．北京：中国统计出版社，1997.

［2］罗西，弗里曼，李普希．项目评估：方法与技术［M］．邱泽奇，译．6版．北京：华夏出版社，2002.

第五章

调查研究

调查研究或简称调查，是社会研究中一种最常见的研究方式。一些人甚至误以为调查研究就是整个社会研究方法的全部。无论如何，调查研究的确以其特定的方式满足了社会研究者探讨各种社会行为、社会现象和社会问题的需要。同时，定量研究的诸多内容也十分集中地体现在调查研究的方式之中，比如抽样、操作化、测量、统计分析等。因此，掌握调查研究的方法对于社会研究者来说，显得更为重要。本章也以更大一些的篇幅介绍调查研究的方法。

第一节　调查研究及其类型

一、调查研究的概念

调查研究指的是一种采用自填式问卷或结构式访问的方法，系统地、直接地从一个取自某种社会群体的样本那里收集资料，并通过对资料的统计分析来认识社会现象及其规律的社会研究方式。先看看下面这个调查研究的例子。

为了研究城市独生子女与非独生子女青少年的社会发展状况，全国8个单位的社会学者于1998年采用调查研究的方式在全国14个城市中开展了一项研究。根据研究的目标，研究者确定以12～18岁的城市在校中学生作为研究的对象，他们采取多阶段、分层抽样的方法，从总体中抽取1 800名中学生、1 800名家长作为调查的两个样本。在经过多次设计、使用和修改之后，印制了《中学生调查问卷》和《中学生教育调查问卷》（家长问卷）。在1998年10月到1999年3月这5个多月的时间内，8个单位的社会学者分赴全国14个大、中、小城市，采用集中填答的方法对所抽样的中学生进行自填问卷调查，同时将家长问卷交给学生带回家，请家长填答后再由学生交给教师集中回收。此次调查共获得了涉及两类青少年社会发展及相关因素的经验数据80多万个。在计算机的辅助下，研究者对这些数据资料进行了多种统计分析，得出了有关城市独生子女青少年社会发展的总体特征、独生子女青少年与非独生子女青少年社会发展状况的异同及原因等一系列结果，给人们从总体上认识和理解这一代特定儿童的成长过程及其发展特征提供了重要的参考依据。

从上面的例子中，我们可以初步认识到调查研究的几个主要特征：

（1）调查要求从某个调查总体中抽取一定规模的随机样本；这种随机抽取的、有相当规模的样本特征往往是其他研究方式所不具有的。

（2）资料收集需要采用特定的工具，即调查问卷，且有一套系统的、特定的程序要求。

（3）研究所得到的是巨大的量化资料，且必须在计算机的辅助下完成资料的统计分析，才能得出研究的结论。

可以说，这些特征使得调查研究的方式与其他集中研究方式相区别；也正是这些特征使得调查研究成为社会研究及其他众多研究领域中广泛使用的、强有力的研究方法。

二、调查研究的题材

人类社会现象的丰富性和人们社会行为的多样性，决定了调查研究题材的丰富性和多样性。正如著名英国社会学家莫泽所说，世间的各种社会现象、人们的各种社会行为，几乎没有哪一个方面不曾被调查研究者关注过。但概括地说，调查研究的题材主要分为下述三大类：

1.某一人群的社会背景

某一人群的社会背景，即有关人们各种社会特征的资料。这种资料既包括某些人口统计方面的内容，例如，性别、年龄、职业、婚姻状况、文化程度等，也包括人们生活环境方面的内容，比如家庭构成、居住形式、社区特点等。这类题材客观性很强，在调查研究中收集这方面的资料往往比较容易，较少出现问题。并且几乎所有的调查研究都或多或少地包括这一题材中的内容。

2.某一人群的社会行为和活动

某一人群的社会行为和活动，即有关人们“做了些什么”以及他们“怎样做”等方面的资料。例如，人们每天几点钟上班、每周看几次电视、在家中谁辅导孩子学习等。这些题材也是客观的、事实的，它通常构成大部分调查研究的主体内容。

3.某一人群的意见和态度

某一人群的意见和态度，即有关人们“想写什么”、“如何想的”或“有什么看法”、“持什么态度”等方面的资料。例如，人们怎么看待离婚现象、人们对住房制度改革有什么意见、人们选择对象的标准是什么等。这类题材属于观念性、主观性的。它是构成各种民意调查、舆论调查、社会心理调查的主要内容。在其他一些类型的调查研究中，它往往是十分重要的一部分。

三、调查研究的优缺点

1.调查研究的主要优点

与实验研究、实地研究等方式相比，调查研究方式具体有下述主要优点：

（1）调查研究的方式可以兼顾到描述和解释两种目的。它既可以用来描述某一总体的概况、特征，以及进行总体各个部分之间的比较，同时，它也可以用来解释不同变量相互之间的关系。

（2）调查研究方式严格、规范的操作程序，使得其研究结果具有较高的信度，即描述和概括事物的精确性较高。

（3）调查研究可以迅速地、高效地提供有关某一总体的丰富的资料和详细的信息，在了解和掌握不断变动的社会现象方面具有很大的优越性。

（4）调查研究所具有的定量特征和通过样本反应总体的特征，使得其应用范围十分广泛，受到广大社会研究者、政府决策部门人员、市场研究人员以及大众传媒的高度重视。

2.调查研究的主要缺点

尽管调查研究具有众多的优点，但并不是万能的。与其他几种研究方式一样，它也存在着力所不能及的地方。例如，在探讨和分析变量之间的因果关系方面，它不及实验研究的方式那么有力。而在对事物理解和解释的深入性方面，以及在研究的效度方面，它又不及实地研究。在研究的反应性方面，它也不及文献研究的方式。特别是调查研究收集资料所依据的主要是被调查者的自我报告，这种被动的、间接的行为测量方式，往往难以真正了解社会现实中人们的行为。同时，它所采用的自填式问卷或结构式访问的形式，无形中都限制了被调查者对问题的回答，使所得的资料比较表面化、简单化，很难深入被调查者的思想深处，很难感受到回答者思想和行为的整体生活背景。在这方面，调查研究远不如实地研究。再加上问卷中的强迫选择、削足适履等问题，也都会使所得资料的质量受到一定影响。

四、调查研究的类型

调查研究这种研究方式广泛地应用于社会生活中的各个领域，形成了调查研究的某些重要类型。其中主要有：

1.社会生活状况调查

社会生活状况调查，通常是对某一时期、某一社区或某一社会群体的社会生活状况进行的调查。它的着眼点主要放在了解人们日常社会生活各个方面的基本内容，以综合地反映一个时期、一个地区或一个群体中人们总的社会生活状况。例如，对某市离退休老人生活状况的调查研究、对某市居民生活质量的调查研究等，就是这种调查应用的例子。

2.社会问题调查

社会问题调查，即针对社会中所存在的各种社会问题进行系统的调查、了解，找出问题的症结，为解决社会问题提供参考意见。就像医生给病人看病一样，对各种社会问题进行“社会诊断”。例如，青少年犯罪调查、离婚问题调查、吸毒问题调查、老年社会保障问题调查、独生子女教育问题调查等，都是常见的社会问题调查。

3.社会调查

社会调查，即为拓展商品的销路，以便更好地为企业的生产和利润服务，而围绕某类产品或某种商品的市场占有率、顾客的购买情况、商标的宣传效果等所进行的调查。它是随着商品经济的发展而逐渐普及的。目前我国这类调查研究也开始多起来，如化妆品市场调查、饮料市场调查、服装市场调查、家电市场调查等。

4.民意调查

民意调查也称舆论调查，即对社会中民众的意见、态度、意识等主观意向进行的调查。最典型的民意调查是美国的总统选举民意测验。此外，像各种民意测验机构对社会热点问题进行的民意调查，以及各种大众传播机构对其读者、听众、观众进行的调查等，都属于这一类调查。

5.学术性调查

学术性调查，即广泛应用于社会学、政治学、人口学、教育学、传播学等社会科学学科领域中的调查研究。这类调查的目标，往往不是针对某一具体的社会现象和社会问题得出结论，而是致力于对某类社会现象所具有的一般规律或普遍法则进行探索和研究。

第二节 问卷设计

抽样调查得到的反映社会现象的真实资料，一般是以问卷作为工具从被调查者那里获取的。作为社会调查活动中的一种中介物——问卷，其质量好坏，直接影响到调查资料的真实性、适用性，影响到问卷的回收率，进而影响到整个调查的结果。同时，社会调查中所涉及的问题必须事前周密设计好，一旦问卷发出，就难以更改和补救。所以，问卷设计在社会调查过程中占有十分重要的地位。

一、问卷的含义与结构

1.问卷的含义

问卷是社会调查中用来收集资料的一种工具。它在形式上是一份精心设计的问题表格，其用途是用来收集有关社会现象和人们社会行为的各种资料。

由于社会调查中调查目的、调查内容、调查方式各不相同，使用的问卷也存在差异。按照问卷填写方式，可以把问卷分为自填式问卷和访问式问卷两种不同类型。

自填式问卷，是由调查机构或者调查人员送发或邮寄给被调查者，由被调查者自己填写的问卷。自填式问卷按照问卷的不同传递方式，可分为报刊问卷、邮政问卷和送发问卷。报刊问卷是将问卷刊登在报刊上，随着报刊发行传递到读者手中，请读者书面回答报刊问卷并在规定的时间邮寄或传真给调查机构。邮政问卷是通过邮局、报刊发行公司将印制的“调查问卷”邮寄或者投送给被调查者，请被调查者按问题回答，并在规定时间邮寄或传真给调查机构。送发问卷是调查机构派人或者调查者本人将问卷直接送给被调查者，由被调查者当面填写后，调查者当场收回。

访问式问卷，是由调查员按照问卷向被调查者提问，并根据被调查者的回答进行填写的问卷。

自填式问卷和访问式问卷在设计程序、设计原则、内容与结构等方面都是相似的，只是在设计方法与使用方法上有一定差别。

2.问卷的结构

问卷的结构一般都包含封面信、指导语、问题、答案、编码等部分。

（1）封面信。

封面信是一封给被调查者的短信，主要是向被调查者介绍和说明调查单位或调查者的身份、调查的内容、调查的目的和意义、调查对象的选取方法和对结果保密的措施等。

封面信的语言要简明扼要、谦虚朴实、篇幅短小，一般以二三百字为宜，封面信应该包含以下几方面的内容：

①“我是谁”，即说明调查机构或者调查者的身份，如“我们是浙江万里学院在校学生，为了……”调查机构或者调查者的身份也可以通过落款来说明，如落款为“浙江万里学院《大学生自主创业》调查组”。但是，落款不能只写“《大学生自主创业》调查组”，必须注明具体单位，最好能附上单位的地址、电话号码和联系人姓名等，以便消除被调查者的疑虑，体现调查的正式性。

②“调查什么”，即要说明调查的内容。对调查内容的说明不能过于详细，也不能含糊其辞或避而不谈，通常的做法是用一两句话概括地指出其内容的大致范围。例如，“我们这次调查主要想了解大学生对自主创业的看法及其现状”等。

③“为什么调查”，即要说明调查的主要目的和意义。说明调查的目的时应强调全局性和贴近性，尽可能说明其对于整个社会，尤其是对于包括被调查者在内的群众的实际意义。例如，“我们这次调查主要想了解大学生对自主创业的看法及其现状，目的是为政府部门制定有关政策和学校根据市场需求办学提供科学依据”。

④“如何调查”，为了消除被调查者的戒心，争取被调查者的合作，应该在封面信中简要说明调查对象的选取方法和对调查结果保密的措施。例如，“我们按照科学的方法挑选了一部分大学生作为代表，您是其中一位。本调查以不记名方式进行，根据国家统计法，我们将对统计资料保密，所有个人资料均以统计方式出现。本次调查不用填写姓名和单位，答案无对错之分，请您不必有任何顾虑”。

封面信的结尾处，一定要真诚地感谢被调查者的合作与帮助等，并署上调查机构、课题调查组的名称以及日期。

下面是一份实际调查问卷的封面信。

宁波市民营企业职工媒介接触状况调查问卷[①]

尊敬的职工朋友：

您好！我们是浙江万里学院文化与传播学院新闻系2003级学生，为了全面地了解宁波市民营企业职工接触媒介信息的情况，我们结合“社会调查与分析”课程教学开展这次问卷调查，希望得到您的支持与帮助。

这次调查的目的，是要切实了解民营企业职工接触媒介状况，为有关单位更好地丰富广大职工精神文化生活提供合理化建议。

本次调查严格按照国家统计法规的要求进行，不用填写姓名，所有回答只用于统计分析，对于您的答案我们一定会保密。您只需要根据自己的实际情况，在这份调查表每个问题所给的答案中选择合适的打“√”即可，或者在——中填上适当内容。占用了您的宝贵时间，向您致以诚挚的谢意。

祝您身体健康、工作顺利！

浙江万里学院文化与传播学院

《宁波市民营企业职工媒介接触状况》调查组

20××年6月6日

地址：浙江万里学院文化与传播学院

电话：0574-88222025　邮编：315100

（2）指导语。

指导语是指用来指导被调查者填答问卷的解释和说明，也称“填表说明”，其作用是对填表的方法、要求、注意事项等作一个总的说明。有些问卷的填答方法比较简单，指导语很少，常常只在封面信中用一两句话说明即可。有些指导语则集中在封面信之后，并标有“填表说明”的标题，下面是一份社会调查的“填表说明”。

填表说明

①请在每一个问题后适合您自己的情况和想法的答案号码上划上“√”，或者在______中填上适当的内容。

②问卷每页右边的数码及短横线是供计算机用的，您不必填写。

③若无特殊说明，每一个问题只能选择一个答案。

④填写问卷时，请不要与他人商量。

另外，有些指导语则分散在某些较复杂的调查问题后面，对填答要求、方式和方法进行说明。

（3）问题与答案。

问题与答案是问卷的核心内容。调查问卷中的问题形式，可分为开放式问题与封闭式问题两种。

①开放式问题。就是那种对问题的回答不提供任何具体的答案，而由调查者根据自己的情况自由填答案。简而言之，就是只提问题不给答案。例如：

---

① 黄奇杰. 社会调查方法概论［M］. 杭州：浙江大学出版社，2007.

请您谈谈对当前农村文化建设的意见和建议？答：________________。

开放式问题的优点是灵活性较大、适应性较强，有利于被调查者充分发表自己的意见。因而，所得资料丰富生动。其不足之处是，由于被调查者文字表达能力、学识水平、阅历等局限，容易出现答非所问、不准确、无价值的信息，从而降低问卷的有效率。开放式问题还有资料难以编码和统计分析等缺点。一份调查问卷，设计开放性问题一般不宜过多，二三个即可，如果只有一个，通常放在问卷问题的最后。

②封闭式问题。就是在提出问题的同时，给出若干个可能答案或主要答案，要求回答者根据实际情况进行选择。例如，“你最喜欢看哪类电视节目”就是一个开放式问题。但是，当我们在这个问题下面列出若干个答案，要求被调查者选择其一作为回答时，就变成了封闭式问题。例如：

你最喜欢看哪类电视节目？

A.新闻节目　B.体育节目　C.文艺节目　D.其他节目

封闭式问题的优点是填答方便，省时省力，资料易于统计分析。其缺点是资料失去了自发性和表现力，回答中的一些偏误也不易被发现。

根据开放式问题与封闭式问题的不同特点，调查人员常常把他们用于不同的调查中，在探索性调查中，常常用开放式问题构成的问卷；而在大规模的正式调查中，则主要采用封闭式问题构成的问卷。

（4）编码及其他资料。

在较大规模的统计调查中，调查者通常采用以封闭式问题为主的问卷。为了将被调查者的回答转换成数字，以便录入计算机进行处理和定量分析，往往需要对回答结果进行编码。所谓编码，就是给每一个问题及其答案编上数码。编码既可以在问卷设计的同时就设计好，也可以等调查完成后再进行设计。前者称为预编码，后者称为后编码。在实际调查中，研究者大多采用预编码，因此，预编码也就成了问卷中的一个部分。编码一般放在问卷每一页的最右边，有时还可用一条竖线将它与问题及答案部分分开。

例如：

一、您的年龄：　　岁　　　　1～2__

二、您的性别：①男　②女　　□　　3__

三、您的文化程度：

①小学　　□　　4__

②初中　　□

③高中或中专　　□

④大专　　□

⑤本科　　□

⑥研究生　　□

四、您每月的收入为多少？____元　　5～8__

以上第一个问题，一般人们的年龄往往在100岁以内，所以编码中给出两栏，序号为1~2（对于极个别大于99岁的人往往记为99岁）。第二、三个问题都只能选择一个答案，且答案数目小于10，分别只给一栏。第四个问题的答案往往处于10 000之内，所以给四栏。

除了编码以外，有些调查问卷还需要在封面印上调查员姓名、调查日期、审核员姓名、被调查者住地等有关资料。

二、问卷设计的原则

1.目的性

抽样调查作为社会调查的一种主要形式，是调查者通过问卷这一中介向被调查者收集资料、了解情况的过程。对于任何一项问卷设计工作来说，调查的目的都是其灵魂，因为它决定着问卷的内容和形式。抽样调查目的不同，问卷的内容和形式设计也不同。问卷设计要紧紧围绕着调查目的来进行，问卷中必须问什么，不必问什么都将受到调查目的的制约。

2.简明性

调查问卷是要让被调查者在有限的时间内做出正确的回答。设计问卷时，必须注意问卷的简明性，尽量为被调查者提供一份简明扼要的问卷，使被调查者能在较短的时间内一目了然地了解和理解问卷中所提出的问题并比较容易地做出回答。如果问题数目多、难度高、繁杂、填写时间长，这样就不能保证调查的顺利进行，也不能保证资料的质量。

3.适应性

问卷设计既要适应调查者的需要，紧紧围绕调查目的所需要的资料来进行设计；同时也要适应被调查者心理和思想上的要求。一般来说，在问卷涉及敏感性问题时，被调查者容易产生种种顾虑，担心如实填写会给自己带来不利的影响，会损害自己的切身利益。因此，问卷的设计要避免给被调查者造成心理上和思想上的压力，尽量设计出适应被调查者心理和思想要求的问卷。

4.针对性

由于被调查对象自身的能力、条件各不相同，调查问卷中如果出现有些被调查者看不懂的问题或者需要被调查者进行一定的回忆、思考和计算甚至难以回答的问题，这样势必影响被调查者的合作。因此，要设计出不同被调查对象基本都能回答出来的问卷，并针对被调查对象可能出现的答题障碍，给予必要的提示。对于自填式问卷来说，设计应该尽量简单明了，便于阅读、便于理解、便于填写；用于邮寄方式进行调查的问卷，要特别注意封面信的设计。总之，要设身处地为被调查对象考虑，避免被调查对象因问卷造成的困难而放弃应答，以保证调查问卷的回收率，保证调查的质量。

除上述各种因素外，当然还不能忽视调查经费多少、调查人员多少、调查时间长短等对问卷设计工作的限制。

三、问卷设计的步骤

1.摸底探索

所谓摸底探索，是指在设计调查问卷之前，要先熟悉、了解被调查对象的基本情况，以便对问卷设计中遇到的各种问题的提法和可能的回答有一个初步的认识。摸底探索工作的常见方式是进行初步的非结构式访问，即问卷设计者围绕所要调查的问题，自然地与各种被调查对象交谈，并留心观察他们的特征、行为和态度，从中熟悉和了解他们对某一问题的看法。经过初访，能够根据实际情况恰当地设计出有关问题的各种答案，从而避免在设计问卷时出现含糊不清的问题和不符合实际情况的答案。

摸底探索是设计问卷之前必须进行的一项重要工作，它既是进行问卷设计的基础，又是整个调查研究工作从调查准备阶段向资料收集阶段过渡的必经环节。

2.设计初稿

经过摸底探索工作，对所要调查的各种问题及其可能的答案有了初步印象，就可以动手设计问卷初稿了。设计问卷初稿一般采用以下两种具体方法。

（1）卡片法。卡片设计的具体操作过程是：第一步，根据摸底探索工作所得到的印象和认识，把每一个问题和答案写在一张卡片上，一题一卡。第二步，根据卡片上问题的主题内容，将卡片分成若干类，即把询问同类事物问题的卡片放在一起。第三步，在每一类卡片中，按询问的先后顺序将卡片进行前后排序。第四步，根据整张问卷的逻辑结构排出各类卡片的前后顺序，使卡片联成一个整体。第五步，根据被调查者填写问卷是否方便、是否会形成心理压力等角度，反复检查问题前后顺序及连贯性，对不当之处逐一调整和补充。最后把调整好的问题卡片依次写到纸上或者录入电脑，形成问卷初稿。

（2）框图法。框图法和卡片法不同，第一步，根据研究假设和所需资料的内容，在纸上画出整个问卷的各个部分及前后顺序的框图。第二步，具体地写出每一个部分中的问题及答案，并安排好这些问题相互间的顺序。第三步，根据被调查者阅读和填写问卷是否方便等方面，对所有问题进行检查、调整和补充，并将调整的结果整理成文。第四步，将调整的结果重新抄写在纸张上，形成问卷初稿。

卡片法与框图法的差别在于：前者是从具体问题开始，然后到部分、整体；后者是从总体结构开始，然后到部分、具体问题。这两种方法各有优缺点，为了避免二者的缺点，可以将两种方法结合起来使用。先根据调查内容的结构，在纸上画出问卷总体的各个部分及其前后顺序；然后将每一部分的内容编成一个个具体的问题，写在一张张小卡片上；最后调整问题间的顺序，并将整理好的问题卡片打印出来，形成问卷初稿。

3.试用修改

问卷初稿设计出来之后，必须经过试用和修改这两个环节定稿后，才能用于正式调查。问卷初稿的试用修改有两种方法：

（1）客观检验法。将问卷初稿打印30～100份左右，然后在正式调查的总体中抽取一些小样本，用这些问卷初稿对他们进行调查。最后认真检查和分析调查的结果，从中发现问题和缺陷并进行修改。检查和分析的内容包括：回收率、有效回收率、填答的内容和方式是否正确、是否完整等。如果回收率低于60%，说明问卷的设计中有较大的问题；如果填答内容的错误多，答非所问，就要仔细检查问题的用语是否准确、清晰，含义是否明确具体；如果填答方式错误较多，要检查问题形式是否过于复杂或指导语不明确等；如果是问卷中某几个问题普遍未做回答，要仔细分析原因，然后加以改进。

（2）主观评价法。将设计好的问卷初稿抄印3～10份，分别送给研究领域的专家、研究人员以及典型的被调查者，请他们阅读和分析问卷初稿，并根据他们的经验对问卷进行评价，指出存在的问题和提出改进的意见。例如，调查城市交通问题的，设计好调查问卷后，可以将复印的问卷初稿分别送到城市交通管理部门、公交公司售票人员、公安交通民警等人手中，请他们对问卷中的问题进行检查和评论，提出他们的具体意见。

上述两种方法，各有其适应范围，一般来说，小型调查大多采用主观评价法，大型调查大多采用客观检验法，有的调查则两种方法一起采用。

4.定稿印制

根据上述方法找出问卷初稿中所存在的问题后，逐一对问卷初稿中的问题进行认真分析和修改，最后才能定稿。在对修改后的问卷进行印制的过程中，同样要十分小心和仔细，无论是版面安排上的不妥，还是文字上、符号上的印刷错误，都将直接影响到最终的调查结果。只有经过了试用和修改，并对校样反复检查后，才能把问卷送去印刷，并用于正式调查中。

四、问题及答案的设计

（一）问题的形式

1.“一选一”填空式

“一选一”填空式即一个问题只有一个答案，被调查者在问题后面的横线上（或空白处）直接填写一个准确答案。

例1　请问您家有几口人？　____口

例2　您的年龄多大？　____周岁

例3　您有几个孩子？　____个

例4　您每天上班在路上需要花费多少时间？　____分钟

填空式一般只用于那些既容易回答又容易填写的问题，通常只需填写数字。

2.“二选一”选择式

“二选一”选择式即一个问题有两个答案，只有“是”和“不是”（或其他肯定形式和否定形式）两种，回答者根据自己的情况选择其一。这种形式的问题有两种不同的情形：一是问题所能列举的答案本身就只有两种可能的类别。如询问人们的性别时，答案只可能有“男”“女”两种，例5、例6、例7就是这种问题的例子。另一种是在询问人们的态度或看法时进行的两极区分，例8、例9就是这种问题的例子。

例5　您是共青团员吗？　是□　不是□

例6　您是否住在本市？　是□　不是□

例7　您家有电视机吗？　有□　没有□

例8　您是否同意民主选举厂长？　同意□　不同意□

例9　您是否同意“主观为己，客观为他人”的说法？　同意□　不同意□

“二选一”选择式，这一问题形式在民意调查、市场调查所用的问卷中用得最多。它的优点是：答案简单明确，可以严格地把被调查者分成两类不同的群体，可以简化人们的回答分布，便于集中、明确地从总体上了解被调查者的看法。它的缺点是：对于态度问题它所得到的信息量太少，两种极端的回答类型不能很好地测量出人们在态度上的差异程度，因而不便于了解和分析被调查者中客观存在的不同的态度层次。另一方面，这种问题形式也会使得原本处于中立状态的回答者违心地偏向一方，因而它在一定程度上带有强迫选择的性质。

3.“多选一”单选式

“多选一”单选式即一个问题给出的答案至少在两个以上，被调查者根据自己的情况选择其一作为回答。这是各种社会调查问卷中采用最多的一种问题形式，其答案特别适合于进行频数统计和交互分析。在设计上，这种问题形式的关键之处是要保证答案的穷尽性和互斥性。在具体表达方式上，“多选一”单选式又有以下几种不同类型：

例10　您的文化程度是：（请在合适答案号码上打√）

①小学以下　②初中　③高中或中专　④大专以上

例11　您的婚姻状况是：（请在合适答案后的方框中打√）

①未婚□　②已婚□　③离婚□　④丧偶□　⑤其他□

例12　您最喜欢看哪一类电视节目？（请在合适答案后的括号里打√）

①新闻节目（　）　②电视剧（　）　③体育节目（　）

④广告节目（　）　⑤其他（请写明）　（　）

4.“多选多”限选式

与“多选一”单选式有所不同的是，“多选多”限选式可以在所列举的多个答案中，要求被调查者根据实际情况从中选择若干个答案。例如，将例12改成“多选多”限选式，就变成例13。

例13　您最喜欢看哪些电视节目？（请从下列答案中选择三项在括号内打√）

①新闻节目（　）　②电视剧（　）　③体育节目（　）

④广告节目（　）　⑤教育节目（　）　⑥歌舞节目（　）

⑦少儿节目（　）　⑧其他节目（请写明）_____（　）

“多选多”限选式的优点是，比“多选一”单选式更能反映被调查者的实际情况。人们在很多方面实际上存在着不止一种选择，如例13。“多选多”这种形式就给了调查者更充分地表达自己情况的机会。需要注意的是，此时的问题编码已经不是1个，而是3个。对这种问题的答案，我们可以作频数统计，以比较不同答案被选择的比例。但另一方面，我们却无法从这种形式的问题回答中看出被调查者选择的顺序，即当统计结果显示选择答案1和答案3的比例均为25%时，我们只能得出这两个动机在被调查者中是同等重要的结论，而无法区分和比较它们之间实际存在的程度差别。

5.多项排序式

这种方式要求被调查者在所给出的多个答案中选择两个以上的答案（数量有限），同时又要求被调查者对他所选择的这些答案进行排序，如例14。

例14　您认为作为一名企业领导最重要的三条素质是什么？（请将答案号码填入下表中）

第一重要	第二重要	第三重要

①大公无私　②坚持原则　③敢想敢干　④以身作则　⑤团结群众

⑥思想敏锐　⑦业务熟悉　⑧文化程度高　⑨其他（请写明）_____

例15　您认为当前国家公务员腐败最严重的表现是什么？（请按腐败程度，把下列问题的编号填写在后面的空格内，最严重的填在左边第一格，然后依次向右填写）

①贪赃枉法　②行贿受贿　③包养情妇　④公款旅游

⑤公款吃喝　⑥公款赌博　⑦买官卖官　⑧拉帮结派

□ □ □ □ □ □ □ □

这种回答方式，适用于要表示一定先后顺序或轻重缓急的定序问题。

6.多项任选式

多项任选式则是在所提供的答案中，被调查者可以任意选择各种不同数目答案的一种问题形式。如例16。

例16　在以下各种家用物品中，您家有哪些？（请在您家有的物品答案上打√）

①彩色电视机　②录像机　③影碟机　④空调器　⑤洗衣机

⑥电冰箱　⑦计算机　⑧微波炉　⑨电话

需要注意的是，这种形式的问题实际上已不再是“一个”问题了，它在某种意义上已经变成了“多个”类似的问题，即针对每一个具体答案而提出的多个问题。因此，在对问题进行编码的时候，不能像“多选一”式那样只给一个编码，而是要将每一个答案都看成一个变量，都有一个编码。这样，比例中的“变量”就有9个，编码时也就要给9个码了。

7.矩阵式

将同一类型的若干个问题集中在一起，构成一个问题的表达方式。如例17。

例17　你觉得下列现象在你们学校是否严重？（请在每一行适当的方框内打√）

	很严重	比较严重	不太严重	不严重	不知道
①迟到	□	□	□	□	□
②早退	□	□	□	□	□
③请假	□	□	□	□	□
④旷课	□	□	□	□	□

矩阵式的优点是节省问卷篇幅，由于同类问题集中在一起，回答方式也相同，因此也节省被调查者阅读和填写的时间。

8.表格式

表格式是矩阵式的一种变体，其特点和形式都与矩阵式十分相似。例如，与上述矩阵式问题对应的表格式问题就是：

例18　你觉得下列现象在你们学校是否严重？（请在每一行适当的空格中打√）

	很严重	比较严重	不太严重	不严重	不知道
①迟到					
②早退					
③请假					
④旷课					

表格式的问题除了具有矩阵式的优点外，还显得更为整齐、醒目。这两种形式虽然具有简单集中的优点，但也容易使人产生呆板、单调的感觉，在一份问卷中这两种形式的问题不宜用得太多。

（二）问题的用语

语言是问卷设计的基本材料，要设计出含义清楚、简明易懂的问题，必须注意问题的用语。其基本原则是简短、明确、通俗、易懂。

1.问题的语言要简单

设计问题要尽可能使用简单明了、通俗易懂的语言。如果问题用语概念抽象，被调查者不清楚，甚至从未听说过，收回的问卷就会提供虚假的资料或者为无效问卷。例如：

例19　从总体上看，你认为我国的政治体制如何？（请在合适的答案号码上打√）

①很合理　②存在一些弊端　③存在严重弊端　④不了解

国家“政治体制”是一个抽象的概念，多数被调查者不太清楚，因而也就无法做出合适的回答。

2.问题的陈述要简短

问题的陈述越长，就越容易产生含糊不清的地方，回答者的理解就越有可能不一致；而问题越简短，产生这种含糊不清的可能性就越小。

3.问题要避免带有双重或多重含义

双重（或多重）含义指的是在一个问题中，同时询问了两件（或几件）事情，或者说，在一句话中同时问了两个（或几个）问题。例如：

例20　您的父母退休了吗？

①已经退休　②没有退休

这是一个带有双重含义的问题，实际上同时询问了“您的父亲退休了吗”和“您的母亲退休了吗”这两件事情。由于一题两问，就使得那些父母中只有一个退休的被调查者无法回答。

4.问题不能带有倾向性和诱导性

在问卷设计中，所提问题应持中立立场，不要对被调查者产生暗示和诱导作用，不能使被调查者感到应该填什么，或者感到调查者希望他填什么。例如：

例21　很多同学都认为××老师课讲得好，您认为如何？

①好　②不太好　③一般　④差

这个问句就带有一定的倾向性，应改为“有的同学认为××老师课讲得好，也有的同学认为××老师课讲得不太好，您认为如何？”

5.不要问被调查者不知道的问题

如果向被调查者询问一个他们一无所知的问题，那么被调查者是无法回答的。例如，如果在调查进城农民工生活状况时提出的问题是“您对我国目前恩格尔系数是否满意”，那么，农民工中的大部分人将无法回答。因为他们并不知道什么叫恩格尔系数。

6.不要直接询问敏感性问题

在调查过程中和问卷设计中，不要提问敏感性问题。敏感性问题包括涉及个人利害关系的问题、个人隐私问题、人们对上司的看法、各地风俗习惯、社会禁忌等问题。例如，“您家有多少存款？”“您离过婚吗？”等。对这些敏感性问题，人们往往具有一种本能的自我防卫心理。因此，如果直接提问，则会引起很高的拒答率。所以对这些敏感性问题，最好采取某种间接询问的形式，并且语言要特别委婉。例如，“对婚姻关系中的第三者，有些人认为不道德，有些人认为无所谓，您同意哪种看法？”

（三）问题的数目与顺序

1.问题的数目

一份问卷应该包括多少个问题，这要依据调查的内容，样本的性质，分析的方法，拥有的人力、财力、时间等各种因素来决定，没有固定的标准。但一般来说，问题不宜太多，问卷不宜太长，通常以回答者能在15分钟内完成为宜，最多也不要超过20分钟。问卷太长往往引起回答者心理上的厌倦情绪或畏难情绪，影响填答的质量和回收率。

如果调研经费和人员比较充足，能够采用访问式问卷，由调查者提问并根据被调查者回答进行填写，并付给每位被调查者一份报酬或赠送一份纪念品，问卷本身的质量又比较高，调查的内容又是被调查者熟悉、关心、感兴趣的事，那么，问卷的问题数目多一点也无妨。

2.问题的顺序

问卷中问题的前后顺序及相互间的联系，既会影响到被调查者对问题的回答结果，又会影响到调查的顺利进行。问卷中各种问题的先后次序，一般来说，有下列常用的规则：

（1）简单在前，复杂在后。即把简单易答的问题放在前面，把复杂难答的问题放在后面。问卷开头的几个问题一定要相当简单，回答起来一定要非常容易。这样可以给回答者一种轻松、方便的感觉，以便于他们继续填答下去。

（2）有趣在前，思考在后。即把能引起被调查者兴趣的问题放在前面，把容易引起他们紧张、产生顾虑或者需要思考的问题放在后面。如果开头的一些问题能够吸引被调查者的注意力，引起他们对填答问卷的兴趣，那么调查便可能比较顺利的进行。

（3）熟悉在前，生疏在后。即把被调查者熟悉的问题放在前面，把他们感到生疏的问题放在后面。任何人对自己熟悉的事物总能谈些看法，说出些所以然来；而对不熟悉的事物，则往往难以开口，说不出什么来。如果以被调查者熟悉的内容开头，就不至于使调查一开始就卡住而无法进行。

（4）行为在前，认识在后。一般先问行为方面的问题，再问态度、意见、看法方面的问题。由于行为方面的问题涉及的只是客观的、具体的事实，因此往往比较容易回答。而态度、意见、看法方面的问题，则主要涉及被调查者的主观因素，多为被调查者内心深处的问题。如果一开始就问这些问题，常常引起被调查者心理上的戒备情绪和反感情绪，就会出现较高的拒答率。

（5）个人特征，可前可后。个人背景资料一般放在结尾，有时也可以放在开头。个人特征（如年龄、性别、文化程度、婚姻状况、职业等），也属较敏感的内容，所以不宜放在开头，而适合放在末尾。但是，由于个人背景资料都是社会调查中最常用、最主要的自变量，如果一份资料缺少这些变量也就成了废卷。因此，只要调查的内容不涉及比较敏感的问题，并在封面信中做出较好的说明和解释，这一部分内容也可以放在问卷的开头。

（6）开放式问题在后。如果有开放式问题，则应放在问卷的最后面。因为回答开放式问题，比回答封闭式问题需要更多的思考和书写，无论是把它放在问卷开头，还是放在中部，都会影响回答者填完问卷的信心和情绪。将它放在问卷最后，由于仅剩着一两个问题，绝大多数被调查者是能够完整地填答完的。即使被调查者不愿意填答开放式问题，放弃了回答，也不会影响到前面的问题和答案。

（7）同性质的问题应排列在一起，以利于被调查者思考答题。

（8）相互检验的问题必须分隔开，如果连在一起，就起不到互相检验和互相印证的作用。

（四）答案的设计

1.答案设计的原则

（1）穷尽性和互斥性。所谓答案的穷尽性，即设计的答案应该包括所有可能的情况，穷尽一切可能的、起码是一切主要的答案。例如，“您的性别：①男 □ ②女 □”这一问题的答案就是穷尽性的。

所谓答案的互斥性，指的是答案互相之间不能交叉重叠或相互包含，即对于每个回答者来说，最多只能有一个答案适合他的情况。如果一个回答者可同时选择属于某一个问题的两个或更多的答案，那么这一问题的答案就一定不是互斥的。例如：

例22　您的职业是什么？（请在合适答案号码上打√）

①工人　②农民　③干部　④商业人员　⑤医生

⑥营业员　⑦专业人员　⑧教师　⑨其他

例22答案中的“商业人员”与“营业员”，“专业人员”与“教师”、“医生”都是不互斥的。

（2）相关性与同层性。所谓相关性，就是设计的答案必须与询问的问题具有相关关系，而且是被调查者能够回答、也愿意回答的。所谓同层性，即设计的答案必须具有相同层次的关系。

（3）设计的答案应符合实际情况。例如，将“私营企业职工月工资收入”的问题答案，设计成“300元以下”，那就不符合现在的实际情况。

（4）问题的答案只能按一个标准分类。例如，“你的父母对子女的要求”这一问题的答案设计成“①要求严格；②要求不严格；③要求一致；④要求不一致；⑤没什么要求。”这里的答案涉及3个分类标准：①要求严格不严格；②要求一致不一致；③没有什么要求。所以被调查者回答这个问题相当困难。

（5）程度式答案应按照一定顺序排列，前后次序必须对称。例如，“很严重、比较严重、不太严重、不严重、不知道”，如果次序凌乱，填答时会出现困难。

2.相关问题的接转

在回答方式的设计中，应该特别注意相关问题的接转。一般地说，相关问题的接转有下列几种方式：

（1）用文字说明。例如：

例23　您有孩子吗？

①有 □　②无 □（若无，请直接答例26）

例24 有几个孩子？______个。

例25 现在有几个孩子与您一起生活？______个。

例26 您妻子在哪里工作？______________________________。

（2）分层次排列。例如：

例27　您是否在业余时间学习某种专业技术？

①是　□为什么？________________________。

②否　□为什么？________________________。

（3）用框格表示。例如：

例28　您是否结过婚？（请在合适答案括号内打√）

①是（　　）　②否（　　）

如果选择“是”，那么您第一次结婚时的年龄是_____岁。

（4）用线条连接。例如：

例29　您是否有正式职业？

①有____

②无____

→ 您从事现在的职业已有几年？（选①有者回答）

①2年以内____

②2～5年____

③5年以上____

→ 您待业已有几年？（选②无者回答）

①1年以内____

②1～2年____

③2年以上____

五、如何提高问卷设计的质量

1.高质量问卷的标准

（1）具有较高的信度和效度。所谓信度就是可信率；所谓效度就是有效率。要使所设计的问卷在整体上具有比较高的信度和效度，关键在于提高问卷中每一个问题的信度和效度。即一方面要努力使问卷中的每一个问题都的确在测量着有效变量，另一方面还要努力做到使这种测量不受时间、地点和对象变化的影响，具有较高的可信率。

（2）适合调查的目的和内容。问卷是用来收集资料的，为整个调查研究服务。因此，问卷中的每一个问题都要紧紧围绕研究目的、研究内容设计，与此无关、似是而非的问题，一定要去掉。

（3）适合调查对象。设计的问卷是给被调查者看的，所以要使被调查者能够看、愿意看。由于被调查者在职业、经济状况、文化程度、生活方式、心理状态、价值观念等方面都存在着差别，在回答填写同一份问卷时，有些被调查者可能轻松作答；而有些被调查者可能不知如何动笔。因此，设计者要充分考虑众多被调查对象，尽可能地使一份问卷适合样本中的每一个回答者。

（4）问题少而精。所谓少，就是紧扣调查目的，问题数目、问卷长度恰到好处，在获得必要资料的前提下，问卷问题越少越好。所谓精，是指问卷的问题质量要高，包括问题含义明确、概念具体、答案恰当、形式简单、语言通俗易懂、填答方便等。一份高质量的问卷应该具备法律条款那样的性质：清楚、明确、适合于所有对象。

2.如何设计出高质量的问卷

（1）要对调查目的、问卷特点和适用范围有明确的认识。

（2）要坚持精益求精的治学态度，问卷设计做到贴近所有被调查者，贴近具体社会实际。

（3）要具有比较扎实的语文基础知识和语言文字表达能力。

（4）要掌握各种社会调查方法知识。

（5）要熟悉社会生活各方面的知识。

第三节　调查资料收集的方式

从大的方面来划分，调查研究中的资料收集方法主要有两种基本类型：其一是自填问卷法；其二是结构访问法。自填问卷法指的是调查者将调查问卷发送给（或者邮寄给）被调查者，由被调查者自己阅读和填答，然后再由调查者收回的方法。结构访问法则是指调查者依据结构式的调查问卷，向被调查者逐一地提出问题，并根据被调查者的回答在问卷上选择合适答案的方法。在这两个大的类别中，又根据具体实施方法的不同，进一步划分出不同的子类型。例如，自填问卷法中又可分为个别发送法、集中填答法和邮寄填答法；结构访问法中又可分为当面访问法与电话访问法等。我们可以用图5-1来说明。

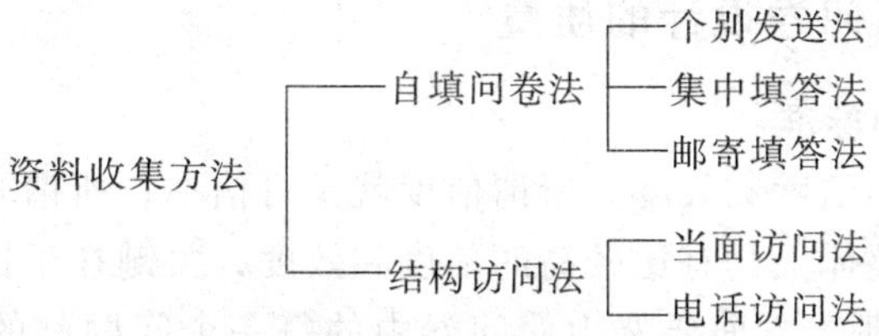

图5-1　调查资料收集的方式

每一种具体的资料收集方法在操作程序上互不相同，分别具有不同的特点，同时也适用于不同的调查对象和不同的调查课题。一个调查研究人员应该对各种不同的资料收集方法都十分熟悉和了解，以便在进行一项具体的调查课题时，能根据实际情况灵活运用，达到最好的调查效果。

自填问卷法的三种子类型具有某种共同的特征，而结构访问法的两种子类型有较大的差别。因此，我们先介绍自填问卷法的特点，而在后面的部分中分别介绍两种结构访问方法各自的特点。

一、自填问卷法

1.自填问卷法的主要优点

（1）节省时间、经费和人力。由于自填问卷法可以在很短的时间内，同时调查很多人的情况，且不用逐一进行访问和交谈，十分省时省力，若采用邮寄的方式，还不受地域范围的限制。因此，采用这种方法收集资料具有很高的效率。

（2）具有很好的匿名性。对于某些社会现象，或者有关个人隐私、社会禁忌等敏感性问题，被调查者往往难以同陌生人交谈。由于自填问卷法一般不要求署名，填写地点又可在被调查者家中，并且调查人员可以不在场，由被调查者独自填答，不受他人干扰和影响，故可大大减轻回答者的心理压力，有利于他们如实填答问卷，进而收集到客观真实的资料。

（3）可避免人为因素的影响。由于自填问卷法采用的是统一设计和印刷的问卷，因而无论是在问题的表达、答案的类型方面，还是在问题的前后次序、填答方式方面，都是完全一样的，即以一副完全相同的面孔去面对每一个被调查者。同时，由于调查员不在调查现场，因此自填问卷法在一定程度上排除了调查人员给被调查者所带来的影响，避免了某些人为原因造成的偏误。

2.自填问卷法的主要缺点

（1）问卷的回收率有时难以保证。由于自填问卷法十分依赖于被调查者的合作，因此，当被调查者对该项调查的兴趣不大、态度不积极、责任心不强，或者被调查者由于受时间、精力、能力等方面的限制而无法完成问卷的填答工作时，问卷的有效回收率常常受到影响。

（2）自填问卷法对被调查者的文化水平有一定要求。因为被调查者起码要能看得懂问卷，能够理解问题及答案的含义，能够理解填答问卷的正确方式，才能按要求填答问卷。但实际生活中并不是所有人都具有这种能力、都能达到这种程度的，特别是对于一些文化程度较低的群体，就不宜使用自填问卷法。这样一来，自填问卷法的适用范围就常常受到限制。

（3）调查资料的质量常常得不到保证。这主要是因为采取自填法时，被调查者往往是在没有调查人员在场的情况下进行问卷的填答工作的。这也就是说，他们填答问卷的环境是调查人员无法控制的。对于理解不清楚的问题，他们无法及时向调查人员询问，各种错答、误答、缺答、乱答的情况时有发生。结果导致问卷调查资料的质量比较差，可信度不高。这正是当前自填问卷法面临的主要问题之一。

3.自填问卷的三种形式

（1）个别发送法。

个别发送法是自填问卷法这一大类中最常用的一种。它的具体做法是：研究者将问卷印制好以后，派调查员依据所抽取的样本，将问卷逐个发送到被调查者手中，同时讲明调查的意义和要求，请他们合作填答，并约定收取的时间、地点和方式。如约定3天后仍由调查员上门收取，或3天内填答者自行投入设在某处的回收箱（类似信箱、投票箱）内等。当然，在有些情况下，如调查的内容不涉及敏感的问题或上下级关系，也可以由某种行政组织系统代为发放和回收。

举例来说，假设我们进行一项城市居民生活质量的调查研究，如果采用个别发送法，就可以派调查员根据所抽样本中被调查户的地址，逐一登门将问卷发送到符合要求的被调查者（如户主及其配偶）手中，请被调查者当场填答，并由调查员当场收回。或者让调查员将问卷留下，约定时间（比如1小时后或3天后）再由调查员登门取回。又如，进行一项大学生择业倾向的调查研究，我们可以派调查员到学生宿舍，将问卷发放到所抽样本中每一位大学生手中，请他们当场填答后收回，或者请他们3天内将问卷填答好，自行投入学校各个学生食堂门口专门为此次调查设立的“问卷回收箱”内。

个别发送法既不像邮寄填答法那样与被调查者完全不见面，又不像结构访问那样与每一个被调查者都交谈相当长的一段时间，而是介于二者之间，较好地处理了调查的质量与数量之间的关系。个别发送法在操作上的这种特点使它具有以上两大类方法的许多优点，同时，又避免了两大类方法中的许多缺点。例如，它比较节省时间、经费和人力；调查员可以向被调查者进行解释和说明；可以保证比较高的回收率；调查具有一定的匿名性；可以减少调查员所带来的某些偏差；被调查者有比较充分的时间对问卷进行阅读和思考，还可以在方便的时候进行填答等。

当然，个别发送法同样存在一些不足，如调查的范围依然受到一定的限制，不如邮寄填答法那么广泛；问卷的填答质量依然不能完全得到保证等。只是总的来说，个别发送法的优点相对多一些，而缺点相对少一些。因此，可以认为，个别发送法是一般的调查研究中最应该选用和推广的资料收集方法。

（2）邮寄填答法。

邮寄填答法是调查研究中一种比较特殊的资料收集方法。它的一般做法是：研究者把印制好的问卷装入信封，通过邮局寄给被调查者，待被调查者填答后再将问卷寄回调查机构或调查者。在寄给被调查者问卷时，一般应该同时附上已写好回邮地址和收信人（或收信单位）且贴好足够邮资的信封，以便于被调查者将填答好的问卷顺利寄回。这种方法在西方一些国家中使用比较普遍，目前在我国采用这种方法来收集调查资料的还比较少。

应该说，通过邮寄填答法的方式来收集调查资料，的确是一种新颖的思路，对广大的社会研究者来说，也的确具有很强的吸引力。有什么方式比邮寄更方便呢？研究者只需把问卷装进信封，就等着那一份份填好的问卷从邮局寄回了。它不光可以省掉一大笔访问员的报酬和旅费（这意味着同样多的经费可以用来调查更多的对象），还可以不受空间距离的限制，几乎没有它调查不到的地方。同时，它还特别地省时、省力、省钱、可以说，邮寄填答法是调查研究中最方便、最便宜、代价最小的资料收集方法。

然而，应当清楚地认识到，如果邮寄填答法在实践中能充分发挥它所具有的潜能，那么，毫无疑问，研究者将不会使用个别发送法，或者结构访问法。然而，由于一些不难理解的原因，邮寄填答法的可行性以及它的实际效果往往很差。邮寄填答法在具有以上突出优点和自填问卷法所共有的缺点的同时，还具有两条特别令人头痛的缺点：

①它需要有调查对象的住址甚至姓名。然而，对于许多调查研究来说，并不存

在一份现成的和完整的总体成员的名单（一份包括所有调查对象的姓名、地址及邮政编码的名单），因此，邮寄调查的样本往往无法抽取，问卷也不知道该往哪里寄。

②问卷的回收率难以保证。这也是邮寄填答法的一个致命弱点。有许多的主、客观因素会导致被调查者放弃问卷调查的填答，会阻碍调查问卷寄回到研究者手中。据美国社会学家介绍，邮寄调查的回收率有时低到10%，达到50%的回收率就被认为是“足够的”（这种比例在一般调查中往往是较难接受的），而达到70%、80%的回收率就会被认为是相当好的了。为了尽量提高邮寄填答法调查的回收率和资料的质量，研究者应该对以下一些方面有所注意：

第一，关于调查主办者身份的说明要比较慎重的考虑，尽可能采用比较正式的、非营利性的、给人以信任感和责任感的身份。通过这种身份的影响，使被调查者确信调查的合法性和价值，愿意填答并寄回问卷。

第二，寄问卷的封面信最好单独打印，并用一个小信封单独装封，再和问卷以及寄回用的空信封一并装入邮寄给被调查者的大信封内。封面信的语气应该是“随您意”，而不要用“一定要”；信的内容应该尽量简短。

第三，寄问卷的时间也应该有所考虑。不要在大的节日之前给被调查者寄问卷，也不要在学校复习考试阶段给被调查的学生一份调查问卷。被调查者收到问卷后的一段时期（1周左右）内，应没有比较大的或比较特殊的活动或事件对他们完成问卷和寄回问卷造成影响。

第四，用跟踪信或提醒电话帮助提高回答率。一些学者研究表明，没有跟踪，一般可望达到的回收率为50%～60%，而通过发跟踪信（提醒或催促），则可望达到70%～80%的回收率。某次对国内社会学界在研究方法方面的情况进行的邮寄调查，发出问卷共104份，按要求在规定时间内寄回65份，占62.5%。发出一封催促信后，又寄回22份，占21.1%。总的回收份数为87份，回收率达到83.7%。下面是美国社会学家所进行的一项邮寄调查的回收情况，见表5-1。

表5-1 **某次邮寄调查的问卷回收统计**

批次	占发出问卷总数的百分比(%)
发出问卷后第一批寄回	46.2
发出第一封跟踪信后又寄回	12.2
发出第二封提醒信和问卷后又寄回	8.8
电话通话提醒后又寄回	10.1
总回答率	77.3

资料来源　贝利. 现代社会研究方法［M］. 许真，译. 上海：上海人民出版社，1986.

（3）集中填答法。

在条件允许的情况下，我们也可以采取集中填答法来收集调查资料。集中填答法的具体做法是：先通过某种形式将被调查者集中起来，每人发一份问卷；接着由研究者统一讲解调查的主要目的、要求、问卷的填答方法等事项；然后请被调查者当场填答问卷；填答完毕后再统一时间将问卷收回。收回问卷的方式可以采用投入问卷回收箱的办法，以消除集中填答法所带来的某些心理顾虑。

例如，当我们对某些企业、事业单位、学校等的职工或学生进行问卷调查时，就可以采用这种方法。我们可以先同调查单位的领导联系，以取得他们的支持和帮助。通过他们将所抽取的调查对象集中起来（或分批集中起来），最好集中在会议室、教室等既方便填答问卷，又不受外界干扰的地方。然后，将调查问卷发给每一个被调查者，在研究者对调查的目的、意义、要求等进行简单说明的基础上，由被调查者当场填答问卷。研究者可解答被调查者在填答问卷过程中所遇到的问题和疑问。被调查者填答完问卷后，自行将问卷投入事先放在会议室或教室门口的问卷箱中，也可将问卷放在桌上，由调查员统一收取。

集中填答法除了具备一些与个别发送法和邮寄填答法相似的优点以外，它在某些方面的优点似乎比上述两种方法还要明显和突出。

①它比个别发送法更节省调查时间、人力和费用。例如，同样是调查50名工人，若将他们集中起来，当场发放问卷，当场填答，当场回收。那么，只需要一名调查员、在一个单位时间内（一个上午或下午）便可完成；其效率比起由调查员一个个地去发送、再一个个地去收回显然要高得多。

②它比邮寄填答法更能保证问卷填答的质量和回收率。由于有调查员在场进行解释和说明，并可以解答被调查者的疑问，因而被调查者错答和误答的现象将大大减少，而问卷的回收率也会比邮寄填答法更高。

集中填答法最主要的局限在于：许多调查研究的样本根本不可能集中，而一旦被调查者不能集中，这种方法的优点自然也就不复存在。同时，将众多的被调查者集中在一起，有时会形成某种不利于个人表达特定看法的“团体压力”或“相互作用”，这也是我们在运用集中填答法时需要注意的一个方面。

二、结构访问法

（一）当面访问法

当面访问法的基本做法是：研究者先选择和培训一组访问员，由这组访问员携带着调查问卷分赴各个调查地点，按照调查方案和调查计划的要求，与所选择的被调查者进行访问和交谈，并按照问卷的格式和要求记录被调查者的各种回答。在访问中，访问员严格依据调查问卷提出问题，并严格按照问卷中问题的顺序来提问，访问员不能随意改变问题的顺序和提法，也不能随意对问题做出解释。答案的记录也完全按问卷的要求和规定进行。

当面访问法与自填问卷法中的个别发送法最为接近，它们都要求调查员逐个找到被调查者。所不同的是，个别发送法中调查员只需向被调查者稍作解释，并将问卷送交给被调查者即可，至于问卷的填答工作，则完全是被调查者的事；而当面访问法中，调查员则要亲自依据问卷向被调查者进行提问，并亲自记录被调查者的回答。

当面访问法是一种以口头语言为中介、调查者与被调查者面对面的交往和互动过程。调查者与被调查者之间直接的相互作用和相互影响，贯穿资料收集过程的始终。相对于自填问卷法主要依靠问卷的特征，当面访问法则主要依靠访问员。正是由于这种差别，使得这种方法具有许多不同于自填问卷法的特点。

1.当面访问法的主要优点

（1）调查的回答率较高。由于当面访问法通常是在调查者与被调查者当面接触、二者面对面交流的环境中进行的，因此，被调查者拒绝合作或者半途而废的情况比较少，调查的回答率和成功率普遍比自填问卷法高。

（2）调查资料的质量较好。在访问过程中，由于调查员在场，因而既可以对访问的环境和被调查者的表情、态度进行观察，又可以对被调查者回答问题的质量加以控制，使得调查资料的真实性和准确性大大提高。这是因为，一方面，由于访问员当面提出问题，当面听取回答，因此可以减少被调查者由于对问题理解不清或误解所造成的误答；另一方面，由于访问员当面提问，被调查者当场回答，避免了自填式问卷调查中常常出现的由他人代填或由几个人共同商量着填答的情况。同时，这种当面提问、当面回答的方式也在一定程度上降低了被调查者做出欺骗性回答的机会，提高了调查结果的真实性，也便于对调查资料的效度与信度进行评估。

（3）调查对象的适用范围广。由于当面访问法主要依赖于口头语言，因而对被调查者在书面语言的阅读、理解和表达能力上没有什么要求。因此，它适用的调查对象范围十分广泛，既可以用于文化水平比较高的调查对象，也可以用于文化水平比较低的调查对象。

2.当面访问法的主要缺点

（1）访问员与被访者之间的互动有时会影响调查的结果。由于访问过程的双方都是有知觉、有感情、有思想、有反应的人，因此，双方在访问过程中往往难以做到完全客观，这样就会导致一些访问偏差，影响访问资料的质量和效果。

（2）当面访问法的匿名性比较差，因而，对于一些涉及人们的隐私（如个人婚姻、私生活）、社会的禁忌、人与人之间利害关系等敏感性内容的调查研究来说，往往难以采用当面访问的方法来收集资料，因为有访问员在场，并且是当面提问、当面回答，这样，很多被调查者的思想压力就可能很大，顾虑就可能比较多。所以，这些显然会直接影响他们回答问题的态度和所提供的答案的真实性及可靠性。

（3）当面访问法的费用高、时间长、代价大。由于当面访问法必须派出一批访问员，而访问员事先必须进行培训。访问员的培训费用、工作报酬，以及差旅费等，远比个别发送法、集中填答法、邮寄填答法所花的费用大，这样，它在客观上就限制了调查样本的规模和调查的空间范围，在它的具体运用上就造成了一定的局限性。同时，当面访问法所花费的时间也大大长于自填式问卷调查。由于自填式问卷调查可以在很短的时间内对多个被调查者同时进行，而当面访问法则必须一个个地对被调查者进行访问，因此，它所需要的时间显然要多得多。

（4）当面访问法对调查员的要求更高。尽管自填问卷法也会用到调查员，但其作用相对较小。当面访问法则可以说完全离不开调查员，或者说完全依赖于调查员。调查员对调查资料的质量、对调查结果的质量影响很大。因此，调查员具有比较高的访问技巧和比较强的应变能力，是成功地完成访问调查的必不可少的条件。

（二）电话访问法

在美国及其他西方发达国家中，电话访问是一种可采用的资料收集方式。据统计，美国家庭中拥有电话的比例在20世纪70年代末就达到了90%～92%。中国香港的社会学学者们也经常采用电话访问的方式来收集资料。从中国内地的情况看，随着经济改革的发展，居民家庭中电话的普及率越来越高，尤其是在城市（特别是沿海开放城市）中，电话的普及率已经接近或达到发达国家的水平，因此在我国城市中采用电话访问的方式收集调查资料的做法也很普遍。

电话访问的一般做法是：

（1）根据调查目的要求设计并印制好电话访问的问卷表。这种问卷表与一般问卷表的较大不同是要特别便于迅速记录答案，而且这些问卷表已经被录入专门用来配合电话调查的计算机。

（2）挑选和培训一组访问员。

（3）随机抽取一组电话号码作为调查样本。注意此时应留有一组预备号码，用以在正式抽中的被访者不在家或拒绝合作时替补。

（4）在电话中，根据问卷的内容进行询问，同时记录下被访者的回答。目前，各个电话调查机构都采用了先进的计算机技术，直接在计算机上记录被访者的回答，并很便利地将这些回答结果转换成数据进行统计分析。

尽管电话访问与当面访问在许多方面都比较相似，但二者之间有十分明显的差别：一方面，当面访问中，调查员不仅可以听取被访者的回答，还可以观察被访者的表情、动作，以判断被访者所提供的资料的正确性和真实性。而在电话访问中，调查员则必须完全依靠自己的听力和交谈来判断这一切。因此，可以说，电话访问的访问员应具有更强的仅靠听觉来分辨事物和情况的能力。另一方面，电话访问不会有当面访问中所存在的那种由于调查员的表情、手势、动作，甚至衣着打扮对被访者造成的暗示和影响，这是其好的一面，但同时，调查员的语调、口气对被访者的影响作用则大大加强（调查员的声音成为访问偏差的主要来源）。因此，在电话访问法中进行对调查员的培训工作时，更要强调口齿清楚、语气亲切、语调平和。

电话访问中对访问员的挑选可以从打电话开始，即让被挑选者通过电话与研究者联系，回答研究者的提问。研究者则从电话中的声音、音调、音量、速度、口音、吐字等方面，以及由此所表现出的性格特点等因素，进行衡量和挑选。

对电话访问员的培训也与对当面访问调查员的培训有所不同。它的重点不在于如何训练敲门，如何进入访问，如何控制访问过程，而在于训练访问员如何应付“意外”情况，如何尽快地设法解决电话访问过程中可能出现的各种问题。若有条件，可用录音、免提电话机和对讲机等设备配合训练。

电话访问的主要优点是简便易行、省时、省钱。特别是对于内容比较简单的调查，电话访问的效果更好。当被调查者是某些专业人员时，电话访问也往往更为合适。因为一般情况下，这些人常常不太愿意别人登门打扰，而对于一个10分钟的电话访问，也许会较好地合作。此外，从专门的电话调查工作室打电话还有一个很大的优点，这就是十分便于对调查员进行监督和控制，它使得电话访问的质量比当面访问更容易得到保证。

电话访问的主要问题是被访者的选取及代表性方面的困难。从理论上说，电话访问的结果只能推论到有电话的对象这一总体。而在实践中，电话访问必然会遇到如何抽样的问题。如果说，总体中每一个成员都有一部电话，而且每部电话的号码都集中在一本电话号码簿上，那么抽样将是十分简单的。但现实情况是，一方面，电话号码簿上的号码并非正好构成我们所希望调查的总体（例如，我们希望调查的是全市居民家庭，而电话号码簿上的许多号码却是各种社会组织、单位的办公电话）；另一方面，有许多属于我们调查总体的号码又没有出现在号码簿上，这样我们就无法抽到他们。因此，在运用电话访问的方法时，研究者一定要对总体及样本的情况有清楚的认识，尽可能做到抽样的科学性与代表性。

第四节　民意调查

一、民意调查的含义、内容与作用

（一）民意调查的含义

民意调查，又称舆论调查，是了解公众舆论倾向的一种社会调查，它通过运用科学的调查与统计方法，如实反映一定范围内的民众对某个或某些社会问题的态度倾向，就其内容而言，它属于舆论调查范畴；就其方法而言，它又属于抽样调查范畴。民意调查所研究的是公众普遍关心的政治、经济、社会、生活等热点问题。通过抽样调查等方法，征询调查对象的意见、观点或想法，并以此进行分析和推论，然后向公众公布调查结果，以期说明和解释问题的趋势或倾向，引起社会公众或被调查者的关注和重视，借此造成舆论并形成影响。

民意调查不是简单地到街上随便找几个人征询一下意见就行的，它要运用科学的调查方法（抽样、访谈、问卷、实地调查等），进行统计分析（资料整理、分组和汇总）等，以反映民意，引导舆论。民意调查自20世纪初在美国产生以来，在全球获得了迅速的发展，在政治、经济以及社会管理等领域发挥着重要作用。

例如，2005年6月1日国家决定取消81种纺织品关税，2005年11月8日中美签署纺织品配额协议，这两件大事都与浙江省纺织品企业的民意调查有关。

2004年10月，世界贸易组织决定，从2005年1月1日起，取消全球纺织品配额制度，所谓纺织品配额制度，就是每个企业的出口有固定额度限制，市场竞争不至于混乱，配额取消之后，新的市场份额确定之前，有一个无序竞争时期，纺织品出口将面临激烈的竞争，甚至是恶性的低价竞争。纺织品配额制度取消后，欧美等国随时可以启动“特保条款”，即采用技术标准、反倾销调查等其他贸易壁垒形式重新设置贸易障碍。也就是说，一旦美国认为中国企业出口的纺织品数量或者某一品种超过了条款限制范围，它就有权禁止中国纺织品入关。2004年10月8日美国纺织界要求美国政府对进口中国纺织品进行限制，限制中国成衣出口，涉及针织衬衫、高级针织内衣、男衬衫、牛仔裤、女宽松上衣、裙子和女童装等。2004年10月份，就有一些中国企业的纺织品被扣留在美国海关的仓库里。2005年上半年起，欧美等国对中国纺织品出口“设限”（限额限量），中国政府不得不于2005年5月20日宣布提高74种纺织品出口税率，限制纺织品出口，纺织品出口税率提高幅度达400%。浙江省纺织品出口企业有507家，由于提高关税，增加了成本，减少了2/3的利润，企业纯利润比2005年初下降了3倍，仅浙江省宁波市2005年就损失1.84亿元。文化衫、小吊带衫每件利润只有0.80元，征1.00元税，每件亏本0.20元。因此造成浙江省16万人失业。浙江省经贸厅征求了200多家企业意见，上报国家有关部门，引起我国政府高度重视，于2005年5月31日宣布，从2005年6月1日起取消81种纺织品出口关税。美国商务部部长不得不来华商谈欧美对华纺织品贸易战之事。

2005年11月8日，中美双方在伦敦正式达成协议，签署了《关于纺织品和服装贸易的谅解备忘录》，该备忘录给近半数中国对美纺织品出口重新设定了配额，涉及34种不同服装大类，占中国对美纺织品出口的46%。该产业是近2 000万产业工人的生活所依，多数是低收入工人。中美纺织品配额协议的签署，从某一方面说，是浙江省纺织品出口企业的民意调查发挥积极作用的一个例证。①

（二）民意调查的内容

民意调查的内容主要是被调查者的主观愿望、意见和态度，而不是某种客观存在着的社会事实。民意调查所要反映的不是被调查者个人单独的意见，而是要将一个个被调查者的意见综合起来，通过统计学的方法显示出被调查者总体的态度倾向性，即反映的是一种“民意”。

民意调查可以有广义和狭义两种不同的理解。广义的民意调查包括经济、政治、社会生活等几乎所有领域中对民众意见的调查。随着市场经济的发展，市场调查的作用日益突出，成为民意调查中具有特殊价值的一种形式。在这种情况下，也可以从狭义的角度将民意调查理解为除了市场调查以外的主要针对政治生活和社会生活领域的民意调查。

---

① 资料来源于新华社、浙江在线的相关报道。

过去我国对民意调查一直抱有偏见，认为它是西方民主政治的附属物，资产阶级的伪科学。随着我国改革开放和社会主义市场经济的深入发展，人们对民意调查的社会作用有了新的认识。

（三）民意调查的作用

1.民意调查的积极作用

在社会主义市场经济条件下，民意调查能发挥其广泛的、积极的社会作用，主要表现在如下方面：

（1）政府决策参考。民意调查可以成为党和政府联系群众，了解民情、民心，正确制定路线、方针、政策的重要途径。民意调查的议题反映的通常是人民共同关心的并对人民生活有较大影响的事件，因此，民意调查结果所反映的社情民意是政府有关部门拟定决策方案、出台和实施改革政策的重要参考因素。例如，各地有关部门经常进行的价格听证会等，就是民意调查的一种方式。

（2）选拔考察干部。民意调查可以成为人民群众参与国家和企业管理，选拔、考察和监督各级领导干部的重要方法。例如，各级党政部门民主推荐、考察领导干部等。

（3）反映社情民意。民意调查可以成为企事业单位征询民意，不断改进工作的重要形式。例如，媒介收视率、收看率、收听率、点击率调查等。

（4）引导社会舆论朝正确方向发展的重要工具。民意调查结果通过媒体发布，有利于就人民群众普遍关心的、与群众切身利益密切相关的事情广泛地形成社会舆论，反映民声、体恤民情、集中民智，从而拓展了相关决策部门倾听民声民愿的渠道，实现“下情上达”。民意调查结果一经发布，往往会成为社会大众关心、议论和思考的问题，并对人们的思想、认识、态度和行为产生某种影响，从而引导着社会心理和舆论。

（5）社会科学工作者了解实际情况，进行科学研究的重要手段。

2.民意调查的局限性

在充分认识民意调查的积极作用的同时，也不能把民意调查的社会作用估计得过高，民意调查也有它的局限性，主要表现在如下方面：

（1）如果民意调查所使用的方法不科学，调查结果就会偏离真正的民意，以这样的结果来作出判断、指导工作，就会使工作发生偏差。例如，有些地方、有的单位在工作检查或者考察干部中弄虚作假、行贿拉票等，都将造成民意调查的失真。

（2）民意调查的结果只能反映某种“民意”的倾向性，而不能表明某种民意的是非和对错。例如，用群众投票办法来考评干部，一些坚持原则、大胆改革、真抓实干的干部，有时得票数有可能不如“老好人”多。因此，要正确发挥民意调查的作用，一方面要讲求民意调查的方法，另一方面要对民意调查的结果作具体分析。

二、民意调查的历史发展

（一）民意调查产生于美国

1.民意调查起源于大众娱乐

民意调查最早产生于19世纪初的美国，它最初是地方报纸为了追求新闻的趣味性，在总统选举之前举办模拟选举，用来娱乐大众的。其标志性事件是1824年夏天，为了预测选民对当时的4位总统竞选者——亚当斯、杰克逊、克劳福德和克莱的态度，美国《哈里斯堡宾夕法人报》的记者对选民进行了调查，并于同年7月24日发布了调查结果。同年，美国《罗里明星报》对北卡罗来纳州的选民也进行了民意调查。这些都是关于民意调查最早期的记录。

2.《文学文摘》的兴衰

到了19世纪末，民意调查越来越多地成为报刊吸引读者的手段之一，为各种类型的选举进行选民投票行为的预测已蔚然成风，选举前的民意调查已经成为报刊的常规任务。1916年美国总统选举时，《文学文摘》杂志举办了空前规模的民意调查，成功地预言了在总统选举中威尔逊当选的结果，后来《文学文摘》又成功地预测了1924年、1928年和1932年美国总统的选举结果，这使其名声大振，从此民意调查就成了一种有影响的社会调查方法，《文学文摘》杂志也成了美国有权威的民意调查机构。《文学文摘》调查方法的创新在于将局部性民意调查推广到全国，其抽样调查的样本框来源于电话号码簿和汽车登记记录。

但是在1936年总统选举前，《文学文摘》却做出了错误的预测。1936年，富兰克林·罗斯福的首届总统任期届满，这一年为选举年。共和党的候选人是堪萨斯州州长兰登。当时整个国家正从大萧条中挣扎着慢慢恢复过来，但仍然有900万人失业。1929—1933年间人们的实际收入下降了1/3，这时正在开始好转。当时，兰登一直在抨击政府的经济计划，而罗斯福则在为他的财政赤字辩护。《文学文摘》杂志预测兰登将以57%对43%的选举结果获得胜利。这一预测是在240万选民对一份模拟选票的回答结果的基础上得出的。然而罗斯福最终以62%对38%的优势赢得了1936年的选举。

《文学文摘》的错误是怎么发生的？要找到《文学文摘》的错误所在，就必须弄清他们是怎样抽样的。《文学文摘》的抽样过程是：将问卷邮寄给1 000万名选民，收回240万份答案，这1 000万名选民的姓名和家庭地址是根据电话号码簿和俱乐部成员名单确定的，这样就漏掉了穷人，因为穷人家里一般不会有电话，也不可能是俱乐部成员。因此，《文学文摘》的抽样就产生了违背穷人意愿的很严重的抽样误差。在1936年，随着贫富分化的加剧，政治上的分裂也加剧了：穷人都投罗斯福的票，而富人则投兰登的票，因此，《文学文摘》预测失败的重要原因之一是严重的抽样误差。当存在严重的抽样误差时，即使抽取很大的样本也是无用的，它只会在更大程度上重复已经存在的基本错误。所以，《文学文摘》在抽样的第一步就犯了大错误。

它在接下来的第二步还有一个错误。在组成样本的那些人被抽中以后，还必须得到他们的意见。如果在被选中的人中有相当数量的人没有填问卷或者没有接受访问，那么调查结果就会产生严重的扭曲，这叫作无回答偏差。他们不回答，是在以另外一种方式表示他们的不同意见。这可以从1936年《文学文摘》所做的调查中看到。他们向在芝加哥地区登记的每3个选民中的1人寄去问卷，结果大约有20%的人回答了，其中赞成兰登的人超过了一半。但是在正式选举时，芝加哥选民倒向罗斯福，结果是2∶10。无回答者与回答者是不同的，当无回答率较高时，就要注意无回答偏差产生的可能性。这是《文学文摘》预测失败的第二个重要原因。

《文学文摘》杂志民意调查的结果是根据所抽取的1 000万选民中的240万人的回答做出的，这240万回答者并不能真正代表1 000万选民，更不能代表全国的选民，因此，《文学文摘》所搞的民意调查被抽样误差和无回答偏差这两种差错误导了。专家们提示：调查机构在对社会问题进行调查时，宁可用个别访谈法的形式，也尽量少用邮寄问卷的方式来进行调查。个别访谈法的回答率一般为75%，而邮寄问卷的回答率只有25%。

（二）盖洛普与民意测验

进入20世纪，随着经济和社会的发展需要，美国的民意调查逐渐走向成熟，成熟的标志是科学化。这时出现了商品市场调查和政治与社会民意调查，包括对一些公共道德问题的调查，随后就出现了专门的调查机构。

1.盖洛普公司的创建

1935年10月，乔治·盖洛普（1902—1984）创建的“美国民意测验所”在新泽西州的普林斯顿市成立。乔治·盖洛普博士原是一家广告公司的副总裁，负责市场调查，也是个心理学家，他利用心理学的方法，设计出能准确反映被调查人真实想法的一系列调查问题和调查方法。盖洛普对以往的民意测验方法进行了重大改进，主要表现在以下几个方面：一是采用配额等比抽样，按照全国居民性别、年龄、居住地和收入配额等比抽取，使得一个相对较小的样本群能够比较科学地代表全国居民总体。二是改革访问方式，放弃邮寄调查方法，采用访谈调查法，访谈调查法一方面提高了问卷回收率，同时也提高了问卷填写质量。从此，民意调查抽样方法更加科学、采集数据质量更高，民意测验逐渐发展成为一个产业。

使盖洛普一举成名的是1936年的美国总统大选，罗斯福和兰登竞选美国总统时，当时许多民意调查都看好兰登，而不看好罗斯福总统连任，只有盖洛普预测罗斯福能够连任。结果证明，一些当时著名的民意调查机构，如《文学文摘》杂志都预测错了，而盖洛普的“美国民意测验所”正确地预测了罗斯福的胜利。这件事奠定了盖洛普的“美国民意测验所”在美国民意测验领域的地位，从此，盖洛普名声大振。这件事大大刺激了人们对民意调查的兴趣，使民意测验走出了模拟选举的狭小范围，进入了对广阔的社会生活领域的舆论调查，同时，这一事件的发生有力地推动了民意调查向科学化的方向发展。

2.盖洛普民意测验的特点

盖洛普公司的民意测验有以下特点：

（1）联合媒体。盖洛普的调查大部分都是与媒体联合做的，因为民意测验的结果在新闻媒体中使用得最多，而且媒体也是发布民意测验的最好载体。

（2）关注热点。盖洛普公司除接受委托进行特定项目的民意测验外，其调查项目都是根据新闻热点来确定的。这就保证了它所做的民意测验都是大家所关心的议题，因为盖洛普公司坚信民意测验的价值所在是其实用性。

（3）电话采访。电话采访是其最常采用的民意测验手段。由于民意测验在美国已有很长的历史，美国公众对它已非常熟悉，因此一般不拒绝回答调查问题。另外，电话调查不需要向被调查对象支付什么报酬，对调查公司来说也是好事。

（4）保护隐私。盖洛普很重视保护被调查人的隐私，他们的姓名等个人资料和所提供的意见都是保密的，所以被调查人一般不会有思想顾虑，能讲出他们的真实想法，这对保证民意测验质量十分重要。

值得一提的是，虽然电脑网络在美国已相当普及，但是，盖洛普至今仍坚持不用电脑而用电话进行民意测验。这是因为，尽管电脑在美国已经相当普及，但还是有40%的美国人没有电脑，而有电话的人已经达到97%。另外，使用电脑的群体主要是青少年，许多60岁以上的人和来自不发达国家的新移民比较习惯打电话。这样用电脑进行民意测验就不能实现随机抽样的公正性和均衡性。由此可见，盖洛普公司为保证民意测验的质量而坚持使用落后技术的良苦用心。

3.盖洛普在中国的发展

经过80多年的发展，目前盖洛普公司已成为全球最著名的调查公司，拥有3 000多名员工，在美国有12个地区办公室，在全球20多个国家拥有40多个分公司。其调查网络覆盖了全世界55%以上的人口。

1984年7月27日，盖洛普民意测验首创者乔治·盖洛普去世，他的儿子阿列克·盖洛普接任盖洛普公司董事长。阿列克·盖洛普多次来到中国。1993年，美国盖洛普公司与中国凯利实业有限公司在中国合资建立“盖洛普咨询有限公司”。盖洛普公司根据我国的国情，在调查方法上有所改变：一是考虑到中国人口数量庞大，扩大了调查的人数，最多一次在全国调查了5 000人；二是采取上门调查的办法，因为当时电话在中国的边远地区还不是很普及，公众对电话采访也还不习惯。

中国盖洛普公司分别就北京申办2008年奥运会和上海申办2010年世博会进行民众支持率调查和客流量预测，取得了良好的成果，为“两会”的申办成功做出了贡献。

第二次世界大战后，民意测验在全世界范围内兴起，各国都纷纷建立起专门的民意测验机构。到1985年，民意测验世界协会已在55个国家拥有450个集体会员。

三、民意调查的基本方法

根据民意调查所借助的手段来区分，民意调查的方法有问卷调查法、个别访谈法、电话采访法等方法。

1.问卷调查法

问卷调查法是借助问卷进行民意调查的方法。这里主要是指通过当场发放和邮寄问卷这两条途径进行问卷调查的方法。这种民意调查方法的主要长处是：

（1）它适用于大范围的民意调查。一些省市乃至全国性的民意调查活动大多是用这种方法进行的。

（2）效率较高，费用较少。它能在较短的时间内向众多对象同时进行调查，因而调查的效率高，成本低。

（3）具有匿名效果。由于问卷调查一般不要求调查对象署名，故他们填答问卷时顾虑较少。

问卷调查法的这些长处，使得它在企事业单位领导干部的选拔和考察、报刊进行的民意调查以及一些政府部门和专业机构所举行的民意调查中被广泛采用。

但是，这种调查方法也有它的不足之处：

（1）当使用邮寄方式进行问卷调查时，难以对调查过程进行控制，因而问卷的填答率和回收率往往较低，而利用报纸杂志进行问卷调查的回收率就更低。为此，许多报纸杂志在进行问卷调查时不得不利用奖励手段来刺激人们的填答兴趣。

（2）问卷调查要受到被调查者文化水平的限制，对文化水平较低者，这种方法就不宜使用。

2.个别访谈法

个别访谈法是借助问卷或提纲对被调查者面对面进行调查的方法。这种民意调查方法的优点是回答率和调查成功率较高，而且不受被调查者文化水平的限制，适应性较强。这种方法在民意调查中经常被采用。如在对领导干部的考察中，考察人员可以一个个地征询被调查者的意见；在市场调查中，调查员可以在街头或商店门口征询过往行人或顾客的意见等。这种方法的不足之处主要在于效率较低，花费较多。由于一个调查员一次只能访问一个对象，而调查对象又往往比较分散，因而个别访谈法须有较多的调查人员、较长的时间，因而也就需要花较多的钱。个别访问中被调查者常常会因缺乏足够的思考时间而在一定程度上影响到回答的质量。个别访问中匿名程度比较低，从而会影响对一些敏感性问题的回答等。

3.电话采访法

电话采访法是借助电话征询被调查者有关意见和意愿的方法。它通常只适用于就一两个或少数几个问题征询被调查者的意见，要求被调查者回答的通常也只是同意不同意、赞成不赞成等简单的态度倾向。这种民意调查方法的主要长处是比较方便，效率较高，花费也较少。因此它在一些有条件的地区（如城市）进行民意调查时可被采用。这种方法的不足之处主要在于：在一些电话尚未普及的地区，这种方法就不适用；即使在一些电话普及程度较高的地区，也会存在一些下层平民没有电话的情况，从而使这种调查方法失去部分代表性。另外，这种方法只适用于简单的民意调查，而不适用于对复杂问题的调查。

相关链接

袁岳与零点调查公司

袁岳，1965年生，1985年毕业于南京大学法律系，1988年获西南政法大学法学硕士学位，1997—2000年在北京大学社会学系攻读社会学博士，2001年获美国哈佛大学公共管理硕士学位。1988—1992年在国家司法部工作，1992年创建零点调查公司，现任零点调查公司董事长兼零点前进策略总裁，兼任中国市场调查业协会领导小组成员、北京科技咨询业协会副理事长兼市场调查委员会主任，是欧洲民意与市场研究协会、美国市场营销协会、美国政治咨询顾问协会、美国亚洲研究学会会员。

1992年，袁岳与5个合作伙伴一起创建零点调查公司。袁岳说："零点的意思就是不代表正，也不代表负。我们把民众的想法收集起来，然后，把我们发现民众零散意见背后的系统的立场告诉大家，告诉社会，告诉决策者。零点调查目标很明确，就是收集民意，为商业决策者和公共决策者服务。"

今天的零点调查公司已经成为国内调查业中一个重要的声音。零点调查公司成立20多年来，敏锐地感知中国改革开放带来的变化，捕捉着在剧烈变化时代的民众心理和民众意愿的变化。

在外商大量进入中国的时候，零点调查公司做了中国第一次大规模的外商投资环境调查；在下岗人员大量出现在城市的时候，零点调查公司做了中国城市贫困和下岗者调查；当中国出现贫富分化的时候，零点调查公司做了中国第一次系统的中产阶级调查、第一次蓝领阶层的调查；面对独生子女一代对于社会文化的影响，他们设定了常规的青少年行为模式调查项目。

自1992年以来，零点调查公司实际进行并向社会公开发布的民意调查结果超过了600项。日本《读卖新闻》曾在2002年12月24日针对零点调查公司发布的《中国城市市长支持调查报告》发表评论说，这是中国社会生活中一项"耐人寻味"的发展。今天，对大多数中国城乡人民来说，民意调查并不是什么新鲜事，人民对于民意调查的真实内涵也越来越明了。

绿色出行——校园自行车租赁平台调查问卷

亲爱的同学：

您好！

我们是大学生环保实践者，随着低碳生活观念的普及，绿色出行越来越受大家的关注。在大学校园中，怎么使出行既能做到便捷又能达到绿色环保也日益成为低碳校园建设的目标。现在的高校校园面积普遍较大，各个功能区间的距离较远（例如，我校宿舍与第四教学楼、体育馆相距甚远），给大学生的出行带来了不便。很多同学买了自行车，使用率不高，但修车花费源源不断，并且毕业之后无法处理，造成极大的浪费。为进一步了解广大师生对当前出行方式的满意程度，本次调查采取不记名方式进行，您的回答不涉及是非对错。用事实说话，您的意见将作为校园自行车租赁平台建设的参考。希望您认真填写此问卷。

对您的合作与支持，我们表示衷心的感谢！

填答说明：

（1）请选择适合的答案填入（　　）中，您也可以在____上填入自己的想法。

（2）若无特殊说明，每个题目只能选择一个答案（打√即可）。

1. 您的性别

□男　　□ 女

2. 您的年级

□大一　　□大二　　□大三

3. 您每个月在出行方面的花费

□20元以下　　□ 20元到50元

□ 50元到100元　　□100元以上

4. 您有自行车吗？

□ 有　　□没有　　□有，但是坏了

5. 您平均每次等待出租车或公交车需要花费多少时间？

□5分钟之内　　□5到10分钟

□10到15分钟　　□20分钟以上

6. 您有乘不上公交、打不到出租车，然后走路的经历吗？

□经常

□遇到过，但是不经常

□从来没有遇到过

7. 如果在您等不到公交的时候，如果距离适合，您愿意放弃坐公交而选择骑自行车到达目的地吗？

□太累了，不愿意　　□挺好的，可以锻炼身体

□怕自行车被盗，不敢往外骑　　□很便利，会骑自行车

8. 如果您有辆自行车，您会骑车到哪些地方？（可多选）

□其他校区　　□离本校较近的其他学校

□学校周边场所　　□自行车自驾游

□主要是校内骑车

9. 如果您有自行车，您愿意在自行车闲置时把它租赁出去吗？

□愿意　　□不好说　　□不愿意

10. 如果您有一辆废旧的自行车（无法正常使用），您打算怎么使用？

□修理好了接着骑

□走路，不骑车，因为修理起来太麻烦了

□直接放到宿舍楼下，懒得理了

11. 如果校园内有一个非营利的自行车租赁店，您信得过它吗？

□信得过　　□信不过

12.您认为自行车租赁服务对于环保的意义是：

□减少了坐汽车的频率，减轻了大气污染及温室效应

□骑自行车出行，既锻炼了身体，又宣传了一种环保理念

□没有什么环保意义

□其他意义

13.如果有这样一个平台，您会选择租赁它的自行车吗？

□我会选择租赁　　　□我无论如何都不会

14.您觉得自行车租赁平台的合理租金是多少？（可多选）

□一小时1.5元以下　　□一小时1元一下

□8元租借一天　　　　□5元租借一天

15.您觉得自行车租赁平台最需要的是什么？（可多选）

□学校的政策支持

□企业的资金支持

□该平台的诚信度

□该平台能提供的自行车质量

其他______________________________

非常感谢您能参与这次调查，我们会将您的意见整合并逐渐完善。

思考与实践

1.结合实际说明自填问卷法和结构访问法各有什么优缺点。

2.问卷设计中，对问题的表达和提问的方式有哪些常用的规划？

3.如何提高问卷的回收率？

4.找出几份实际社会调查研究中所用的问卷，结合本章所学知识，对这些问卷进行分析和评价。

5.请结合实际，按照要求，设计一份“大学生媒介接触状况调查问卷”。

推荐书目

[1] 风笑天．社会调查中的问卷设计［M］．3版．北京：中国人民大学出版社，2014.

[2] 袁岳，等．零点调查：民意测验的方法与经验［M］．福州：福建人民出版社，2005.

第六章 实地研究

在社会研究的四种研究方式中，实地研究是唯一一种具有定性特征的研究方式。实地研究法不仅仅是收集资料的途径，更是一种可以指导社会研究全过程的研究方法。对这种方法应该按照研究的程序，进行分步骤的介绍，以反映实地研究法的全貌。无论是从实地研究所具有的方法论背景、研究目标，还是从其研究的策略、资料收集方法，以及资料分析方法来看，它都与其他的几种定量研究方法有着较大的差别。本章中，将对实地研究的类型、实施过程、实地研究中两种基本的资料收集方法——观察与访问等内容进行介绍。

第一节 实地研究及其类型

一、实地研究的概念

实地研究法是指不带有理论假设而直接深入到社会生活中，采用观察、访问等方法去收集基本信息或原始资料，然后依靠研究者本人的理解和抽象概括从第一手资料中得出一般性结论的方法。风笑天在《社会学研究方法》中将实地研究解释为：是一种深入到研究现象的生活背景中，以参与观察和非结构访谈的方式收集资料，并通过对这些资料的定性分析来理解和解释现象的社会研究方式。

实地研究法是处于方法论和具体的方法技术之间的一种基本研究方式，它规定了资料的类型，既包括收集资料的途径和方法，又包括分析资料的手段和技术。实地研究法收集的资料通常是定性资料，采取的收集资料的方法主要是参与观察、无结构式访问，分析资料的方法使用的是定性分析的方法。这种方法注重对少数个案的深入理解，有时也被指责为主观想象色彩较浓。

早期的实地研究多用于文化人类学领域，称为田野工作或实地参与观察法，是文化人类学最具特色的研究法。它与“民族志研究”或“民族志”一起构成人类学家收集资料的有效方式。文化人类学家提出的具有一定程度可能性的理论都来自于将观察与假设结合在一起的归纳过程，而这种归纳过程，只能由社会人类学家在田野来完成。研究者必须做好准备，到他将要研究的人群或民族中生活几年，与这些人建立尽可能密切的关系。英国人类学家马林诺夫斯基就曾于1914年至1921年在西太平洋的新几内亚和突布兰群岛，运用参与观察法调查该岛的土著文化。他前后调查了3次，长达6年之久。他的名著《西太平洋的航海者》一书就详细描写了他如何参与到土著社会的情况。

现在研究者们则采用这种方式研究社会中的各种个人、群体、组织或社区。例如，对一个特殊的群体、一个村庄、一个小镇，或对一个企业的研究等。国内也已有学者采用实地研究法去研究个体户，研究一个村庄的发展变迁，也有的学者采用这种方法研究北京这样的大都市里由外来农民所形成的“特殊的村庄”。

无论是社会学还是文化人类学的研究，实地研究法都旨在进行描述分析和建构理论，而非检验理论。其基本的逻辑结构是：研究者在确定了要研究的问题或现象后，不带任何假设进入到现象或对象所生活的背景中，收集各种资料，在对资料进行初步的分析和归纳后，又开始进一步的观察和进一步的归纳。通过多次循环，逐步达到对现象和过程的理论概括和解释。

二、实地研究法的特点

实地研究法的基本特征是强调“实地”，即研究者一定要深入到所研究对象的社会生活环境，且要在其中生活相当长的一段时间，靠观察、询问、感受和领悟，去理解所研究的现象。实地研究是一种定性研究方式，也是一种理论建构型的研究方式，通常具有以下特点：

首先，实地研究法假设特定人群共享着一种知识，对事物有一种认识，研究者的目的就是要加入这个人群，并分享他们的知识。研究者要关注这些人群是怎么认识的，而不去解答这种知识的真实性问题。因此，研究者进入现场时，通常不带有理论假设，更不是去证实或证伪某种理论假设，而是从经验材料中归纳出理论观点。实地研究法获得结论的途径是归纳推理，而非演绎推理。

其次，实地研究法强调互为主体性或主观互动的关系。研究者不是作为一个纯局外的主体，而是要设法成为要研究的人群中的一员，融入其中，尽量地去共享他们的知识，直到与他们形成共识。研究者的身份在研究对象中间有时是模糊的，甚至他们完全不知道研究者的身份。即使被研究者知晓研究者的身份，研究者也不干涉他们的日常生活，而是让他们尽可能以“原汁原味”的状态活动。

再次，实地研究法所考察的对象较为具体和有限，强调对个案的深入观察，收集详尽的资料。因此这不同于强调广泛代表性的统计调查。

最后，研究者通过实地研究所获得的资料以定性资料为主，主要进行深度描述分析，以达到对具体对象的理解和认识。这虽然以具体分析为主，但实地研究的目的还包括从具体分析中抽象出一般模式。

三、实地研究法的适用范围

实地研究法的主要长处之一在于它可以使研究者看到事物的全貌，直接全面地观察社会现象，可以使人对事物有深刻和充分的理解。这种观察方式适用于难以简单运用度量手段的课题。实地研究法由于需要依靠研究者本人对现象本质和行动意义的“深层描述”，最适用于对少数有代表性的、独特的个案或社会事件进行详细、深入地考察，实地研究法特别适用于那些只有放在一定自然背景中才能很好理解的态度和行为，适用于研究随时间推移而变化的社会过程。

美国学者约翰·洛夫兰德（John Lofland）在他的《社会情境分析：定性观察和分析导论》一书中，讨论了适合实地研究的课题有以下几类：

（1）实践：主要指各式各样的行为。

（2）情节：包括各种事件，诸如离婚、犯罪和疾病。

（3）邂逅：包括两人以上的会面以及在直接状态下与他人的互动。

（4）角色：实地调查同样适合于分析人所处的地位，以及在此地位上所表现出的行为，如职业、家庭角色、种族群体等。

（5）关系：有许多社会生活可以通过适合的角色来考察，例如，母子关系和朋友关系等。

（6）群体：在关系之外也可以用于研究小群体，如朋党、运动团队、工作群体。

（7）组织：在小群体之外，也可用于研究正式组织，例如，企业和学校。

（8）聚落：研究如国家这样的大型社会是很困难的，实地调查者常对小型的社会，例如，村落、贫民窟、邻近地区等进行研究。

（9）社会世界：一些范围和人口都模糊不明的社会实体也可以成为社会科学研究的适当对象，诸如华尔街、城中村等。

（10）生活形态或亚文化：社会科学家们有时会将焦点放在生活方式雷同的人身上。例如，李银河博士所做的同性恋等研究，使用的就是实地研究的方式，而非定量的统计调查。

四、个案研究及社区研究

如前所述，实地研究可以说是参与观察与个案研究的合称。从研究背景和对象范围上看，个案研究是其特征；而从研究方式和资料收集方法上看，参与观察则是其突出的特点。由于后面将对参与观察作更为详细的介绍，这里只对个案研究的方式略作探讨。

个案研究即对一个人、一件事件、一个社会集团，或一个社区所进行的深入全面的研究。它的特点是焦点特别集中，对现象的了解特别深入、详细。个案研究通过对事物进行深入的洞察，能够获得非常丰富、生动、具体、详细的资料，能够较好地反映出事物或事件发生、发展及变化的过程，而且能为后来较大的总体研究提供理论假设。因此，这种方法在社会科学的发展中也发挥着重要的作用。

个案研究方式对于深入实地研究一个特定的单位，或者是为了比较的目的而研究几个单位来说特别有用。这种特定的单位既可以是一个人、一户家庭、一个小群体、一个工厂、一所学校，也可以是一个社区、一件社会事件。当然，在个案的单位不同时，它所采取的具体方法也会有所不同。例如，对一个个人的研究，除了一般的观察、访谈外，还经常采用个人生活史的方法；同样，对于一户家庭的研究与对一所学校的研究，或对一个小镇的研究所采用的方法也不会完全一样。

当研究的个案是一个社区时，通常又称为社区研究。社区是人们在社会中赖以生存的一种重要形式，同时社区也是构建整个社会的一个重要单位。它与人们的社会生活以及整个社会的发展都有着密不可分的关系。因而，社区研究也越来越成为社会研究中的一个热点。社区研究的方式也为众多的社会研究者所熟悉和采用。在社区研究中，研究者通常采用参与观察、访谈，以及收集当地现有文献等方法来收集资料。此外研究者通常要在该社区中生活一段时间（少则几个月，多则几年），参与当地人的社会生活。西方社会学早期研究中，采用社区研究方式的一个典型例子就是林德夫妇在美国印第安纳州曼西市所做的“中镇研究”。我国著名社会学家费孝通先生所做的“江村研究”，则是采用社区研究方式的另一个典范。

个案研究以及社区研究所具有的深入、全面的特点是其明显的长处。而其最大的不足，或者说其最困难的一个方面，是如何发掘个案研究所具有的概括意义。一般来说，研究者很难将个案研究中所得到的结果进行推广，除了对所研究的对象进行详细全面的描述外，研究者更多的是努力从所研究的具体个案中，抽出一些有价值的命题，或提出一些具有更深理论意义的研究题目，为后继的研究提供一些有启发性的思路和有价值的方向。

例　《街角社会》[①]

美国著名社会学家威廉·富特·怀特的《街角社会》，被称为以参与观察方式进行研究的一个经典实例。1936年，怀特获得了哈佛大学的一笔奖学金，他可以用这笔钱在三年的时间里进行一项他所感兴趣的研究。由于他当时对社会改革很感兴趣，所以，他决定用这笔钱去研究波士顿的一个贫民区。他选择了一个叫作“科纳威里”的意大利贫民区，因为这个地区与他头脑中的贫民区的印象最为接近。

为了进入这个地区开展研究，他曾经有过几次失败的尝试。最后，他终于得到诺顿大街福利委员会一位社会工作者的帮助。这位社会工作者安排他与当地青年帮伙中一个叫多克的头头会面，经过坦率的交谈，多克同意为怀特在这个意大利社区中做保证人，即让怀特作为“多克的朋友”去参与和观察社区中的各种活动和人们之间的各种关系。

怀特经常同帮伙的青年人聚在一起，玩滚木球的游戏、打棒球、玩纸牌，也经常同他们一起谈论赌博、赛马、性以及其他的事情。他在科纳威里生活了三年半，

① 怀特. 街角社会［M］. 黄育馥，译. 北京：商务印书馆，1994.

其中有一年半的时间是同一个意大利家庭住在一起，并学会了说意大利语。在长期的观察中，怀特收集了丰富生动的资料，得出了有关群体结构与个体表现之间关系的一系列结论。关于他的研究，怀特写到："当我开始在科纳威里游逛时，我发现需要对我自己和我的研究做出解释。因为只要我和多克在一起，有他担保，就没有人问我是谁，或者我在干什么。但是，当我独自巡回于其他群体，甚至在诺顿帮中间时，他们显然对我十分好奇。"

"不久，我发现人们在这样议论我：他正在写一本关于科纳威里的书。这似乎是过于含糊的解释，可这就足够了。我发现，我能否被这个地区所接受，取决于我所发展的私人关系，而远不是取决于我所能做出的解释。写一本关于科纳威里的书是不是件坏事，完全取决于人们对我个人的看法。如果我是好人，那么我的研究也是好的；如果我不好，那么就没有什么解释能够使他们相信写这本书是件好事。"

第二节　实地研究的过程

实地研究法的程序可以简单地分为以下6个步骤：（1）选择"实地"；（2）进入现场；（3）抽样；（4）收集资料；（5）资料分析；（6）撰写报告。但每个步骤的实现都需要特定的技术和技巧。因为收集资料的具体方法（观察法、访谈法等）将在本章随后的两节中专门论述，我们在此集中讨论第（1）、（2）、（3）、（5）、（6）这几个步骤。

一、选择"实地"

选择"实地"包括了确定课题、选择方法和确定实地三个方面。

研究课题的确定受到研究者自身和客观条件两个主要方面的限制。一方面，从研究者的角度讲，研究者的研究能力、学术兴趣、学术素养和前瞻性对研究课题的确定有着决定性的影响。课题的理论价值和实践意义随着课题的确定也就基本确定了。另一方面，客观条件的制约也是影响研究课题确定的重要因素。这些客观条件包括文献资料、研究经费、社会意识形态和政治等因素，由于实地研究需要研究者投入大量的时间和费用，能否争取到科研经费也已成为确定研究课题的重要客观限制。

如前文所述，实地研究法特别适用于研究自然情境下的态度、行为和跨越时间的社会过程等社会研究课题。采用实地研究法的经典案例有美国著名社会学家威廉·富特·怀特的《街角社会》（Street Corner Society）；美国著名社会学家罗伯特·林德夫妇的《中镇》（Middle Town）；我国社会学家费孝通先生所做的"江村研究"等。在实际研究中，为了得到更全面的信息，有时是多种研究方法并用，既做大规模问卷调查或文献研究，又在少数个案上深度访谈。

在进行完上面两个步骤之后，就要选择"实地"了。实地选择要符合两个原则：一是相关性，二是方便性。所谓相关性，是指要尽量选择与研究课题密切相关的现场。所谓方便性，是指在符合相关性的前提下，现场要易于进入和观察。笔者在进行山东农村养老保障的实地研究时，选择了山东的两个农村进行了深度访谈。在研究地点的选择上参考了经济发展水平的差异、是否参加了农村养老保险以及地理位置等因素，在确定了大致的范围后，出于方便性的考虑联系了单位同事的家乡作为实地研究的现场。

但在实际操作过程中，实地的选择往往与研究者的社会资源息息相关。例如，我国社会学家孙立平教授在做口述史研究时，做得比较好的案例是他的学生挂职任副县长的县，搜集到的材料包括几千页的资料，上级的电话、批文、批示以及对许多参与者的访谈。再如，曹锦清教授在做中国乡土社会研究时，选择实地也是沿着私人的亲情朋友关系网络进入调查现场，利用了这一颇具中国特色的社会科学研究方法。

二、进入现场

顺利进入现场是实地研究取得成功的关键步骤。研究对象本身的特点不同，进入现场的方式也存在差别。

国内采取完全参与方式进行的学术研究比较罕见，有些记者的采访报道反而使用了完全参与观察的方法。在《卧底当代丐帮》一书中，在收集资料时即采用了完全参与观察的方法。作者占才强进入现场的方式是通过局内人的推荐——他有一位乞丐朋友“小曹”，通过小曹，他的“乞丐”身份才得到其他乞丐的认同，乞丐也对他失去了警惕心，并以可能是犯罪的生活方式继续原有的生活状态。

有的课题适用更正式的接触且表明研究者的身份。进入现场的方式就需要通过正式的组织途径，或与其领导，或者通过研究对象所生活的社区的“熟人”这样非正式的渠道进行接洽，征得研究对象的同意，以研究者的身份进行直接而正式的观察和访谈。如果是到有关单位或社区做调查，首先应向单位或社区的政府出示证明文件，说明研究的目的和意义，征得他们的同意。到了观察现场后，要设法消除当地群众的戒备心理，也可通过当地政府或社会组织的领导以及群众中有威望的人物做些必要的解释和说明，得到被观察者的支持和帮助。

三、抽样

在进入现场后，为了使选择的研究对象具有代表性，有时还需要进行抽样。因为事实上研究者不可能观察到一切现象，访问到所有对象，只能从现场所有的研究对象中抽出一个样本进行观察或访谈。例如，研究者要观察球迷骚乱，观察到的行为只能是其中的某些样本。麦考和塞蒙提出了三种适用于实地研究的抽样方法：定额抽样、滚雪球抽样和特异个案。

首先，如果被研究的组织和团体的成员已有明确的合理分类，可以运用定额抽样的方法选择不同类型的成员。如研究一个组织，可以分别访问领导人和一般成员；研究学生政治团体，可以分别访问激进派成员和稳健派成员；或分别访问男人和女人，年轻人和老年人等。

其次，滚雪球抽样。假如研究者想了解一个宗教团体如何招收新教徒，可以向近期进入教派的信徒询问他们的介绍人的情况，然后再去追寻介绍人的介绍人。于是样本就像雪球一样越滚越大。

最后，特异个案的重要性也不容忽视。对于脱离正常模式的个案的研究可以加深对人们态度及行为的正常模式的理解。例如，你想了解某学校在一个誓师大会上表现出来的校风，去访问不愿参加誓师大会的学生可以得到重要的信息。

四、资料分析

1.资料的审查

原始资料在记录过程中，可能出现虚假、遗漏、自相矛盾等问题。资料审查的目的是为了消除原始资料的这些问题，保证资料的信度和效度。

信度审查就是看资料是否可靠。进行信度审查通常采用以下几种方法：

（1）根据已有的经验和常识进行判断，如果与经验、常识相违背，就要对资料进行核实；

（2）采用两个以上的人分别记录，对记录相互印证；

（3）根据资料的内在逻辑进行核查，如果发现资料前后矛盾，或违背事物发展的逻辑，就要找出问题所在，重新进行调查；

（4）利用资料间的比较进行审查，如果资料是用多种方法收集的，如既使用了观察法，又使用了访问法，可将对同一事件的记录进行比较以判断资料的可靠程度。

效度审查也就是准确性审查。一方面是审查收集到的资料符合原设计要求对于分析所研究问题有效用的程度。那些偏离主题太远的资料要清除；另一方面是审查资料对于事实的描述是否准确，特别是有关的事件、任务、时间、地点、数字要准确无误。

在实地研究过程中，资料的搜集和审查必须同时持续地进行，直到研究方案将近完成。因此，搜集资料不是机械式地记录资料，而是必须同时分析和解释资料，并且知道这些资料是否互相矛盾，是否需要进一步搜集更多的资料。当资料中的主题已显然可见，研究者才能准备结束资料的搜集工作，专注于资料的综合分析和解释。反之，若一直等到搜集资料结束后，研究者才开始做资料的审查，在研究途中可能迷失于未经分析组织的大量资料中，而很难知道自己何时已经搜集到有某一主题的资料。若在最后的分析资料时再发现问题，很可能很难再回到现场搜集资料。

2.资料的编码

资料的编码是分析资料的核心工作。经过资料的分类编码，繁杂的资料才得以条理化和系统化。柏格登和毕克兰列举出编码类别的10种架构。这10种架构只是为研究者在分析资料、发展编码类别时提供参考：

（1）场所编码：研究发生的具体的现场。

（2）情境定义编码：研究对象如何定义场所或特定主题，即研究对象对于研究场所或研究主题的一般整体观点和看法。

（3）研究对象所持的观点：研究对象对于场所特定方面的思考方式。

（4）研究对象对于人们和物体的思考方式：研究对象对于周围人们和物体的分类方式。

（5）过程编码：事件随时间改变的顺序，或是从一种状态到另一种状态的变化。

（6）活动编码：经常发生的行为种类。

（7）事件编码：发生在研究场所或研究对象生活中的特定活动，这些活动并不常发生或只发生过一次。

（8）策略编码：人们完成各种事情的方法、方式和技巧，如教师运用策略进行教学等。

（9）关系和社会结构编码：人们之间通常呈现的行为类型或一个场所内各种关系的社会结构。

（10）方法编码：研究的程序、问题、喜悦、困境等。

以上所列举的编码类别，研究者在分析资料时可参考，研究可能着重于其中某一种或某几种编码，这要视不同的研究取向或主题而定。编码资料的主要原则是使编码适合资料，而不是使资料适合编码。因此，仔细阅读、检核观察记录、访谈记录和其他所有的资料记录的每一个句子、每一段话后，形成了资料编码类别。对资料进行编码后，还需仔细审阅这些资料，检视原来的编码类别是否适合资料。进行合并、扩展、调整后，再次对资料进行编码，测试这些新的编码类别是否更适合资料，是否还需修改，最终使编码类别趋于合理、稳定。

3.资料的分类整理

资料的分类整理是将已经按照每个类别编码的资料单位组合在一起，建立分类推理资料的档案系统。档案系统的基本要求是：

（1）完整性和系统化，做到资料类别有序、层次分明，能全面系统地反映研究对象的特征。

（2）主题明确，即对所收集的资料要力争用简明的语言突出问题，集中说明研究对象的客观实际情况。

国外的社会科学研究在分析实地收集来的资料时，已经发展出专门的定性研究电脑软件，如Ethnography、Nudist、Salt等，但国内学术界还没有对此做引进和介绍，据巴比介绍，像Ethnography这样的软件，可以让实地笔记进入标准化的文字处理程序。当使用Word等文字处理系统为笔记建立档案之后，就可以利用这个软件计算该档案的所有行数。在有页码标示的笔记备份上，还可以把研究者感兴趣的不同变量的编码记录写在边缘空白处。研究者可以把每一个包含统计特征的描述标示出来，或是标示那些观察到的情绪化陈述，还可以标示所有关于群体领袖、社会行动或是性别歧视的部分。

五、撰写报告

研究方法的特性决定了实地研究报告的撰写应该特别注意详尽介绍研究的方法和策略：研究场所；与研究对象的关系；资料的搜集——在现场花了多少时间，整个研究进行了多长时间，搜集资料的主要方式和辅助方式，如何做观察和访谈记录，如何检核观察记录和访谈记录等；研究者的心境——在研究的不同阶段，研究者个人对于现场和被研究者有何感受，是否体验到情绪上的压力，这些主观的想法和情绪可能如何影响到研究；资料的分析——如何整理和分类所搜集的资料，使用哪一种归档和分析方式等。

第三节 观察法

观察法和访谈法是常见的定性研究收集资料的方法。所谓观察法，是指研究者在实地研究中，有目的地以感觉器官或科学仪器去记录人们的态度或行为。

和日常生活中人们的观察不同，作为系统的观察必须符合以下的要求：（1）有明确的研究目的；（2）预先有一定理论准备和比较系统的观察计划；（3）用经过一定专业训练的观察者自己的感官及辅助工具去直接地、有针对性地了解正在发生、发展和变化的现象；（4）观察记录是有系统的；（5）要求观察者对所观察到的事实有实质性、规律性的解释。

实地观察是指在现实生活场景中所进行的观察，实地研究者在研究中采用的主要是这种类型的观察。实地观察与实验室观察的不同之处除了地点或场景的不同外，还体现在它通常是一种直接的、不借助其他工具或仪器的观察。社会研究中的观察法，一般情况下都是指实地观察。

一、观察法的类型

研究者为了获得合适的资料，可以根据研究目的的要求，采取不同类型的观察方法。作为收集资料的方法，观察法可以按照不同的标准划分为不同的类型。其中主要的分类是：（1）完全参与观察、半参与观察与非参与观察；（2）结构式观察与非结构式观察；（3）直接观察与间接观察；（4）“火星人”与“皈依者”。

1.完全参与观察、半参与观察与非参与观察

按照研究者是否隐匿身份和参与研究对象活动的程度，观察法可分为完全参与观察、半参与观察和非参与观察三种类型。

完全参与观察，指观察者隐匿研究者的身份，深入到研究对象中间，以成员方式参与研究对象的活动。半参与观察，指观察者并不掩饰研究者的身份，在得到研究对象许可后进行的深入观察活动。非参与观察，也称为局外观察，指观察者以旁观者的身份观察特定的行为，而研究对象完全不知道自己正在被研究。例如，观察交通违规现象、球迷骚乱等，并不需要观察者必须参与其中。采用非参与观察，一般有两种方法：其一为近距冷淡法，即观察者在距离被观察者很近的地方观察，但对被观察者及其行动不表示出任何兴趣，只听，只看。例如，在候车厅观察人们的言行。其二为远距仪器法，即借助望远镜、摄像机等设备在距离较远的地方进行观察。例如，观察游行队伍。

完全参与观察的优点是观察者生活在研究对象的环境中，观察和被观察者的行为都是真实而自然的，资料更具信度和效度。但这种方法遇到的首要问题是伦理道德问题，研究者毕竟没有权利为了研究的目的而欺骗研究对象。其次，观察者的"成员"身份可能也会影响到所观察的社会过程。巴比形象地描述了这种影响：假设你们（观察者）被问及这个群体下一步该怎么做，无论你们说什么，在某些方面你们都将影响这个过程。如果群体采纳你们的建议，则你们对这个过程的影响也是明显的；如果群体决定不采纳你们的建议，这个拒绝的过程也可能对于以后所发生的事产生重大影响。如果你们表示不知道该怎么办，你们就为这个群体带来了不确定性以及不果断的整体感受。最后，完全参与观察者还有被同化的危险，可能全盘接受研究对象的观点，从而不能客观地分析所观察到的现象。前文介绍的《街角社会》就是使用参与观察方法进行研究的经典案例。

半参与观察和非参与观察虽然没有上述问题，但观察难以深入，不能对研究对象做出全面的了解，其观察也就比较简略和空泛。

2.结构式观察与非结构式观察

根据观察方式的结构程度，观察法可以分为结构式观察和非结构式观察。

结构式观察是事先对要观察的内容进行分类并加以标准化，规定要观察的内容和记录方法，它所获得的资料大多可以进行定量处理和分析。它一般只适用于小群体研究和行为科学研究。非结构式观察没有事先规定要观察的内容，并不要求专注于某些特定的行为与现象，而是对该场景下的所有行为和现象都进行观察，所获资料也多是从定性角度描述所观察的对象。一般的参与观察都采用非结构式观察。

结构式观察与非结构式观察的不同主要有两点：（1）结构式观察所获得的资料大多可以进行定量处理和分析，而非结构式观察所获资料则大多是从定性角度描述所观察的对象；（2）非结构式观察没有明确的研究假设和观察内容，观察内容和观察角度也多在观察过程中随环境和条件变化而做一定的调整，有时这种调整是相当大的。

3.直接观察与间接观察

根据观察对象的不同，可将观察法分为直接观察和间接观察。直接观察是对那些正在发生的社会行为和社会现象进行观察。间接观察是对人们行动以后、事件发生以后所遗留下的痕迹这一中介物进行观察。

间接观察包括痕迹观察和行为标志观察两种类型。痕迹观察解释为对人们活动以后所遗留下的迹象进行观察，它有两种形式：一是磨损测量，它观察人们在活动时有选择地使用某物造成的磨损程度。这种间接观察获得的资料的真实性往往高于访谈法和问卷法所获得的资料的真实性。例如，通过图书馆中书籍的封面、里页的磨损程度，如书中记号的多少，或通过检查其流通记录来判断各类书籍的普及程度，由此反映一定时期内人们的兴趣、爱好或社会时尚。另一种是累积测量，它观察人们遗留下的物质。在学生宿舍、教室里随便涂写的内容就是一种可度量的“累积物”。同样，从食堂的剩饭桶、垃圾桶、公园里的野餐包装纸等物品也可分析出人们的某些行为倾向。行为标志观察是通过一些表面的或无意识的现象推测人们的行为方式和价值观。有社会学家通过在采访中给起居室打分的方法来度量社会阶层。起居室内有窗帘、硬木地板、多边桌、报纸和杂志则加分，如起居室内摆放床、闹钟或煤气炉等物则减分。根据草坪、房屋的外观（可维修状况和大小），也可估计出一个社区的社会地位状况。

一般而言，间接观察所收集资料的有效性和普遍性很难判断，其作为一种辅助手段，提供某些线索，对其他方法进行补充和检验。

4.“火星人”与“皈依者”

按照观察者扮演的角色不同，戴维斯将观察者分为“火星人”和“皈依者”。前者指观察者想象自己被送到火星上去观察新生命体的行为，形容观察者完全的旁观者的立场，难以真正理解被研究对象的思想和行为。后者指观察者越来越陷入研究情境而不能自拔，不能客观评价观察对象的行为。

二、观察法的记录

在观察开始之前，需要记录的问题已经很清楚了。结构式观察有标准的记录格式，记录工作比较简单，见表6-1。

表6-1　观察卡片

（学生自习的利用状况——非参与观察）

班级________　人数________（实际观察人数）

观察日期：________________

时间：________________

观察内容：________________

估计人数：

项目	无	约1/4	约1/2	约3/4	全部	具体人数
1.读课本	____	____	____	____	____	____
2.做作业	____	____	____	____	____	____
3.看小说	____	____	____	____	____	____
4.打瞌睡	____	____	____	____	____	____
5.闲聊	____	____	____	____	____	____
6.做其他事	____	____	____	____	____	____

对于无结构观察，在记录时需要注意以下几点：

首先，记录使用的工具应该随着时代的发展而拓展。现代化的观察工具，如数码相机、数码录音机、摄像机等，可以弥补观察笔记的不足，增强观察法的效度。

其次，记录的时机以同步记录（或称为现场记录）最为理想，以避免事后追记的不完整。现场记录应做到：在现场要专心地观看和聆听，集中研究的焦点，寻找人们谈话的主要用词，注意人们每次交谈中最先和最后说的话。

但是很多观察的同步记录难以实现，原因在于当场公开的记录容易引起观察对象的不自然甚至反感，从而使言语行为背离常规。其他诸如突发事件的观察更不适合现场记录。分阶段记录是解决问题的很好的方法，即在现场做简略记录，在离开现场之后，立即再将记录详细的重写。

再次，记录的原则是“能记尽记”，把所有知道的细节完完全全地记下来。因为当你在记录时，并不知道哪些信息是真正重要的。到了分析资料阶段，你可能会发现原以为重要的信息并不重要了，而原本看起来并不重要的信息却变得很重要，这也是实地研究的显著特点。有时看起来琐碎的细节能使人记起很多重要的事情。

最后，记录的内容应包括观察到的事实和对观察的解释，也就是“知道”的和“认为”的社会过程。“知道”的事实是对现象的客观描述，观察时的思考即“认为”的社会事实同样重要，因为当时的思考源自灵感，是对即时感官刺激的直接反映，对于后期的分析资料至关重要。如果在撰写报告阶段再回顾当时的所思所想，彼时的记忆可能就不够完整。

三、观察法的评价

观察法是社会科学研究中很有特色的一种收集资料的方法。研究者通过观察研究对象的活动，记录有价值的信息，来归纳出理论模式。这种方法因为“观察”而有许多显著的优点，同时也有许多难以克服的局限性。

观察法最大的优点是观察者置身于研究对象中间，实地看到了其活动过程的来龙去脉，感受到当时当地的特殊环境和气氛。同时，研究对象有时不知道观察者的存在，其行为表现自然而生动，具有真实性和直接性的特点。而事后进行的访谈法、问卷法等得到的资料，由于记忆和事后叙述的偏差，往往缺乏深度。

有些社会科学研究只能使用观察法。例如，婴幼儿、少数民族、哑巴等特殊社会群体就不能直接表达他们的感想体会；再如，调查对象因为各种原因拒绝访谈，也只能采用观察法来弥补此类缺陷。

正是由于上述特点，观察法同时具有一定的局限性和缺点：

（1）由于观察的直接性和自然性，故它难以控制环境变量和时间变量，只能消极、被动地等待所要观察事件的发生。观察法对于突发性的事件无法预知，对于尚未发生的现象或已经发生的现象都无法进行观察。此外，这种方法对于公开进行的社会活动比较有效，而对于隐蔽的社会活动，观察法则往往无能为力。

（2）受观察者的思想方法、经验、知识水平的影响。观察者对观察对象的感受、理解，受到本身价值观念的影响，不免带有个人感情色彩。对同样的社会现象，不同性别、年龄、爱好、教育程度、职业的观察者，各自的观察重点、细节、深度及对其意义的理解都会有所差异。同时，观察者参与程度越深，越易失去客观的立场，加重个人的感情色彩，使观察结果掺进主观成分。

（3）观察法收集的资料是定性描述，资料琐碎而且凌乱，不易分类和编码。资料分析需要观察者具有极大的耐心，具备深厚的理论素养和高超的综合分析能力，即对研究者素质的要求较高。另外，观察法一般需要持续较长时间，工作量很大。它也需要较多的研究费用。

第四节 无结构访谈法

在实地研究中，访谈是与观察同样重要的资料收集方法。实地研究中的访谈与我们在调查研究中介绍的结构访谈的方法有较大的差别。实地研究中的访谈常常是一种无结构访谈，有时甚至只是一般的、随意的闲聊，它与结构访谈是访谈法互为补充的两种访谈形式。

一、无结构访谈法的含义及分类

无结构访谈又称作深度访谈或者自由访谈，它与结构式访谈相反，并不依据事先设计的问卷和固定的程序，而是只有一个访谈的主题或范围，由访谈员与被访者围绕这个主题或范围进行比较自由的交谈。无结构访谈适合于并主要应用于实地研究。它的主要作用在于通过深入细致的访谈，获得丰富生动的定性资料，并通过研究者主观的、洞察性的分析，从中归纳和概括出某种结论。应该说，无结构访谈与结构访谈相互补充，分别适用于不同的情况，都是社会研究中的有用工具。

结构访谈要求在访谈过程、访谈内容、访谈方式等方面都尽可能统一，做到标准化。这样做一方面是为了避免访谈中各种个人因素，特别是个人主观因素影响访谈过程，从而增加访谈过程的客观性和资料的可信度；另一方面也是为了使得访谈资料便于进行统计处理和定量分析。但结构访谈因为缺乏弹性，缺乏灵活性，因而无法了解更加具体、更加详细的资料，也无法对所访谈的问题进行更为深入的讨论。与此相反，无结构访谈的最大长处就是弹性大，灵活性强，它有利于充分发挥访谈双方的主动性和创造性。与结构访谈相比，无结构访谈的最大特点是深入、细致。但是，这种访谈方法对访谈员的要求比结构访谈的要求更高。这种访谈方法所得的资料难以进行统计处理和定量分析，而且特别耗费时间，使得访谈的规模受到较大的限制。这些都是无结构访谈所存在的缺陷，在运用时应该加以注意。

根据访谈的性质，可以将实地研究中的无结构访谈细分为正式访谈与非正式访谈两种。正式访谈指的是研究者事先有计划、有准备、有安排、有预约的访谈。而非正式访谈则指的是研究者在实地参与研究对象社会生活的过程中，随时碰上的、无事先准备的、更接近一般闲聊的交谈。例如，在左邻右舍、街头巷尾、集贸市场、餐馆商店等日常生活地点与偶然碰上的当地人所进行的交谈，就属于这种非正式的访谈。“村里人喜欢的早茶、饭局、看戏听唱、朋友聚会、走街串巷，都是随意谈话的好场合。这些谈话中凡有价值的内容，都在当晚凭回忆记录下来。”这种非正式的访谈无法实现预料和计划，交谈的进程不能由研究者严格控制，交谈内容也不能完全按研究者的研究目标进行选择，只能随具体的谈话情景、谈话对象而定。所以一般情况下研究者只能因势利导，见机行事。正式的访谈则通常需要按事先拟好的提纲进行，这种提纲中列出了一些根据研究文献和研究者个人经验认为应该了解的各方面的问题，但提纲通常只起到某种提示作用，访谈的实际进程仍有相当大的灵活性和变化性。

根据被访对象的数量，无结构访谈又可分为个别访谈与集体访谈两种。个别访谈与结构访谈中的当面访谈有很多相同的地方，例如，它们都是由一个访谈员同一个被访者单独交谈。但是二者仍有着本质的区别：无结构的个别访谈不依据问卷表，只围绕访谈的主题，灵活地询问和交谈；而结构式的当面访谈则完全依据问卷表，严格按程序、按要求进行提问和记录。集体访谈则是将若干个研究对象集中在一起进行访谈，我们将在后面专门介绍。

二、进行无结构访谈的要点

对于实地研究中的正式访谈来说，应该注意以下几个方面：

（1）访谈前，要对访谈的主要目标和所要了解的主要内容有一个明确的认识。只有在访谈前做到心中有数，才能在访谈中主动地掌握和引导好整个访谈的进程。一种可取的方法是，事先精心准备好一组“主题标题”或“内容提示”，以保证每次具体的访谈都能覆盖访谈的主要内容。这组“主题标题”或“内容提示”一般采用简练明确的词语或短小的句子的形式，抄写在一张卡片上，或者写在笔记本上，用以作为在访谈过程中指导提问和检查遗漏的依据。当然，这组“主题标题”不是一成不变、不可更改的，相反，它通常需要根据实际访谈过程中所认识到的问题或方面，对原先考虑不足的内容进行适当的增删。

（2）访谈前最好能对被访者的各方面情况和特征，如年龄、性别、职业、文化程度、家庭背景、兴趣爱好等，尽可能详细地进行了解。这样做的好处是，一方面便于访谈员根据实际情况采取适当的角色姿态，尽可能缩小访谈员与被访者之间的心理距离，尽可能增加二者之间的共同语言，以建立起融洽轻松的访谈关系；另一方面可以使访谈员对被访者在访谈过程中所谈的各种情况，有一个更为准确、更为客观的理解，特别是在对一些不易交谈、不易表达的内容和一些不善表达的被访者进行理解时，这种事前的了解就更具有明显的作用。

（3）访谈的时间和地点的确定应该以被访者方便为主要原则。在访谈前，访谈员应该事先与被访者进行联系，向被访者说明访谈的目的和内容，并和被访者就访谈次数、时间长短及保密原则达成协议。见面时，一定要向被访者表示某种歉意，例如，“对不起，打扰了您的工作”或者“对不起，影响了您的休息”等。而不要以为有了正式的介绍信，或者事先已通知了被访者的上级机关和领导，被访者接受访谈就是理所应当的。对于任何一个具体的访谈对象来说，他并没有牺牲个人的工作、学习、休息和娱乐时间来接受你的访谈、向你提供各种情况的义务；对于每一个访谈人员来说，他也没有为自己工作的需要而占用别人工作或休息时间的权利。因此，在一开始与被访者接触时，切不可忘记向被访者十分客气、十分诚恳、十分谦虚地表达出对这种打扰的歉意。

（4）访谈时，开场白一定要说好。其标准是：简明扼要、意图明确、重点突出。主要解释你是什么人，你想干什么，为什么要进行这次访谈等。其目的是消除被访者在陌生人面前所自然产生的各种疑虑和戒备心理。接着，就要清楚明白、通俗易懂地告诉被访者，你希望他谈些什么方面的问题。需要注意的是，一开始不能把你所想了解的全部问题都一一列举出来，而只能给出一个总的内容范围和一两个十分容易交谈的话题。因为即使你把全部问题都列举出来，被访者也不一定能全部记住；即使他可以把问题全部记住，也很难有条有理地、一个接一个地从头谈到尾。这一阶段的主要目的是：调动被访者回答问题的积极性；帮助他们做好回答问题的心理准备；建立起轻松、融洽的访谈关系；引导被访者开始回答第一批问题。

（5）开始访谈是一种真正的艺术，全部资料的可靠性在很大程度上取决于访谈员在这方面的表现。为了创造有利于访谈的气氛，除了对访谈对象表示礼貌外，在进入正题之前，可以先谈谈访谈对象身边的、较熟悉的事情，以消除拘束感，如他的住房、家庭、子女、个人嗜好等，然后逐步地把话题引向访谈的内容。开始提出的问题除了在内容上应该是比较简单的以外，访谈员提问的速度也应相对慢一点，使被访者有一个逐步适应的过程。

（6）在被访者回答问题的过程中，访谈员要专心听，并认真记笔记。这样做可以给被访者一种正式感、受尊重感和谈话有价值感。在这一过程中最关键的因素是：访谈员的目光既要恰当地同被访者进行交流，又不能长时间把目光停留在被访者脸上，因为这样往往会造成被访者的紧张感、不自在感，影响到他的谈话。要使自己的目光在笔记本和被访者这两者之间自然地往来，随时让被访者感到你在十分认真、十分注意地听取他的谈话、他的意见和看法。

（7）掌握正确的记录方法。访谈的目的是收集某类现象的资料，访谈记录则是关系到访谈资料的客观性、准确性和全面性程度的重要因素。在实践中通常采用两种方式进行无结构访谈的记录工作：一种叫当场记录，另一种叫事后记录。事后记录是在访谈结束后，靠回忆进行追忆的方法。它的优点是既不会影响访谈时访谈员与被访者之间的互动，又有较好地消除被访者心理压力和紧张感的作用。但其缺点是所追忆的资料往往很不全面，遗漏之处很多，且所记内容也不确切。当场记录即边访谈边记录，它是访谈员采用得较多的一种形式。在当场记录中，要想把被访者说的每一句话、每一个字都记录下来，不仅是不可能的，而且是不必要的。因此，应该有重点、有选择地进行记录。主要做法是：对被访者讲述的事件、列举的实例，特别是事件或实例中的时间、地点、人物、状况、性质等，要尽量完整地记录；对被访者关于某一问题所表示的观点、对某一现象的主要态度、主要见解等，要准确地记录，并且最好能记下他的原话，而不要用自己的话去“概括”或“归纳”被访者的话；对于被访者在回答中的一些过渡性语言、承接性语言、重复性语言、口头语等，则不要记。记录时，对不同问题的回答，以及对不同的事件、不同的方面、不同的内容等的回答，都要在形式上明显地分开，各自形成单独的一段，而不要不分层次、不分段落、不留空隙地从头记到尾。当场记录的最理想方法当然是进行访谈现场录音，但这一定要事先征得被访者的同意。最好还有一组预先思考好的访谈大纲。如果被访者不介意，这种访谈最好能使用录音机。这样，访谈员在访谈时就可以全身心地关注访谈主题，关注被访者的回答，而不用分心去记录。访谈结束后，要及时根据录音对资料进行整理，因为此时整理还可以回想起访谈时的情景，特别是访谈员当时的感受和认识。如果时间一长，访谈员的自我感受可能就会淡忘。

三、访谈控制的方法

访谈的控制是访谈过程中最重要、最难掌控的工作任务，也是整个访谈过程中最关键的环节之一。一般来说，提问控制和表情动作控制是两项主要的控制手段。

1.提问控制

提问控制包括以下几个方面：

（1）对内容转换的控制。当访谈的内容从一个方面转到另一方面时，访谈员要有意识地帮助被访者进行这种转变，而不能在被访者没有任何心理准备的情况下突然地转换论题。转换控制的方法是先对被访者所谈内容进行简要归纳，让被访者在这一方面的思路打上句号，然后再提出新的问题。

（2）对问题的重述和追问。当感觉到被访者对问题含义不理解、不清楚，或有误解时，可通过重复问题来帮助他们理解；当访谈员对被访者的问答有疑问时，也可通过复述其回答和追问来确证；当感到被访者回答不全时，可通过停顿不语或追问来诱导被访者继续谈下去。

（3）掌握好发问和插话的时机。通过适时的插话和提问来巧妙地掌握和控制访谈的进程。由于访谈对象是互不相同、各有特点的，因此，对于同样的问题，他们的反应会不同，回答会不同，表达的方式也会不同。有的也许能较好地领会访谈员的要求，有的则可能会形成一些误解；有的也许能较好地按访谈员的要求叙述，而有的则往往会跑题。为了使每一种情况下的访谈都取得成功，访谈员必须牢牢掌握和控制交谈的方向、范围和进展情况。而且，这一切都不能过于明显地表露出来，只能以某种被访者不易察觉的方式自然地进行。在被访者叙述的过程中，除了十分重要的细节外，一般不要插问，插话也不要过多，以免打断被访者的思路。

2.表情与动作控制

表情与动作控制即是指访谈员通过自己的各种表情与动作，来表达一定的思想、感情从而达到访谈过程的控制。比较重要的几个方面是：

（1）用动作中断被访者的谈话，如通过送水或点烟的动作打断被访者扯远的话题便是一例。

（2）要表现出礼貌、虚心、诚恳、耐心的表情。

（3）要对被访者的谈话表示关注，即便是被访者说走了题，或者语言表达效果较差时也应如此。

（4）访谈员的表情要适应被访者回答的内容，要对被访者回答的喜怒哀乐表示同感。

（5）要恰当地用眼，专心地用耳。既不能只顾低头记笔记，忽视被访者的存在，也不能一直盯着被访者。眼睛要在这二者中找一个适当的位置。听被访者回答时，一定要专心，不能随随便便，以免影响被访者谈话的情绪。在访谈结束准备离开时，则一定要热忱地向被访问者表示感谢。

四、集体访谈

集体访谈也称为座谈会，它是将若干个访谈对象集中起来，同时进行访谈的方法。集体访谈的最大特点是，访谈中不仅存在着访谈员与被访者之间的社会互动，同时还存在不同的被访问者之间的社会互动。整个访谈过程不仅是访谈员与被访者的社会互动过程，而且也是被访者互相之间的社会互动过程。集体访谈所收集的资料将受到这两种社会互动的影响。因此，要成功地组织好集体访谈，要开好座谈会，访谈员不仅要掌握好与被访者之间的互动，而且要组织和引导好被访者之间的互动。这就要求访谈员有更熟练的访谈技巧及组织会议的能力，正确地面对多个被访者。可以说，在一定意义上，集体访谈是较个别访谈层次更高、难度更大的访谈方法。

参加集体访谈的人数是进行集体访谈首先必须解决的问题。人数多了，则集体访谈难以掌握和进行；人数少了，又达不到集体访谈的效果。根据长期实践的经验，一次集体访谈的参加人数通常以5～7人为宜，最多不超过10人。同时，应该注意参加集体访谈的被访者的选择。总的来说，参加集体访谈的人员应根据访谈目的的不同而有所不同。一般原则是：（1）要有代表性；（2）要十分了解情况；（3）要敢于发言；（4）相互之间应有共同语言。

集体访谈具有一些不同于个别访谈的特点。第一，由于集体访谈时访谈员与被访谈者之间、被访问者之间的多层次互动与交流，因此它所获得的信息往往比个别访谈方式所获得的信息更为广泛、更为全面，而且由于能够互相启发、互相补充、互相核对、互相修正，所以，集体访谈所获得的资料往往也更为完善、更为准确。第二，由于集体访谈能够同时访谈若干个不同的访谈对象，因而可以大大地节约人力、时间，相对较快地获得有关社会现象的情况。但是，集体访谈存在着一个十分突出的问题，这就是容易产生和形成某种“团体压力”和“从众行为”。它往往使得参加集体访谈的访谈对象在其他访谈对象的面前有意无意地隐瞒或改变真实情况，使自己的回答和看法顺从、接近或附和多数人的意见，而不愿或不敢表示不同的意见。因此，访谈员应对集体访谈中所得资料的真实性和客观性，有一个比较清楚的认识。由于同样的原因，对于某些敏感的问题的访谈，也不适合采用集体访谈的方法。

第五节　人物专访

专访是对先进、典型人物或单位、部门进行专题访问的一种访谈形式，也是大众传媒常用的一种体裁。专访一般分为人物专访、事件专访和问题专访，近些年来，各类媒体新闻改革发生的一个重大变化，就是专访尤其是人物专访比较多。例如，中央电视台的“面对面”栏目等。许多报纸设立“本报专访”专栏，有的报社设立专访部，专门组织精兵强将从事新闻专访。中外媒体有相当一部分记者，如意大利记者法拉奇，美国电视节目主持人华莱士，中央电视台节目主持人王志、水均益等，都是因为成功的“专访”而出名。

在改革开放的中国社会，新人、新事、新问题层出不穷，需要及时地作专题性报道，人物专访这一报道体裁快捷、灵活，且有较大感染力，因而格外受人青睐。例如，2005年10月17日早晨4：33分，“神舟六号”飞船上的航天员费俊龙、聂海胜在宇宙飞行5天后安全返回，当天晚上6时，央视《面对面》栏目专访了航天员费俊龙、聂海胜。

一、人物专访的特点

从体裁上说，人物专访是人物通讯的分支。两者的共同特点是，可以用叙述、笔录、描写、议论与抒情多种方法并举的方式写人、记事，可以更详尽、更生动地描绘新闻人物。人物专访的特殊之处在于：

1.人物专访强调新闻性与现实针对性

任何新闻报道都要求具有新闻性，然而不同报道体裁对此的要求并不一样。相对而言，人物专访的新闻性与现实针对性要比人物通讯更强一些，人物专访所报道的应是目前众所关注的人物。

2.人物专访注重现场活动

人物专访一般注重再现访问的过程与现场情况，给人以亲临其境之感。

3.人物专访突出专题性

专访的突破口一般都较小，记者在进行人物专访时，预先都有明确的目的，所谈的问题往往集中于某一点上，这样往往能突出最有新闻价值的内容，也往往言简而富有鲜明特色。

二、选准专访的对象、时机与场所

1.专访对象一般选择引人注目的新闻人物

某人一旦成为新闻人物，读者往往想进一步了解这个人的经历、爱好、真实思想，以至家庭状况、人际关系等情况。

先进人物：凡是有重大发明创造，对社会做出突出贡献或获得各种荣誉称号的社会精英，都有可能成为专访对象。

风云人物：凡是在社会政治、经济、文化、军事、外交事务等方面有突出表现的人物，也是专访的最佳人选。

新闻事件中的关键人物：如“神舟六号”航天员费俊龙、聂海胜等，对这些已见诸媒体的新闻当事人进行专访，会使不少人注目。

社会名流：凡是刚刚从外国或者外地来访的著名政治活动家、学者、艺术家和其他社会知名人士，都可以成为专访的对象。本地名流若有新的具有新闻价值的活动，也可以成为专访对象。

各条战线的新秀：如文艺新秀、体育新秀等也值得写一篇人物专访。

某些与重要新闻事件或新闻人物有关的知情人也是重要的专访对象。他们往往能提供一些内幕情况，这对于澄清某些事件真相或者从侧面展示某些新闻人物的形象，都是很有必要的。

2.专访场所的选择

选好访问场所，可能会给采访带来意想不到的好处，有许多事情可以说是时过、事了、境未迁，当事人与有关人员置身于特定的环境，可以因境而忆事，触景而生情。

《羊城晚报》记者吴其琅有一次去采访秦怡，原计划是写秦怡如何塑造几十个不同角色的，然而，在秦怡家中所见到的情景，令他大吃一惊，油漆脱落的小方桌上放着一只煤油炉，锅里煮着清水晃荡的青菜汤；床头，一只半旧不新的皮箱；床上，一件织了一半的毛衣；秦怡当时正在晒衣服，活脱脱一副家庭主妇的模样。秦怡边吃着籼米饭，就着酱菜与那锅青菜汤，边与记者交谈。从交谈中，记者对秦怡多灾多难的家庭生活有了深入的了解：病重的丈夫，精神失常的儿子，繁重不堪的家务……但就是在这样的环境中，她顶住生活的重负，在电影事业上取得了辉煌的成就。于是记者舍弃了原先那个一般化的报道主题，围绕艺术与生活这组矛盾，写出了《衣带渐宽终不悔》这篇很有特色的人物专访。

3.专访时机的选择

新闻专访的采访与写作要注意时机的选择。在很多情况下，时机错过，这篇报道也就失去了报道的价值。

三、专访前的准备

做好专访前的准备工作，能为专访打下可靠的基础。准备越充分，采访的效率越高。根据人物专访的特点，应做好如下准备工作：

1.尽可能了解、研究与采访对象有关的情况

意大利记者法拉奇以采访世界风云人物而出名，她在介绍自己的采访经验时谈到，在访问前，她总是用几个星期的时间做准备工作，其紧张程度“简直像大学生准备考试一样”。她总是设法找到并且阅读大量有关被访问者的书籍和材料，并作笔记，写下研究心得。预先对采访对象进行了解与研究，有很多好处，其中最为突出的有三条有：

（1）可以尽快找到沟通双方思想感情的桥梁。谈话一开始就要造成这样一种气氛，要使对方感到你是一个朋友、一个可以信赖的人，对你可以无话不谈。

（2）可以尽快进入实质性谈话，提高采访效率。预先研究过有关材料，谈话就不必从询问“今年几岁了”诸如此类的问题开始。这样问，一方面要耗费不少时间；另一方面也令采访对象感到你与他的隔膜，影响谈话气氛。美国新闻学家麦克道格尔曾经说过：“音乐家、科学家、作家、政治家以及其他有名望的人，往往鄙视那些表现出对他们的活动和声望不甚了解的记者。任何学有专长的人都会感到，同一个对他们专业领域一无所知的人交谈，是件索然无味的事。”一个记者不能不正视这一点。

（3）可以对采访中可能遇到的问题进行预测，并预想好应付各种复杂场面的对策，以能掌握采访主动权。

2.尽可能拟订一个切实可行的采访计划与谈话提纲

采访计划一般包括以下几项内容：第一，要明确此次专访的主题。第二，要确定适当的访问场所和时间。第三，确定访问方式：是通过某个熟人介绍去见那个访问对象，还是自己直接拜访？是开门见山地提出问题，还是旁敲侧击？第四，采访中提问的顺序、谈话提纲、观点要点，这些预先都要有所准备。记者若在采访前能根据研究有关材料的感受，列出一张较为全面的谈话提纲，等于预演了采访的全过程，到正式采访时，就会胸有成竹，遇事不慌了。

四、谈话、倾听与观察原则

1.谈话的原则

（1）确定开始谈话的方式。如果对方是与你较熟悉或预先打过招呼、有专门准备的，那不妨以开门见山、直截了当的方式；然而对于大多数专访对象来说，在开始的时候可以先寒暄一会，找机会融洽一下气氛，然后转入正题，效果会好一些。采访经验丰富的记者往往会在走进采访对象的房间时，首先打量一番，有时可以发现采访对象的爱好所在，再以此打开话题。像法拉奇那样，寻找采访对象与自己的经历或亲朋中某些人的共同之处展开话题，也是一种好方法。

（2）要尽可能控制谈话方向。要使谈话围绕着事先设想好的主题，或者在谈话过程中突然被你抓住的更好的主题来进行，当对方说话时，我们就要考虑：他的这些话能不能用在报道里面？根据他所说的这些内容，是否已构成一篇专访所必需的材料？还需要补充什么内容？构成专访的几个关键性问题是否都已提到了？有没有必要再换一个角度提出问题？当采访对象的话题脱离我们的报道主题的时候，要设法不露声色地把它慢慢转回来。

（3）前后问题之间要有逻辑联系。前一个问题与后一个问题之间要有逻辑上的联系，也就是说要符合采访对象思路的逻辑发展，如果东一锤子西一棒子，容易把采访对象思路打乱，引起烦躁情绪。在专访过程中，不要怕提尖锐的问题，但是提这类问题前应有铺垫，在自然而然的谈话中顺势提出，使对方不感到突兀，不怀疑你别有用心。

（4）专题提问要注意张弛结合。专访时在连续提了若干个严肃的问题之后，适当改换下话题，提个轻松活泼的问题，然后再转入严肃的提问，这样有利于调节气氛，也可以打开思路，发现自己原来没有预料到的有价值的内容。

（5）重要问题要尽力搞明白。在问到一些对专访至关重要的问题的时候，不要仅仅因为采访对象坚持说“无可奉告”就轻易放弃。可以设法不断改变提问角度诱使对方回答，或者根据其拒绝回答的情况，给他设想出一个令其为难的结论，并问他这个结论是否正确；在这种情况下，采访对象非开口不可，例如，法拉奇对人物专访中的重大问题，善于运用激将法，甚至把对方激得“跳”起来，从而滔滔不绝地说出情况来。1972年3月，法拉奇在安曼采访了巴解组织领导人阿拉法特。采访一开始，当法拉奇问起阿拉法特多大年纪时，阿拉法特马上声明：“不要提任何个人问题。”阿拉法特是个具有传奇色彩的人物，有关他个人的传说多种多样，很不一致，这无疑使广大群众乐于知道的事实。法拉奇在谈话采访临近结束的时候巧施提问，引出了一段很有意思的谈话：

法拉奇：不，我们不愿意任何人流浪在世界上，不愿你们流浪在世界上。

阿拉法特：然而现在流浪在世界上的是我们。我相信，总有一天，你们会良心发现的。但直到那天来到之前，我们最好别见面。

法拉奇：阿布·阿马尔，您总是戴着墨镜是因为这个原因吗？

阿拉法特：不，我戴墨镜是为了不让人看到我是睡着还是醒着。在我们之间，我可以告诉您说，我戴墨镜时，总是醒着的，只有摘下眼镜时，我才睡，我睡得很少。我已经声明在先了，不要提任何个人问题。

法拉奇：阿布·阿马尔，我只提一个问题：您还没有结婚，在您的生活中没有女人，是因为您愿意像胡志明那样生活，还是因为您对同女人一起生活感到厌恶？

阿拉法特：胡志明……不，可以这么说，我还没有找到一个合适的女人，我已经同一个女人结婚，她的名字叫巴勒斯坦。

在这次采访中，法拉奇巧用激将法，终于挖到了阿拉法特的个人问题，得到了一段有个性的回答。

2.倾听的原则

（1）记者在专访时应该避免对采访对象作长篇介绍，应该避免为了一个问题纠缠、辩论不休。

（2）要敞开思想，去接受各种不同的、崭新的思想观点，甚至包括你所反对的那些思想观点。

（3）要尽量避免频繁地、不得要领地打断别人的谈话，要给采访对象以充分的时间阐述他自己的见解或他对某个问题的解释。

（4）要注意采访对象话中有话，注意被精心掩盖着的那一层意思。这可以通过观察采访对象的表情，那吞吞吐吐、欲说又止的神态，以及某些经过斟酌而特意使用的词句来发现。

3.观察的原则

（1）要有明确的观察目的。在专访中，访问者既要提问题，又要听谈话，还要观察，因此需要合理地分配注意力，不要无目的地东张西望，也不必把眼睛里面所看的一切费劲地记下来。一般而言，在专访中观察的目的有两个：一是从眼前的事物中寻找出双方有兴趣的话题；二是在报道中对眼前的人或事物做一番描述。凡是与此无关的东西，就不必去分心注意它。就是与这两个目的有关的事物，也可以有所区别：对于单纯是作为话题的事物，只需粗略地看一下；而对于那些将在报道中加以描绘的东西，则要仔细观察，非得找出其特点不可。

（2）专访现场观察的对象。专访现场观察的对象，一是专访对象，另一个是周围环境。前者是活动的，是专访的中心；后者是相对静止的，因此应区别对待，合理安排观察时间。一般是在进门时，打量一下周围环境，若要仔细观察一些事物的细节，要待谈话告一段落之后。在和采访对象紧张交谈的过程中，最好把注意力放在采访对象身上，仔细观察他的表情、动作。千万不要光顾了埋头记录，而忘了观察；在人家谈得起劲的时候，也不要东张西望，免得人家以为你心不在焉，兴致索然。

五、人物专访写作中应注意的问题

1.要注重谈话纪实

一般而言，专访的主要内容是谈话，在报道中要把谈话的主要内容体现出来。

2.要保留谈话的本来风格

人物专访要体现采访对象的个性特征。采访对象的言谈因人而异，各有各的个性。有的庄重严肃，有的风趣幽默，有的富有哲理，有的热情奔放，有的委婉细腻。在报道中最好能把这类个性特征体现出来。

3.要再现现场场景

写人物专访，要利用尽可能少的文字，展现现场情景、气氛，这样可增强报道的感染力。

4.要有目的地勾勒人物形象

很多人物专访都有对人物形象的描绘，高明的记者把人物外貌的描述，看作解释报道主题、突出新闻价值的重要手段之一。不高明的记者只是为了描写而描写。有位记者描写我国著名舞蹈家戴爱莲："戴女士穿着漂亮的山东刺绣衬衫，尽管63岁了，但身材仍像苗条少女。她的面貌是东方型的，骨骼轻得像小鸟。她只有5英尺（152.4厘米）高，她的娇小玲珑给人留下深刻的印象。"

这一段成功的描写，因为它符合戴爱莲的身份。这位舞蹈家，到了老年还如此苗条，训练有素是重要原因。这为以后的段落中介绍她对中国民族舞蹈事业的贡献埋下了伏笔。专访中的人物形象，是通过它们各自特殊的性格、特殊的遭遇和特殊的行为方式树立起来的。在勾勒人物形象之时，要抓住其传神之处。这样笔墨虽少，却能显示人物的特征。

相关链接

昆山“产城融合”发展的实地调研

昆山地处上海与苏州之间，依托特殊的区位优势，率先开始了“自费办开发区”的探索，并在1992年被国务院正式批准为国家级开发区，2000年又成为国内首个封关运作的出口加工区。依托开发区建设的显著成就，昆山连续多年高居全国百强县（市）榜首。2010年，昆山以全国1‰的土地集聚了近1/50的外资和1/9的台资，创造了全国2.8%的进出口总额；2011年，昆山开发区实现地区生产总值1 350亿元、工业总产值5 100亿元、进出口总额685亿美元，表现出很强的竞争力。按照“园区生态化、城市现代化、产业高端化”的建设目标，昆山在开发区建设中一直非常注重城市功能的逐步完善，这是其经济持续、健康发展的重要保障。2011年7—12月，笔者先后四次到昆山开发区进行了实地调研，与园区管理者、普通民众进行了深入交流，并实地走访了开发区建设各个时期的重点开发地域，深刻感受到产业功能和城市功能协调发展的重要价值。

昆山开发区发展的简要历程

改革开放以来，昆山从小县城起步，依次经过自费开发、国家级开发区发展和国家级出口加工区建设等三个阶段，目前已初步具备现代化城市的雏形。在此过程中，“三线”企业西迁、台资企业进入以及代工基地发展都为城市空间拓展提供了产业支撑，而老城区原有社会关系网络不仅在“自费开发”和吸引早期台资企业进入中发挥了重要作用，也随着城市空间拓展和人口结构变化而不断调整优化，为城市和产业的协调发展持续提供了有力支持。总的看来，昆山开发区的发展大致经历了4个阶段：

第一阶段是“自费开发”阶段（1984—1992年），昆山主要抓住改革初期大量知青和“三线”企业职工急于返城的历史机遇，发挥“东依上海”的区位优势，通过“西托三线”，实现了工业发展的起步。当时的昆山底子薄，资金、技术、设备、产品、管理经验都很缺乏，但通过引进上海的加工厂以及四川、贵州、陕西、江西等地的三线企业的业务骨干，顺利实现了“农转工”。当时的工业园区就在老城区的东侧，这不仅充分利用了老城区相对完善的基础设施，也有助于工业区发展融入原有地方社会网络，同时还克服了工业与城市争地的矛盾，较好地解决了产业发展与城市建设相协调的难题。

第二阶段是国家级开发区的发展阶段（1992—2000年），昆山很好地抓住了正式获批国家级开发区的契机，使招商引资的重点由内资转向外资。此时的昆山，经济实力仍然很弱，土地开发需要的资金相当短缺，但成功地以优质服务获得了初来大陆投资的台商的青睐，并由此开始了“以商引商”的良性循环过程。沪士电子、捷安特、富士康、六丰机械等成为当时昆山的“四大金刚”，而它们的进入也为昆山的基础设施建设和城市空间拓展发挥了积极作用。在这一阶段，昆山城市发展的重点转向青阳路沿线，并建设了17个配套居住小区，以满足产业工人进入的需要。在引资重点“内转外”的背景下，昆山人口结构逐渐由以本地人和上海等周边地区返程知青为主转向吸纳更多的外地普通劳动力，但配套小区建设使外来人口并未局限于企业宿舍这一封闭的空间，而是较频繁地与本地人接触，这就较好地形成了新的地方文化认同，并为企业管理者和技术骨干留居在园区周边创造了条件。

第三阶段是出口加工区建设阶段（2000—2009年），昆山主要依托出口加工区更好地吸引了高科技领域代工企业的进入，成为全球IT产品重要的制造基地，并开始从以加工制造为主向以研发为主转变。昆山在代工企业发展和“低转高”的过程中，不仅接纳了更大规模的产业工人，也需要积极吸引研发人才，这就要求昆山进一步优化城市功能。为此，昆山继续推进配套小区建设。截止到2005年，已规划建设19个外来务工人员居住区，占地面积865亩，建筑面积81万平方米，可容纳6万多人。2006年9月，公交车驶进开发区，这些都促进了产业区和城区的协调发展。

第四阶段是2009年以后，为应对全球金融危机的挑战，昆山抓住由出口加工区试点转型为综合保税区的难得机遇，又开始了新一轮的产业升级和城市空间拓展。目前，昆山正在进行光电园等的建设，同时还在发展东部新城区以及金融街等，以进一步优化城市服务功能，促进二、三产业的协调发展。昆山希望以此吸引更多高素质人才，建设研发中心，更好地促进开发区从单一工业型园区向城市综合型园区转变。

昆山发展的历程表明，在“依托老区、开发新区”战略思想的指导下，开发区不断东扩南进，使整个城市空间逐步拓展、功能更趋完善，较好地实现了“产城融合”发展和地方社会网络的不断优化。在此过程中，产业结构经历了“农转工”“内转外”“低转高”的转变，而城市空间也由老城区不断向东、向南拓展，目前已进入重点发展东部新城的阶段。昆山开发区虽然主要吸引的也是劳动密集型加工制造环节，但由于以邻近老城区起步，同时一直注重配套小区等的建设，因而较好地维护和改善了地方社会网络，为实现由“昆山制造”到“昆山智造”的转变积累了必要的社会资本。

昆山开发区“产城融合”发展的重点机制

1.协调推进城市空间与产业空间演变

在开发区快速发展的进程中，昆山产业区和城区面积都迅速扩张。1988年，昆山城区面积仅8.49km^2，1998年已达25.76km^2，2010年更是扩展到63km^2；开发区面积也由1992年的3.75km^{2}扩大到如今的20km^2。现在的昆山正在努力盘活115km^{2}的国土空间。而在扩大建成区的过程中，昆山不仅建设了传统产业园区、光电产业园、出口加工区、综合保税区等工业地块，也加快推进了中华商务区、中央商贸区、东部新城区以及金融街等服务业集聚区的建设。近年来，昆山国际会展中心、时代大厦等一批功能项目相继启用，绿地家园、帝景天成等房产项目全面开工，金鹰国际商城启动建设，沪宁城际铁路配套道路和地下空间、轨道交通等工程基本完成，城市中心逐步显露出以发展高端服务业为主的新面貌。

笔者实地走访了昆山开发区各阶段的重点发展地块，发现它们目前处于不同的开发状态。在早期开发的震川路以北地块，目前主要是金融等现代服务业部门比较集中的地区，这里不仅有市政府及市民服务中心等行政管理部门，也有科技博物馆等公共空间，更有银行、保险公司、创业孵化器以及高端商务酒店等，显示其已成为园区乃至全市的政治经济管理中心；在震川路以南的老工业区，早期的生产企业用地大多已经转换为商品房用地，新的医院、学校、娱乐城等也在长江路两侧兴起；黑龙江路两侧则主要是一些呈现出衰败之势的老纺织企业，不少地块已被征收，亟待转换用地功能；在青阳路、南浜路、同丰路、金沙江北路包围的地块中，电子信息企业的数量虽不多，但规模较大，且多为台资企业，这与金沙江北路、洞庭湖中路、南浜路、前进东路之间的地块有相似之处，但后者的企业数量较多，配套设施更为完备；在园区管委会新址附近，主要是金融街、居民区和大型企业用地，呈现出新城面貌。总的来看，正是城市空间与产业空间的协调演变，为昆山的持续、快速发展奠定了坚实基础。

2.积极构建多元文化融合的社会网络

在昆山产业规模和城市空间不断扩张的过程中，越来越多的外地人来到昆山，越来越多的本地人搬离了原来的家园，这就对城市社会网络的重构提出了挑战。调研发现，昆山通过各项举措，有效地构建起多元文化共存的社会网络，从而为转型升级积累了必要的社会资本。目前昆山已经有46万产业工人，本地户籍人口与外来常住人口的比例也已达到1：4。为增强外地人的归属感，昆山率先为外来人口提供了医疗保险、失业保险和养老保险等基本保障；鼓励企业给所有员工（包括外地农村人口）缴纳公积金，这为以后员工购房落户奠定了基础；对于困难人群，昆山还通过财政引导、党政干部和企业募捐等方式，构建了“四大”帮困基金，重点开展帮困助学、帮助困难职工和因病致穷家庭等慈善救助活动，享受救助的也不局限于昆山本地人；同时，昆山还逐步实现了开发区内所有学校向外来务工人员子女开放，向区内两所外来务工人员子女学校增加投入等，这都帮助外地人增强了对昆山的归属感。

课题组在街头随机采访了17位当地居民，其中4人是本地户籍人口，其余13人为外地农民工。当被问及本地居民与外来人员的关系时，3名本地人认为外地人比较好，能干苦活，与他们的关系也很融洽；只有1人认为与外地人的接触不多，因此关系一般，但没什么矛盾。而在13名外来人员中，6名觉得平时与本地人接触较少，基本没有交集；另有3名觉得本地人存在一定排外情绪；还有1名表示本地人曾经有歧视外地人的现象，但目前明显减轻；另外3名则觉得本地人与外地人相处较为和睦，基本没什么矛盾。这显示昆山的本地人与外地人虽然还缺乏深度交流，但总体看来，矛盾不多，认同度在提高，相较于其他加工制造园区，社会文化环境更为和谐。这是昆山社会网络建设的有利环境。

此外，昆山开发区还通过优惠和鼓励政策，引导企业之间组建产业战略合作联盟，密切合作关系。同时，针对不同发展阶段的企业，提供了不同的政策支持，逐步构建起立体式、全过程的金融服务平台，从而为企业根植于本地创新发展创造了良好环境。

3.逐步优化人力资本结构

受园区产业发展模式制约，昆山开发区就业人口的学历水平仍然较低，这主要体现在三个方面：一是人才总量相对偏少，目前，开发区内从业人员约38万，但高（中）职以上学历的只有10万人，仅占开发区从业人员的26.3%；二是技能型人才严重不足，科技人员只占从业人员的2.21%，经过专门机构培训、掌握一定技术技能的专技型人才也不到三成；三是不少中小企业仍存在人才“引不来、留不住”的问题。为此，开发区出台了一系列高层次人才引进优惠政策，并通过留学人员创业园等吸引高端人才带技术、带项目到园区生根发展。目前，留学人员创业园已经吸引到科技企业170家，引进了一批高层次科技人才，开发了一批技术领先并拥有自主知识产权的产品，推动了与大院大所的项目合作。此外，园区还实施了“亿元科技领军人才计划”，累计引进国家“千人计划”人才10名、博士团队10个。这些都为开发区的社会网络优化奠定了基础。

总之，昆山开发区已经探索出一条产业空间与城市空间协调优化的特色道路，改善了本地的社会文化网络环境，从而为转型升级积累了必要的社会资本。为适应向“昆山智造”转型的要求，昆山还应更加注重城市空间的优化，力图通过吸引各类高素质人才不断改善人力资本环境，构建起结构更优和效率更高的地方社会网络，从而为创新资源集聚创造更好的条件。

结论与启示

“产城融合”体现了区域产业空间与社会空间协调发展的内在要求，它将促进产业区的人口结构和社会网络优化，从而为技术创新等无形要素的培育创造良好环境，这有利于促进开发区的转型升级。受制于产业发展的独特路径，我国开发区在城市功能和社会网络建设方面还存在许多问题，但昆山从“自费办开发区”起，就高度重视产业空间与社会空间的协调演进，同时注重构建多元文化共存的社会网络，这对于昆山的产业成长和城市发展都起到了积极作用。虽然昆山开发区的经验难以完全复制，昆山也还必须优化人力资本状况，但案例研究已经表明，促进“产城融合”必须与人口结构优化和社会资本创造紧密结合起来，并使之成为促进产业区转型升级的内生条件。

资料来源　孔翔．“产城融合”发展与开发区的转型升级——基于对江苏昆山的实地调研[J]．经济问题探索，2013（5）：124-128.

思考与实践

1.实地观察有哪些特点？

2.观察误差是怎样产生的？如何减少观察误差？

3.请举例说明参与观察和非参与观察的优点和局限性。

4.人物专访写作中应注意哪些问题？

5.请选择您所在学校的一位先进人物进行人物访谈，列出一份专访提纲。

推荐书目

[1] 怀特. 街角社会 [M]. 黄育馥，译.北京：商务印书馆，1994.

[2] 斯诺. 西行漫记 [M]. 董乐山，译. 2版. 北京：东方出版社，2010.

[3] 董广安，纪元. 中国高级记者成名作透视（通讯卷）[M]. 郑州：河南人民出版社，2003.

第七章

实验研究和文献研究

实验研究方法首先是在自然科学中得到运用并成为其主要研究方法的。从文艺复兴时期开始，正是由于实验方法的采用，才使自然科学建立了理论与经验事实的联系，推动了自然科学的飞速发展。近几十年来，社会科学的研究人员越来越认识到实验方法对于学科发展的重要性，开始努力将实验方法运用于各自的学科。本章前半部分主要介绍实验研究的本质、构成要素、基本实验设计和优缺点等。后半部分主要介绍文献研究的特点、类型以及基本步骤。

第一节 实验的要素及类型

在社会研究方法中，实验和实地观察都是现场法，它们的区别在于，实地观察是在自然的社会过程中了解研究对象的外显行为，而实验法则是在研究者有意改变或设计的社会过程中了解研究对象的外显行为。实验法的依据是自然和社会中现象和现象之间普遍存在着的一种相关关系——因果关系。

实验研究是一种受控的研究方法，通过一个或多个变量的变化来评估它对一个或多个变量产生的效应。实验的主要目的是建立变量间的因果关系，一般的做法是研究者预先提出一种因果关系的尝试性假设，然后通过实验操作来进行检验。

一、变量的有关概念

变量是研究设计初期就要考虑的问题。根据变量发挥的不同作用，其可以分为自变量与因变量、缓冲变量、中介变量、外源变量等。

自变量（independent variable，IV）是引起另一变量变化的原因，因变量（dependent variable，DV）是自变量作用的结果，它们是最重要的两种变量，一般可以直接或间接在实验中观察。例如，在某典型的办公室中，我们想研究四日工作周对办公室的效率产生的影响，可作如下假设：引入四日工作周（IV）将提高办公室的工时效率（DV）。

在实际研究中，很少有这种简单的一对一关系，通常还要考虑其他变量。缓冲变量（moderating variable，MV）实际上也是一种自变量，它会对原来设定的IV-DV关系产生重要影响。在上例中，年轻员工可作为一个缓冲变量，从而研究假设可以表述为：引入四日工作周（IV）将提高办公室的工时效率（DV），尤其是对年轻员工（MV）。

中介变量（intervening variable，IVV）是自变量对因变量产生作用的媒介，它在理论上能对结果产生影响，但这种影响不能被直接观察、测量或操控，只能通过自变量和缓冲变量以及对结果的影响推断出来。在上例中，工作满意度可作为中介变量，从而研究假设可进一步表述为：引入四日工作周（IV）将通过提高工作满意度（IVV）来提高办公室的工时效率（DV），尤其是对年轻员工（MV）。

外源变量（extraneous variable，EV）是对研究系统产生影响的变量，它会对系统内部的变量关系产生显著影响。有些外源变量可作为自变量或缓冲变量来处理，但大多数必须进行假定或设法消除其对研究系统的影响，最常用的思路是在实验中对其进行控制。例如，在上例中，常规办公室工作可作为外源变量的一个控制状态，从而研究假设可以表述为：在常规办公室工作中（EV-control），引入四日工作周（IV）将通过提高工作满意度（IVV）来提高办公室的工时效率（DV），尤其是对年轻员工（MV）。

在研究设计中，对变量要有严格的操作定义（operational definition），即变量可观察指标的具体陈述。变量操作定义的质量，将直接影响研究的可重复性、结果的可检验性以及研究的普遍意义。

二、实验法的基本要素

实验法是一种按照某种因果假设设计的，在高度控制条件下，通过人为操纵某些因素，以检定两种现象之间是否存在着一定因果联系的研究方法。作为一种特定的研究方法，实验法涉及三对基本要素：（1）自变量与因变量；（2）前测与后测；（3）实验组与控制组。

1.自变量与因变量

实验基本上是考察自变量X对因变量Y的影响。在社会调查的实验研究中，自变量通常又称为实验刺激，它或有或无，多为二分变量，即给予实验刺激或不给予实验刺激。

值得注意的是，两个变量相关，不一定就有因果关系。只有当两个变量之间的关系同时满足以下三个条件时，才能断定这种关系是因果关系：

（1）两个变量有共变关系，即一个变量的变化会伴随着另一个变量的变化。

（2）两个变量之间的关系不是由其他因素形成的，即因变量的变化是由自变量的变化引起的。

（3）两个变量的产生和变化有明确的时间顺序，即一个在前，另一个在后，前者称为自变量，后者称为因变量。

2.前测与后测

实验法特别适用于假设检验，它的基本分析逻辑是：假使我们能推测变量X的作用是引起变量Y变化的原因，为了检定这一假使，在X作用前我们先对Y进行第一次测量（即前测），在X作用后我们又对Y进行第二次测量（即后测），再比较前后两次测量的结果，因变量Y前后测之间的差异可视为自变量X的影响力。也就是说，如果前后测之间有差异，可以初步判断X的作用对Y具有影响力。在实际的社会调查研究中，实验法的分析逻辑比上述基本分析逻辑要复杂得多。

3.实验组与控制组

正因为因变量Y前后测之间的差异不一定都能归因于实验刺激（甚至有可能不能归因于实验刺激），所以我们在进行实验研究时不仅要有实验组，往往也少不了控制组。实验组是在实验过程中接受实验刺激的那一组对象，控制组在各方面都与实验组相同，但是其成员并不是实验对象。在大多数场合，实验研究之所以少不了控制组，是因为我们要把前后测的差异中那些不能归因于实验刺激的影响找出来，然后确认自变量X真正能对因变量Y造成的影响有多大。所以，控制组也叫作参照组。实验法的工作过程如图7-1所示。

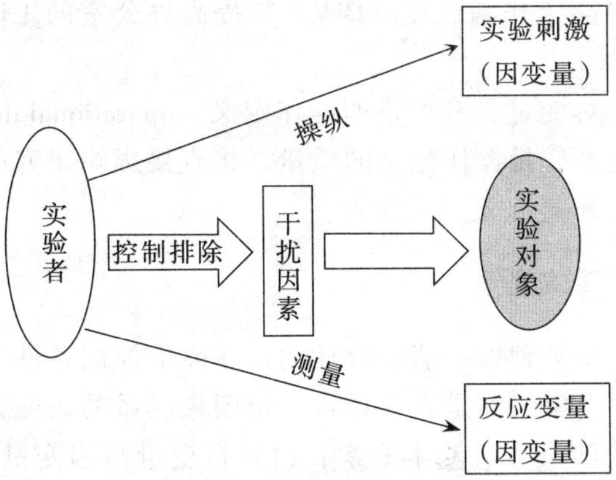

图7-1　实验法的工作过程

三、实验的分类

分类是对事物的一种分析方法。用不同的标准对实验进行分类，就是从不同的角度对实验进行分析，多角度的分析可以使我们对实验的认识更全面、更深入。

根据对变量的控制程度以及实验设计的严格程度，可以将实验分为纯实验（experiment）与准实验（quasi-experiment and semi-experiment）。纯实验是指实验研究人员能够随机地把实验对象分派到实验组或控制组，也可以对实验误差来源加以控制，使得实验结果能够完全归因于自变量改变的实验。准实验是指实验研究人员无法随机分派实验对象到实验组或控制组，也不能完全控制实验误差来源的实验。由于管理问题的复杂性和难控制性以及传统实验的局限性，准实验在管理研究中越来越受到重视。

根据实验的实施场所不同，可以将实验分为实验室实验与实地实验。实验室实验是指在有专门设备的实验室中进行的，并对实验的条件、控制以及实验设计都有严格规定的实验。实地实验是指在实际情境中进行的实验，也称现场实验。由于人们对管理研究结果的现实意义或外部效度越来越重视，因而管理研究中的实验越来越倾向于实地实验。实验室实验和实地实验的划分与纯实验和准实验的划分具有很大的一致性。

此外，还可以根据研究的深度把实验分为试探性实验与验证性实验，根据实验的深度或进程将实验划分为预实验与真实验等。

四、实验过程

一般来说，实验要经过以下步骤：确定研究问题→提出研究假设→选择研究变量并给出其操作定义→确定实验处理的不同水平→创设实验环境→控制非研究变量→实验设计→确定实验对象并进行分组→实验实施（收集前测数据、引入实验处理、收集后测数据）→数据的处理与分析→撰写研究报告。

第二节　基本实验设计

在社会研究中使用实验法，实验者所面临的问题是错综复杂的，这样一来，就有了对实验的不同设计。设计不同，能够排除的非实验刺激的影响也有所不同。下面我们来讨论几个常见的实验设计，从中我们可以具体体会到控制组是如何起到排除非实验刺激影响的作用的。

一、单一实验组实验

单一实验组实验是只有实验组而没有控制组的一种简单实验方法，它直接出于因果联系的基本分析逻辑Y（X）。因为仅有一组对象，在自变量出现前可视为实验中的“控制组”，在自变量出现与起作用后它便成了“实验组”。因此，单一实验组实验的逻辑是把实验对象前后测之间的差异（可称为差分）全部归因于实验刺激，显然，这种方法只能在因变量Y很少受到实验刺激以外的其他影响时才能考虑使用，如图7-2所示。

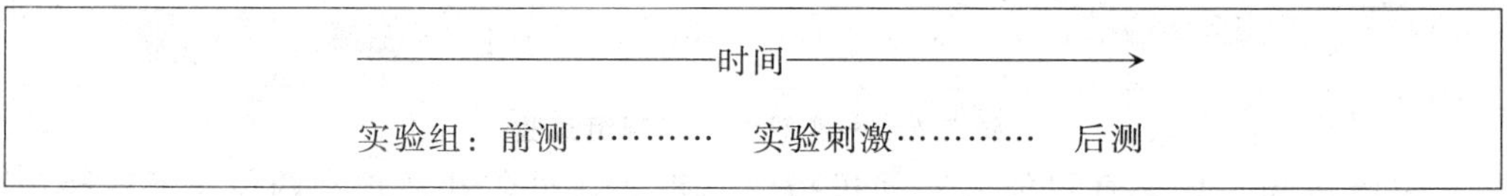

图7-2　单一实验组实验

二、一实验组一控制组实验

一实验组一控制组实验是最基本的实验设计，也被称为经典设计，它包括了实验设计涉及的全部要素：自变量、因变量、前测、后测、实验组、控制组，如图

7-3所示。

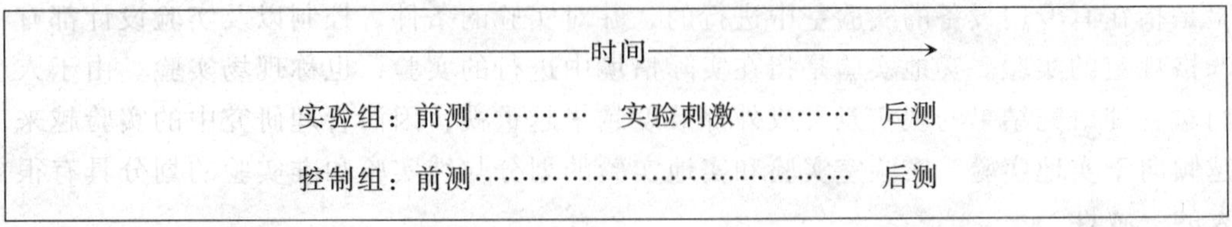

图7-3　一实验组一控制组实验

三、一实验组二控制组实验

一实验组二控制组实验又经常被称为所罗门三组实验，它是在经典实验设计的基础上再增加一个控制组后形成的。这种设计旨在消除前测和实验刺激相互作用所形成的影响，如图7-4所示。

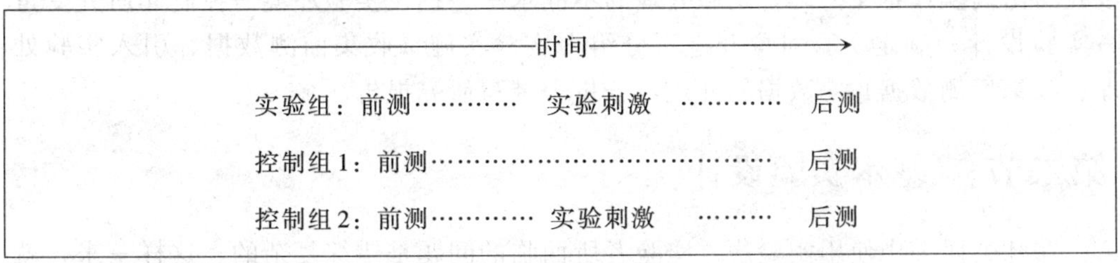

图7-4　一实验组二控制组实验

四、一实验组三控制组实验

一实验组三控制组实验又经常被称为所罗门四组实验。这种实验设计是在一实验组、二控制组实验的基础上再增加第三个控制组。该控制组既无前测也无实验刺激，而只有后测，如图7-5所示。

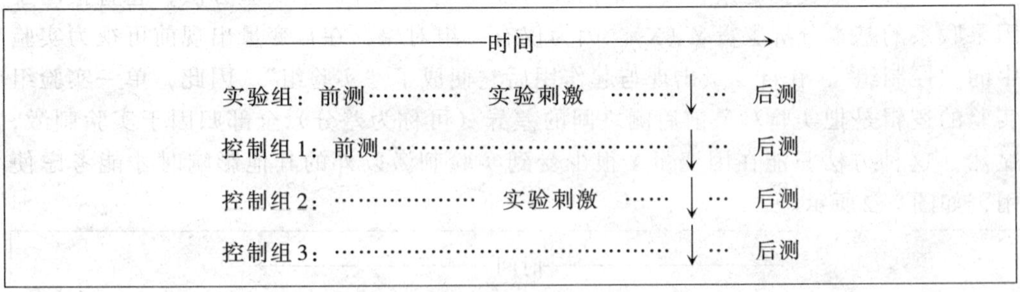

图7-5　一实验组三控制组实验

应该强调，如果真正能做到随机指派，正如坎贝尔和斯坦利两位学者所指出的，真正的实验只要有后面两组（即将控制组2变为实验组，将控制组3变为控制组）就足以应付实验本身的影响了。因为测试被随机地分配到实验组和控制组，这样在初始阶段两组在因变量上就具有可比性，没有必要在实施实验刺激前进行前测。如果要那样做，唯一的理由只是习惯。于是，实验设计的逻辑简化为图7-6，此时建立控制组的目的只是要排除可能出现的外部因素的影响，实验刺激的影响则可以十分简单地用实验组后测和控制组后测的差来计算，即：

实验刺激的影响=实验组后测-控制组后测

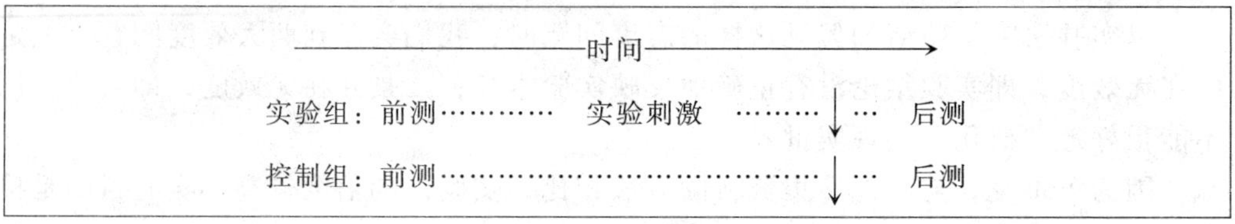

图7-6　不用前测的一实验组一控制组实验

五、实验控制

1.实验控制的内容

控制是实验研究方法的精髓。在实验研究中，需要进行周密的实验控制。实验所要控制的因素，除了无关变量以外，主要还有：

（1）对自变量的控制；

（2）对因变量的控制；

（3）对实验主持者的控制；

（4）对实验对象的控制；

（5）对实验组与控制组的控制；

（6）对前测与后测的控制；

（7）对总体的控制；

（8）对样本的控制。

2.实验控制的方法

实验控制的方法，主要有以下3种：

第一，物理控制。实验者在实验期间，考虑实验情境的物理条件是否保持恒定，实验处理的呈现是否标准，以及反应的记录是否客观一致等均属于物理的控制。

第二，选择控制。选择控制的主要技术有随机化、配对、被试间设计与被试内设计、变量排除以及将实验对象变量纳入实验设计作为一个自变量。随机化和配对前面已提及，不再赘述。

把不同的实验对象分配到不同的实验处理水平，称为被试间设计；把相同的实验对象分配到不同的实验处理水平，称为被试内设计。在实验对象个体差异比较大的情况下，宜选用被试内设计，当实验处理可能造成污染时，应采用被试间设计。变量排除是指将影响实验结果的无关干扰变量排除或予以恒定。

当实验对象的个体变量会影响实验结果时，可将其纳入实验设计中，其目的是排除个别差异变量对实验处理的混淆效应。换言之，由单因子实验设计改为多因子实验设计。

第三，统计控制。最常用的是协方差分析。

六、关于效度的评价

以实验法来检验诸如偏见这样的态度问题时，我们会碰到两大效度问题：一是内在无效度，即实验结论没有正确地反映实验本身；二是外在无效度，即实验结论不能很好地“概化”到现实世界。

因为可重复，与其他搜集资料的方法相比，实验法的信度较高。实验目的是检验变量间的因果关系，并使实验结果具有概括性。但这两个目的很难同时达到：要精确测量自变量的影响，就要严格控制情景和外部变量，但这会使实验环境人工化并缺乏代表性，从而降低外在效度；而如果提高情景的真实性和样本的异质性以使实验能概括广泛的现象，则很难控制实验本身对实验者（如主试效用）和实验对象（如被试效用）可能产生的种种影响，因而降低了内在效度。大部分实验设计都面临着这两种困境：若提高内在效度则有可能降低外在效度，或者相反。

如果一个实验，除了研究者所操纵的实验变量外，还有一些干扰因素对因变量起作用，使实验结果无法得到正确解释，则该项实验的内在效度就比较差。在社会研究中使用实验法，由于实验者和实验对象都是有意识的人，所以影响内在效度的因素主要是：（1）社会现象和社会行为的因果关系很复杂，影响因素很多，对这些变量很难实施控制。（2）对社会因素很难明确界定和测量。前述经典设计和所罗门三组实验设计提供了解决内在无效度的思路。

实验的外在效度表示实验结果是否适用于推广应用。如果实验结果只适用于某一范围（如年级、学科、性别等）而不能推广到其他同类事物现象，则表明其外在效度比较差。通常影响外在效度的主要因素有：（1）实验情境过分“人工化”而没有很好顾及真实社会情境；（2）实验对象过分“纯化”而缺乏代表性。所罗门四组设计提供了消减上述第一种因素（即外部因素）影响的思路。第二种因素影响则要靠很好地以“概化”为原则选择实验对象来消减。

第三节　实验研究与其他研究方法的比较

与其他研究方法相比，实验研究方法有其独特的优点，但又不能包治百病，解决研究中的一切问题。因此，应用中也应了解其局限性和适用条件。

一、实验法的优点与缺点

实验法的优点主要表现在以下几个方面：

第一，实验研究者有独立自主性，可以完全按照自己提出的假设来决定研究的变量、设计变量的水平等，而不用完全遵守现实环境的“自然状态”，但其他研究方法则要按现有数据和观测值给出假设。

第二，从时序角度看，实验法是纵贯式研究，实验在一段时间内进行，可在多个时点进行测量，得以研究变量的动态变化，而其他研究方法像问卷调查等，只有某一时刻的测量值，不能直接观测出一段时期内的变化。

第三，它能够比其他方法更令人信服地估计因果关系。从哲学的观点来看，因果关系永远不能被肯定地证实，只可能不断地逼近。实验方法比其他方法更容易做到这一点，因为实验研究者可以通过操纵自变量来观察因变量的变化，还可以通过设立控制组来判断操纵的强度。

第四，实验方法能够比其他方法更有效地控制外源变量的影响，从而分离出实验变量并估计其对因变量的影响。

第五，在实验方法下，可以通过调整变量和实验条件观察到常规状态下很难出现的极端值和交互作用。

第六，实验方法是可以重复的，这是研究科学性的重要体现。

第七，实验法的成本通常较低，因为控制变量、样本数都比较小，持续时间较短，而现场研究、问卷等方法的出差费、访谈费都比较高。

实验研究方法的缺点主要是：

第一，研究者人为地营造实验条件，使其远离现实情境中的“自然状态”，会导致外部效度降低。

第二，如果研究样本本身不具有代表性，即便在分组时做到了随机化分派，也会使内部效度和外部效度降低。

第三，研究只能限于当前问题，对过去问题和将来问题的研究，实验方法不太可行。

第四，当研究变量和水平数目增多时，成本会急剧增加。

第五，管理领域的实验研究中，实验对象大多是人，人类行为变异相当大，较难控制，同时也使实验研究面临许多伦理和法律方面的限制。

第六，难以找到合适的测量工具，即使找到，也容易造成使用的偏差。

二、实验法的应用条件

结合实验方法的优缺点，可以大致总结出实验研究方法的应用条件：第一，对现状的研究。进行历史研究或预测研究，单独使用实验法是不可行的或很困难的。第二，需要对研究环境和研究条件实施严格的限制才能凸显研究变量。第三，客观条件允许施加所需要的控制。第四，实验不会违反当地的伦理和法律规范。

尽管实验方法可以独立地取得令人振奋的研究成果，但为了谨慎起见，研究者通常将实验方法与其他研究方法相结合，使研究结论更加令人信服。

第四节　文献与文献研究

文献研究是一种古老的研究方法，历史学研究中的考据、训诂、校勘就是文献法。要掌握文献研究方法，首先必须了解什么是文献，文献包括哪些内容，以及文献研究的作用。

一、文献

所谓文献最早是指历史典籍，后来又泛指社会中记载信息的一切书面文字材料。在现代信息技术飞速发展的今天，文献被赋予了更广泛的含义和内容，人们把利用各类物质载体所记录并用以交流传播的一切文字、图表、数字、符号、音频、视频等知识信息资料统称为文献。因而，我们可以将文献定义为包含我们希望加以研究的现象的任何信息形式。

根据文献具体形式和来源的不同，我们既可以将其分为个人文献、官方文献及大众传播媒介三大类，也可以把它分为原始文献（也称为初级文献或第一手文献）和二次文献（也称次级文献或第二手文献）两大类，还可以将其划分成现时性的文献和回顾性的文献，或者文字文献、画面文献、声音文献等。文献分类说明见表7-1。

表7-1　**按两个标准划分的文献类型**

	初级文献	次级文献
现时性的	由作者当时编辑的 例如：法庭记录 英国议会议事录 人口普查 报纸的报告 契约、录音、信件、电影 **"我正在写的"**	从初级文献中转述的 例如：根据助手工作写成的研究报告 用实际文献的历史研究 用普查资料的统计研究 对其他人的回答的研究 **"他当时写的"**
回顾性的	作者在事件后编辑的 例如：私人日记、自传 参观某一学院后的报告 **"我事后写的"**	从初级回顾中转述的 例如：利用日记或自传写成的研究报告 **"他事后写的"**

二、文献研究

文献法也称历史文献法，就是搜集和分析研究各种有关文献资料，从中选取信息，以达到某种调查研究目的的方法。它所要解决的是如何在浩如烟海的文献群中选取适用于课题的资料，并对这些资料做出恰当分析和使用的问题。文献研究是一种通过搜集和分析现存的、以文字、数字、符号、画面等信息形式出现的文献资料，来探讨和分析各种社会行为、社会关系及其他社会现象的研究方式。

对于一般社会研究来说，文献研究具有多方面作用：

（1）了解与调查课题有关的已有调研成果。任何调查研究都应该以前人和他人的调研成果为基础。通过文献调查，了解前人已经取得的调研成果，特别是了解当前理论工作者和实际工作者正在调研的现状，对于正确选择调查课题、设计调查方案、开展对比研究具有重要参考价值，它是避免盲目性和重复研究，少走弯路或不走弯路的重要步骤。

（2）了解与调查课题有关的理论和方法。通过文献调查，充分了解与调查课题有关的各种理论观点和调研方法，以及正在发展着的社会环境和调查工作面临的主客观条件的变化，可为提出研究假设、设计调查方案、确定调查方法、安排调研工作等提供必要参考。

（3）了解调查对象的历史和现状。通过查阅档案、登记表和其他文献，了解有关问题和调查对象的基本情况，以及他们所处环境的历史、地理、政治、经济、文化、风俗习惯等资料，对于顺利开展调研工作具有重要作用。

（4）了解与调查课题有关的政策和法律。通过查阅文献，了解与调查课题有关的各种方针、政策和法律、法规，是确立调研工作指导思想、加强调研工作的政策性和法律性、保证调研工作顺利进行的必要条件。

总之，文献调查是一般社会调查的基础和前导，它贯穿于社会调查的全过程。在准备阶段，文献调查是选择调查课题、提出研究假设、确定社会指标、设计调查方案的必要前提。在调查阶段要顺利开展调查工作，在研究阶段要深入理论探讨，在总结阶段要创新撰写调查报告和科学评估调查成果，这一切都离不开文献研究。

第五节　文献研究的步骤

文献研究的基本步骤包括文献的搜集、文献信息的摘录、文献分析3个环节。在文献法独立或主要担纲的研究中，这些环节缺一不可；而在其他研究方法为主的社会研究中，文献法一般特指前两个环节，文献资料的整理、分析是和其他研究方法所获资料的整理、分析一并进行的。这三个步骤既可以分别进行，也可以交叉运用，究竟如何，要视调查者的习惯与方便而定。

一、文献的搜集

要搜集文献，必须先查找文献。现代社会的文献除了私人档案外，绝大部分文献都集中在图书馆和互联网上，研究者一般可以运用不同的检索工具从图书馆、档案馆和互联网上，尤其是从图书馆查找自己所需要的文献。

1.文献检索

在搜集文献的实际过程中，首先应当知道在哪里才能找到所需的文献，或者说，如何才能发现这些文献的具体存在位置，否则所谓搜集文献就只是一句空话。而要做到这一点，就必须掌握文献检索的方法，如图7-7所示。

（1）检索工具查找法，即利用已有检索工具查找文献资料的方法。文献检索工具，是指用以积累、保存文献和查找文献线索的工具。它分为两大类：一是手工检索工具，二是机读检索工具。

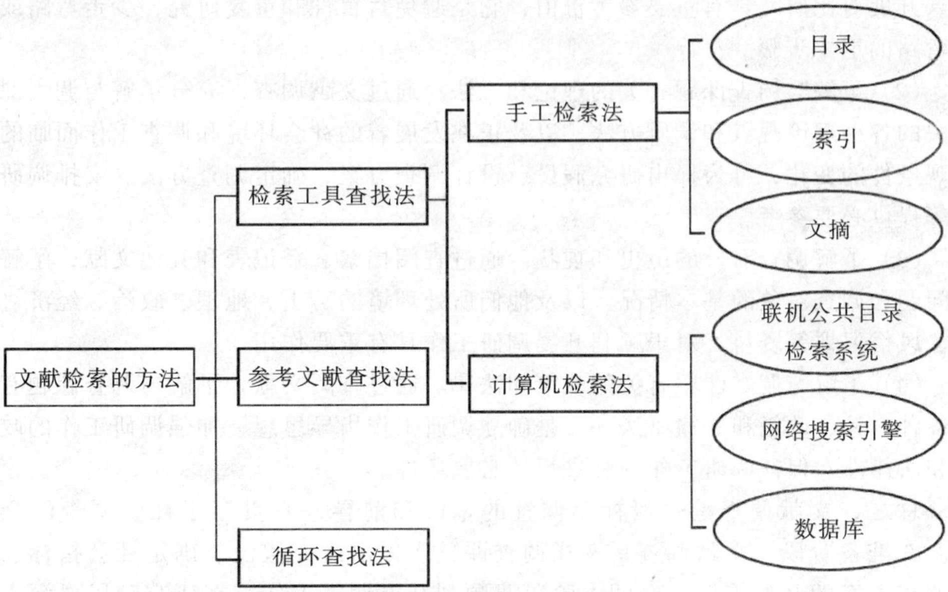

图7-7 文献检索的方法

手工检索工具，按其著录形式可分为目录、索引和文摘等形式。一般地，图书馆的藏书都有目录索引，通过其目录可以找到相关的著作。论文、新闻报道、评论等可以通过每月出版的《全国报刊资料索引》（哲学社会科学版）、中国人民大学书报资料中心编辑出版的各门社会科学的《报刊复印资料》及其索引来查找。另外，《新华文摘》《中国社会科学文摘》《高等学校文科学报文摘》等兼有索引功能和论文摘要。利用检索工具查找文献，可以采用顺查法，也可以采用倒查法。顺查法，即由远到近，逐年逐月按顺序查找；倒查法，即由近而远，回溯而上，按时间顺序往前查找。一般地说，顺查法有利于了解有关问题发展过程全貌，但要花费较多时间和精力；倒查法可以节省时间和精力，能够较快了解到有关问题的最新动态，但查找的文献可能不系统、不全面。无论是顺查还是倒查，都应按照调查课题的时间跨度来决定查找文献的时间跨度。如要调查我国农村劳动力转移情况，就应重点查找20世纪80年代初农村实行家庭承包责任制以后的文献；要调查国有企业实行股份制情况，就应查找开始试行股份制以后的文献，而不应回溯到这些社会现象发生之前的年代。

机读检索工具，按其信息的指向性可以分为图书馆的联机公共目录检索系统（Online Public Access Catalog，OPAC）和网络搜索引擎①。图书馆的联机公共目录检索工具，只要写入所要查询的"书名""作者""主题词""索引号"等就可以进行检索和查询。在互联网中，图书馆目录发展成为OPAC，使用时人们通过目标图

① 1994年4月，Web上诞生了第一个搜索引擎——WebCrawler。目前，Internet上有记录可查的搜索引擎数量已达3 000个左右，其中既有大型综合性搜索引擎，也有在一个特定领域发挥作用的专业性搜索引擎，它们已成为人们检索网络信息资源必不可少的工具。目前较为优秀的中文搜索引擎有百度、搜狐、雅虎中文（简）、新浪搜索、悠游、北极星、常青藤等。而知名度较高的国外搜索引擎则有AltaVista，Google，Infoseek，GoTo，LookSmart，Excite，Yahoo，Lycos，MSN Search，HotBotd等。

书馆目录的URL（即Uniform Resources Locator，统一联网地址），即可查询世界各大学图书馆、公共图书馆、专业图书馆的馆藏。

网络搜索引擎查询更为简单，上网后可以在专门的搜索工具如“Google”“百度”等主页上，输入所要查询的“主题”或“关键词”，或者进一步根据条件设置输入所要查询的“题目”或“摘要”“作者”“发表时间”等，就可以获得相当多的文献条目。打开以后可以从比较大的范围里搜索，然后逐步缩小范围，也可以在与研究课题有关的几个不同的主题范围内进行搜索。

查询学术论文，可以查找专门的数据库，如英文论文检索工具主要有Social Science Index （SSI，社会科学索引）、Social Science Citation Index（SSCI，社会科学引文索引）。中国期刊全文数据库（CJFD）是目前世界上最大的连续动态更新的中国期刊全文数据库，收录国内8 200多种重要期刊，以学术、技术、政策指导、高等科普及教育类为主，同时收录部分基础教育、大众科普、大众文化和文艺作品类刊物，内容覆盖自然科学、工程技术、农业、哲学、医学、人文社会科学等各个领域，全文文献总量2 200多万篇。每日更新5 000~7 000篇。万方数据资源系统提供期刊、成果、学术会议、学位论文、标准等多种文献类型数据库，内容涉及自然科学和社会科学各个领域，汇聚了12大类100多个数据库、2 300万数据资源，是目前收录文献类型最全的二次文献检索系统。万方数据资源系统分为五大子系统：学位论文全文子系统、会议论文全文子系统、数字化期刊子系统、科技信息子系统和商务信息子系统。维普信息资源系统是重庆维普资讯有限公司开发的产品，收录中文期刊12 000余种、全文2 300余万篇、引文3 000余万条，分3个版本（全文版、文摘版、引文版）和8个专辑（社会科学、自然科学、工程技术、农业科学、医药卫生、经济管理、教育科学、图书情报）。

（2）参考文献查找法，也称追溯查找法，即根据作者在文章、专著中所开列的参考文献目录，或在文章、专著中所引用的文献名目，追踪查找有关文献资料的方法。具体做法是，从已经掌握的文献资料开始，根据文献中所列的参考文献目录和所引用、所介绍的文献名目，直接去查找较早一些的文献；再利用较早文献中所开列的参考文献目录和所引用、所介绍的文献名目，去查找更早一些的文献。如此一步一步通过参考文献向前追溯查找，直到查找出比较完整的文献资料为止。

用参考文献查找法查找文献，不如用检索工具查找法所得的文献那样全面和广泛，但是它查找的文献比较集中，效率也相对高一些，而且能及时捕捉到一些最新研究成果。

（3）循环查找法，也称为分段查找法，即将检索工具查找法和参考文献查找法结合起来交替使用，循环查找的方法。循环查找法，可先采用检索工具查找法，查找出有用文献资料，然后再根据这些文献中所开列、所引用的参考文献名目，去查找更早一些的文献；也可先采用参考文献查找法，查找出更早一些的文献，然后再采用检索工具查找法，去扩大查找文献的线索，如此分阶段交替使用两种查找文献方法，直到查找出自己所需要的文献为止。

2.文献搜集

当我们能够灵活、熟练地使用上述文献检索方法发现所需文献的存身之处时，其后的搜集文献就变成一件顺其自然、非常简单的事情了。搜集文献的方法多种多样，我们根据文献的不同来源、承载形式和收藏情况，分纸质文献和网络文献分别进行介绍。

在纸质文献调查中，主要有索取、交换、购买、拍照、录制、借阅、复制等常用的搜集文献的途径。

对于大众传播媒介公开出版、并正在市面上出售的各种书籍、刊物、报纸、磁带、光盘等文献，在经费许可条件下可采取购买的方法搜集；对市面上已停售的文献，则可到图书情报机构借阅。图书馆是汇集百科知识的宝库，是搜集各种文献与情报资料最主要、最重要的渠道之一。为了更好地利用图书馆的资料，研究者应该熟悉图书馆中的检索系统，掌握具体的检索知识与技能。学会查阅目录是一项基本功。目录是一种题录性检索工具，一般只列出原文献的题目、作者、出处（包括原书刊名称、出版单位、出版年份、卷名、期次、页码等）及文种等。目录的种类很多，目前我国图书情报机构一般采用4种卡片式目录，即分类目录①、书名目录②、著者目录③和主题目录④，它是人们查找文献资料的向导。如果是中文图书的目录，在排列顺序上又有不同的方法：（1）音序法⑤；（2）笔画法⑥；（3）部首法⑦。如果是外文图书，应注意各语种独有的排列方法。例如，西文与俄文目录是按原文字母顺序排列的，日文目录是按50音图顺序排列的。掌握了这些具体方法，查找文献目录就会十分方便。

对于企事业单位、社会团体的规章制度、统计报表、总结报告，以及族规家谱等文献，可采取向有关单位索取、交换、复印、借阅等方法搜集；也可以到这些企事业单位的主管部门、社会组织的成员和各种档案管理机构去采取索取、复印、借阅等办法搜集。

对于个人写的日记、信件、自传、回忆录等文献，只能在征得文献主人同意的前提下，采取借阅、复印、拍照等办法搜集。其中，已公开出版、发行的日记、信件、自传、回忆录等，则可通过购买方式搜集。

对于官方的各种法律、法规、政府文件、统计资料等文献，凡公开出版发行的可通过购买方式搜集，尚未公开出版发行的可到有关行政管理部门去采取借阅、复印等方式搜集，历史性的有关文献则可到档案管理机构去采取借阅、扫描和复印等

---

① 分类目录，是根据图书内容的学科特点，按照图书情报机构所采用的分类法编制的目录。通过分类目录查找文献，可以因类以求，较快查找到同类学科的有关文献。

② 书名目录，是按照图书名称排列起来的目录。调查者只要知道书名，就可以查找到所需的文献。

③ 著者目录，即按照著作者姓名排列的目录，同一作者的著作集中在一起，查找比较方便。

④ 主题目录，也叫标题目录，即按照图书主要标题排列的目录。当既不知道所需文献的分类，又不知道书名或著者而又想查找有关文献资料时，就可根据调查所涉及的学科、专题去查阅主题目录。主题目录把各种著作、文章中有关某一主题的文献资料集中在同一主题词下，它可以帮助调查者迅速找到某学科、某专题比较全面的文献。

⑤ 音序法，即以目录首字的发音，按照汉语拼音字母顺序排列的编目方法。熟悉汉语拼音的人可用此法。

⑥ 笔画法，即按照首字笔画多少结合笔顺加以排列的方法。熟悉汉语笔画的人可用此法。

⑦ 部首法，即依首字形体及偏旁构造排列的方法。这种方法已逐渐被前两种方法所取代。

方式搜集。此外，在某些特殊情况下，还可通过上级主管部门下达指令采用征集、调拨等方式搜集。

对于网络文献，我们可以通过浏览和搜索网站用关键词检索，将有用的信息下载，保存到相应的文档里。搜索引擎和虚拟图书馆是两种获取网络信息资源的重要途径，前者主要考虑检全率，后者主要考虑检准率。而网络信息资源数据库则兼顾了检全率和检准率两方面的因素，能够向用户提供相对全面和准确的网络资源。

二、文献信息的摘录

在通过检索发现并搜集到文献之后，下一步的工作就是摘取与调查课题有关的信息。所谓摘录信息是指从检索出的文献中摘取并记录与调查课题有关的信息的过程。

1.摘取信息的基本步骤

摘取信息一般有以下步骤：

（1）浏览。

浏览，就是文献搜集告一段落后，应将搜集到的文献资料全部阅读一遍（包括对音像文献的视听），以对它们有个初步认识，即大致了解文献的内容，初步判明文献的价值。浏览的关键是速度要快。据统计，一般人的阅读速度是平均每分钟300~400字，而浏览的速度则要求快得多，争取做到几十分钟翻完一本数十万字的书。为此，应注意几点：第一，要粗读而不要精读。第二，只读“干货”而去除“水分”，即只注意文献的筋骨脉络、主要观点和有关数据，跳过那些无关紧要的过渡段落、引文和推理过程等。第三，全神贯注，思维敏捷。第四，抓住重点，迅速突破。

（2）筛选。

筛选就是在浏览的基础上，根据调查课题的需要，从所搜集的文献中选出可用部分。筛选时应当注意以下几点：第一，必须注重文献的质量，或者说文献的信度和效度，即文献的可靠性和有用性。第二，要注重所选文献的代表性。第三，在筛选时，应从应用的角度，区分文献的层次。可以把全部文献预设为必用、应用、备用、不用等几个部分。

（3）精读。

精读就是对于筛选出的可用文献要认真、仔细地阅读，同时着重在理解、联想、评价等方面下功夫。文献越重要，下的功夫也要越大，那些必用和应用文献往往需要反复地阅读、思考。在精读时，不但要认真理解文献所阐述的观点，详细了解文献所引用的事实，而且要把它们与其他文献联系起来进行反复对比和研究，还要对文献所引用的事实和阐述的思想同调查课题之间的关系做出客观判断和全面评价。在此基础上，要进一步明确对于调查研究课题有价值的信息。

（4）记录。

记录就是把在精读中确认的有价值信息记录下来，供进一步分析研究之用。记录信息最基本的要求就是及时，最好精读与记录同步进行，边看边记，边听边记，或者是读一部分记一部分。如果记录太滞后，不仅会事倍功半，而且容易丢掉在精读中常有的一瞬间产生的思想火花。

2.记录信息的主要方法

长期以来，文献的主体一直是各种印刷文献，因此传统的记录信息方法主要是印刷文献的记录方法。主要有：

（1）标记。

标记就是直接在书上做记号。记号有许多种。

（2）批注。

批注就是在图书、期刊正文上面的空白边（称“书眉”或“天头”）或正文下面的空白边（称“地脚”），注上简单的订误、校文、音注、心得、体会、评语或疑问等。

（3）抄录。

抄录就是把文献中有价值的信息原封不动地照抄下来。

（4）编制纲要。

编制纲要就是把整本书或整篇文章的框架结构、基本观点、主要事实和数据，用概括的语句和条目的形式依次记载下来。

（5）撰写札记。

撰写札记就是阅读文献后，将心得、感想、批评、疑点、意见等撰写成文。札记是一种最高级的记录形式，实际上已带有初步研究的性质。

三、文献分析

所谓文献分析是指对文献中的某些特定内容进行分析和研究，来了解其中所反映的外在内容及其本质、规律，以及文献作者和有关人们的思想、感情、态度和行为，并进而达到说明调查研究课题的目的。

专门的文献分析是在主要依靠文献资料说明问题的社会调查研究中的一项至关重要的工作。文献分析有两大类，即文献定性分析和文献定量分析。

1.文献定性分析

文献定性分析是通过对文献内容的分析，来揭示文献所反映事物的性质、本质特征及其发展规律的方法。其特点是侧重对文献的个案研究，不太考虑所用文献资料的样本大小与完整程度；注重对文献内容的含义和深层解释，不太强调文献的外在形式、表面内容和量化构建；关注文献作者的动机与影响效果，不太在意内容的表达方式。目前存在的文献大多数都是通过定性分析而形成的，因此，它是最常用的一种文献分析方法。

文献定性分析的步骤是：第一步，整理资料。第二步，分析和确定文献资料与调查研究主题的关系。第三步，初步确定调查研究课题的基本框架。

上述步骤完成后，就可以进入最后的撰写调查报告的阶段了。

2.文献定量分析

文献的定量分析也叫内容分析，是对各种文献的明显内容进行客观的、系统的和定量的描述。所谓“明显内容”是指各种文献外在的、表面的内容，如它们的文字，装帧、形状和实物等，而不是它们的内在含义。研究者的定量分析只是针对这些外在的、表面的内容，而不是对内容的深层解释。“进行客观的、系统的”描述是说文献定量分析要求研究者根据预先设定的计划，采取一定的步骤对文献内容进行如实的描述。而“定量的”描述是说明这种分析方法的基本性质是定量，它的作用通常在于明确文献内容中某一问题出现的频率，或者决定某一类别在整个内容中所占的比例等，另外，还要对这些定量的结果进行一定分析。

文献定量分析方法的程序和基本方法大致如下：

（1）抽样。

定量分析从样本抽样开始。抽样的对象不仅仅是文献摘录，而是把所有可搜集到的有关文献作为总体。抽样可采用各种方法，较常用的是简单随机抽样、分类（分层）抽样和分阶段抽样方法。一般首先是名称抽样，例如，从所有报刊或电视台中抽取若干种。其次是单位抽样，例如，从所抽报刊的所有期号中抽取若干期号，从所抽电视台的所有时段中抽取若干时段。最后是内容抽样，例如，从所抽期号或时段中抽取某些方面的内容，形成最终样本。另外，各种形式的文献也都可以在时间、地点、规模、颜色、频率等其他概念层次上进行抽样。

（2）确定记录单位。

记录单位亦称文献观察单位，是具体记录的计量单位。文献的主题、项目、人物、词组、概念、句子、段落等都可以作为记录单位。

（3）编录。

编录就是为所确定的各个记录单位制定或赋予数字符号（数值），并将这些数值按一定顺序排列，制成编录单，以便于量化分析和统计。

（4）计量。

在记录单位确定和编码完成后，就可以进入定量分析最重要的分析环节了。文献分析的方法主要有4种：

①计词法。计词法是最简单、最常用的方法，主要用于以单词、主题、类型为记录单位的情况。具体做法是统计这些单词或代表主题、类型的关键词在各个样本中出现的频数和比例，然后进行比较。

②概念组分析法。它是将与分析内容有关的关键词分成小组，每组代表一个概念，同时也是理论假设中的一个变量。这种方法的记录单位仍是单词，并依此计算频数和百分比，但分析时的变量都是概念组。

③空间分析法。空间分析法常用于对大众传播媒介类文献的分析，是通过计量某一内容在多篇文献构成的样本总体中所占的篇幅、位置等，分析它在文献中所处的地位。例如，统计某内容是在电视、广播的黄金时段还是在其他时段播出，长度

多少；是在报纸的头版还是在其他版发表，居于版面的哪一位置；是在刊物的哪一位置，篇幅多大等，其结果就可以说明该内容重要与否。

④语义强度分析法。上述三种方法一般适用于说明事物的量的区别，而在有些需要表示物质的差异程度或人们态度的强弱程度的分析中，却难以胜任。这时，需要采用语义强度分析法。它是按记录单位的质的不同差异程度给以相应的加权数，根据其统计结果，可以说明文献及其所代表的人们对某一问题的看法。

文献的定量分析方法在当前非常时兴，甚至有人认为只有它才称得上真正的文献分析。这种说法虽然在一定程度上反映了文献分析方法的发展趋势，但有失偏颇，实际上，文献的定性分析不可能被取代，许多文献本身就适用于定性分析，如果把这类文献硬性做定量分析，就必然导致出现纰漏。而且人们在进行文献调查时，也经常是两种分析方法兼而用之，也就是说，同一课题既包含有定量的文献分析，也包含有定性的文献分析，二者相互依存，相互渗透，相互结合，相互补充，这才是文献分析的正确途径和发展方向。

第六节　文献调查的评价

文献调查是对人类以往知识的调查，是一种间接的、非介入的调查。文献调查的基本特点决定着它有许多优点，也有许多缺点。

一、文献调查的优点

（1）文献调查可以超越时间、空间的限制，通过古今中外的文献调查研究极其广泛的社会情况。就时间跨度而言，它可以调查研究几十年、几百年、几千年前人类经济社会发展的状况和一些重大的历史事件；从空间跨度上看，它可以超越省界、国界、洲界，调查研究世界各国的社会情况。文献调查法的这一优点，是其他调查方法不可能比拟的。

（2）文献调查主要是书面调查，如果搜集的文献是真实的，那么它就能够获得比口头调查更准确、更可靠的信息。因为这些用文字、数据、图表、符号等形式记录下来的文献，都是历史上遗留下来的“白纸黑字”的东西，这就完全避免了口头调查可能出现的种种误差。

（3）文献调查是一种间接的、非介入性调查。它只对各种文献进行调查和研究，而不与被调查者直接接触，不介入被调查者的任何活动，因而决不会引起被调查者的任何反应。这就避免了直接调查中经常发生的调查者与被调查者互动过程中可能产生的种种反应性误差。

（4）文献调查是一种非常方便、自由、安全的调查方法。实地观察、口头访问、问卷调查、实验研究等直接调查方法往往受到种种外界因素制约，一旦设计不周密或准备不充分，由于时过境迁根本无法弥补。文献调查受外界因素制约较少，只要找到了必要文献就可随时随地进行研究；即使出现了错误，还可通过对资料重新进行编码和分析进行弥补，因而其安全系数较高。

（5）文献调查省时、省钱，效率高。文献调查是在前人和他人劳动成果基础上进行的调查，是获取知识的捷径。它不需要大量研究人员，不需要特殊设备，它可以用比较少的人力、经费和时间，获得比其他调查方法更多的信息。因而，它是一种高效率的调查方法。

随着计算机、网络等技术的发展，网络信息越来越丰富，文献调查法的上述种种优点也越来越突出。

二、文献调查的缺点

（1）文献调查所获得的主要是书面信息，是纸面上的东西。它毕竟不是活生生的现实，即使文献内容全部都是真实、可靠的，它仍然缺乏具体性和生动性，由于研究者缺乏相关体验、知识，其中反映出的信息对研究者来讲是有限的和不充分的，“纸上得来终觉浅”，这是文献调查最大的局限性。

（2）文献的客观真实性往往难以保证。因为，任何文献都是一定时代、一定社会条件下的产物，都是具有一定社会性的人撰写的。因此，任何文献的内容，都会打上一定时代、一定社会条件的烙印，都会受到撰写者个人因素的影响和制约。因此，文献内容与客观真实情况之间总会存在一定差异。

（3）文献永远落后于现实。任何文献都是对已经逝去的社会现象的记载，但社会是不断运动、变化、发展的，新事物、新现象、新问题是不断涌现的，其中总有一些新事物、新现象、新问题没有记载于文献。因此，文献调查所获得的信息总比现实落后一大截，要对现状进行分析有一定困难。

（4）文献调查经常会发生文献资料难寻觅，难找齐的缺憾。因为许多文献是不公开的和不可以随意获得的，因此对于某些特定的社会研究来说，往往很难得到足够的文献资料。例如，个人次的日记、私人次信件往往属于个人次隐私，某些政府文件、会议记录常常属于内部机密，很难得到。同时，在浩如烟海的文献海洋之中常常会产生茫然无措的困惑，要搜集系统、全面、高质量的文献会很困难。

总之，文献调查是一种重要调查方法，而且往往是一种先行调查方法。但是，文献调查所获得的知识都是过去的信息，都不能作为调查结论的现实依据。要真正了解社会的真实情况，还必须深入实际、深入群众，采取实地观察、口头访问等直接调查方法进行调查。

相关链接

肯德基与“神秘顾客”

肯德基是世界著名的快餐公司，它的连锁店几乎遍布世界各地。为了保证这些连锁店的服务质量，它在世界快餐业首创使用“神秘顾客”。

肯德基快餐公司中的“神秘顾客”，很类似中国的质量检查员。之所以被称为“神秘顾客”，是因为他们在工作时，以一般顾客的身份出现，检查监督不动声色，不会让人察觉，带有一定的神秘色彩。

这种“神秘顾客”是肯德基快餐公司的特殊工作人员和特殊的消费者。他们年龄一般在20~40岁之间，每月一次或两次到各连锁店秘密用餐。不管营业员或服务员态度有多差，他们决不计较，更不会脸红脖子粗地争吵。他们对每个连锁店都看得很仔细，从店堂的招贴画到灯光的亮度，从食品的品质、口味到服务的快捷、周到等，都按公司对各连锁店的统一要求客观公正地进行打分，打分的内容繁杂精细，营业员或服务员如果疏忽了其中的一点，就要被扣分。产品质量则包括对不同食品温度等细致要求。特别值得一提的是，他们打分时都远离被打分的连锁店，但从拿到食物到测试开始，又不能超过5分钟。

该公司为了保证“神秘顾客”能随时地对连锁店进行全面评估，他们对“神秘顾客”的身份进行严格的保密。在公司内部，除了总经理和品质控制人员以外，其他任何人无权知道或打听“神秘顾客”的身份，“神秘顾客”自己也不得对外宣传，泄露自己的身份。因此，连锁店里的工作人员，根本就无法知道谁是“神秘顾客”，他们会在什么时间来，无法抱侥幸心理，而必须时时脚踏实地履行每一项职责，不能出一点差错。

日本人对大庆油田的分析

日本在1960年就是通过文献研究取得了我国大庆油田位置、产量等重要情报。他们从《中国画报》上看到铁人王进喜的照片，照片中，大庆油田的“铁人”王进喜头戴大狗皮帽，身穿厚棉袄，顶着鹅毛大雪，握着钻机手柄眺望远方，在他身后散布着星星点点的高大井架。铁人精神整整感动了一代人，但此照片无意中也透露了许多的秘密。日本情报专家据此解开了大庆油田之谜，他们根据照片上王进喜的衣着判断，只有在北纬46度至48度的区域内，冬季才有可能穿这样的衣服，因此推断大庆油田位于齐齐哈尔与哈尔滨之间。根据某报关于工人从火车站将设备人拉肩扛运到钻井现场和王进喜在马家窑的言论的报道，弄清了大庆油田的确切位置，并通过照片中王进喜所握手柄的架势，推断出油井的直径；从王进喜出席人大会议判定大庆出油了，之后又根据查阅其他报刊资料发现了一幅钻塔的照片，推算出了油田的产油能力。在此基础上，日本人估算出我国将在随后的几年中急需进口大量设备，并按照中国的特点设计了有关设备，从而在谈判中一举击败了欧美各国的竞争对手，使其设备顺利地打入中国市场。

思考与实践

1.使用内容分析法做网络内容分析（例如，博客、博文、热帖）。

2.观察一种购物行为，并做一篇观察记录。

推荐书目

[1] 紫薇，佐桐．中国校园性观念调查［M］．北京：民族出版社，2004.

[2] 李振杰．草根调查——中国基层发展问题的社会学分析［M］．北京：经济管理出版社，2004.

第八章

社会研究的定量分析

作为社会研究对象的社会现象有质和量两方面，我们对整理好的资料也必须展开定性和定量两方面的分析，缺一不可。

第一节　统计调查资料及其整理

经过调查收集的资料虽然是大量的，却很可能是杂乱无章的，用它来直接做分析往往有困难。资料整理是对调查资料的条理化、系统化和有序化，通过它，社会调查研究才能进入统计分析阶段。因此，资料整理是沟通社会调查和资料分析的桥梁。

资料整理在很多情况下是一个自然的过程，并非一定先要专门学习不可。但调查获得的数据资料有所不同，它的整理有一套规范的做法，这是需要专门学习的。所以，与统计分析相匹配，在资料整理方面课堂教学重点讲的是调查数据资料的整理，主要是指统计调查资料的整理，简称统计整理。当然，其他调查资料的整理也能触类旁通，由此受到启发。

一、统计分组和频数分布

统计整理是与统计分组相联系的。所谓统计分组，就是将情况相同或相近的数据资料加以分门别类地归并，使之简单明晰，以便为统计分析中提取各种有用信息打下基础。

频数分布是统计分组的结果，它是指众多的调查数据在各个组（各类别、各等级或各区间）出现或发生的次数。频数分布是对客观事物自然形成的分布状态的集中反映和描述。如一个学校的学生的性别有男也有女，而且男同学和女同学的人数不尽相同，我们将这种情况如实地描述出来，便得到该校学生性别的频数分布。

将原始资料编排成序列资料，再把序列资料编制成频数分布表（频数用 f 表示）。这样一来，学生总体中的性别分布状况就清晰地呈现出来了。原始资料→序列资料→分组资料，这反映了对资料进行整理和简化的顺序。这三种形式是依次逐步简化和条理化的，使调查资料看起来越来越容易、越来越清楚。

二、频率分布与总体内部结构

分组资料虽然简单明了，但不能直接显示出总体内部结构。为了实现这个要求，就要在分组资料的基础上派生出频率分布表（频率用 P 表示）。频率就是各组数量占总体数量的比重，即 $P=f/N$。比重都小于1，经常用百分数来表达，它反映了对象总体的内部结构。而累计频数或频率，我们便得到向上累计（$F\uparrow$）或向下累计（$F\downarrow$）频数表或频率表。这也是我们常常应用在资料整理之中以便描述的方法之一。

三、图示法

把无序的原始资料整理成频数分布表，是表示统计资料的一种有效方式，我们可以称为列表法。其实，用图示法来表示统计资料比列表法更能一目了然。我们可以根据整理好的频数分布（或频率分布和累积百分数分布）绘制出相应的统计图。最常用的有直方图、条形图、折线图、曲线图等。

第二节 统计分析一：描述统计

调查数据资料经分类整理后，从杂乱无章的原始数据资料成为系统的、有条理的数据资料，这就为在统计分析中提取各种有用信息打下了基础。而在社会调查的定量研究中，描述统计是基础。所谓描述统计就是讨论范围仅以收集资料本身为限，而不予以扩大。包括推论统计在内，没有描述统计作为基础，想要运用好统计分析也是不可能的。描述统计所用数学公式较少，实用性又很强，因此在社会调查研究中经常使用。

一、集中趋势统计量

1.算术平均数（$\overline{X}$）

（1）简单算术平均数。

统计原始资料，计算简单算术平均数，其公式为：

$$\overline{X}=\frac{X_1+X_2+X_3+\cdots+X_N}{N}=\frac{\sum X}{N} \tag{8.1}$$

（2）加权算术平均数。

统计分组资料，计算加权算术平均数，其公式为：

$$\overline{X}=\frac{f_1X_1+f_2X_2+f_3X_3+\cdots+f_nX_n}{N}=\frac{\sum fX}{N} \tag{8.2}$$

式中：f_i 代表频数，由于各变量值 X_i 对于总体的影响要由各组频数 f_i 决定，

所以 f_i 也称为权数。这样一来，在统计分析中，凡对应于分组资料的计算式，都被称为加权式，而对应于未分组资料的计算式，则被称为原始式。

值得注意的是，在统计计算中，权数不仅用来衡量各变量值在总体中的作用，也反映对象总体的内部结构，所以它有两种表现形式：绝对数（频数）和相对数（频率）。这样一来，加权算术平均数也可以依据频率分布来计算，（8.2）式也可以写成：

$$\overline{X} = \sum \frac{f}{N} X = \sum PX \tag{8.3}$$

注：分组资料有单项式和组距式两种。对组距式分组资料要做近似处理，即用每组的组中值 m_i 来充当该组划一的变量值 X_i。

2. 中位数（M_d）

用中位数作为集中趋势统计量，在许多场合能发挥很好的作用。所谓中位数，是把一组数据分成相等的两部分，一半数值比它大，另一半数值比它小，它居中。所以，中位数也是一种反映现象一般水平和集中趋势的有代表性的数值。

（1）原始资料的中位数。

对于原始资料求中位数，只要先将各个数值按大小排序，再将居中的那个数值拿出来就行了。

（2）分组资料的中位数。

对于组距式分组资料，首先按排序的方法找出中位数组，再按下面的公式近似求得中位数：

$$M_d = L + \frac{\frac{N}{2} - F_{m-1}}{f_m} \times h \tag{8.4}$$

式中：L 代表中位数组下限；N 代表总体单位数；F_{m-1} 代表低于中位数组下限的累积频数；f_m 代表中位数组的频数；h 代表中位数组的组距。

注：对于单项式分组资料，不用近似计算，可很简单得到中位数。

3. 众数（M_0）

“众”即多的含义。众数是在一组数据中，出现次数“最多”的那一个（或几个）数值。众数只与数值出现的次数有关，因而它可以用于定距资料，也可以用于定类、定序资料。应该指出，众数有时不存在，有时有两个以上。

（1）原始资料的众数。

对于原始资料求众数，一般情况下只要按众数的定义直接识别就可以了。

（2）分组资料的众数。

对于组距式分组资料，先按最高频数找出众数组，再按下面的公式近似求得众数：

$$M_0 = L_0 + \frac{\Delta_1}{\Delta_1 + \Delta_2} \times h_0 \tag{8.5}$$

式中：L_0 为众数组下限；Δ_1 为众数组频数与前一组频数之差；Δ_2 为众数组

频数与后一组频数之差；h_0 为众数组的组距。

注：对于单项式分组资料，不用近似计算，可很简单得到众数。

二、离中趋势统计量

所谓离中趋势，是指各数据之间的差距和离散程度。离中趋势统计量有全距、异众比率、标准差等，它们不仅可以综合地显示数据的离散程度，还可以用来判别平均数的代表性。离势小，平均数的代表性强；离势大，平均数的代表性弱。

1.全距（R）

全距，也称极差，它是一组数据中最大值（X_N）与最小值（X_1）之差，说明变量值的最大变动范围，其公式为：

$$R=X_N-X_1 \quad (8.6)$$

2.异众比率（V_R）

所谓异众比率，是指非众数的频数与总体单位数的比值。很显然，它可以用于定距资料，也可以用于定类、定序资料。异众比率的公式如下：

$$V_R=\frac{N-f_{m_0}}{N} \quad (8.7)$$

式中：f_{m_0} 为众数的频数；N 为总体单位数。

3.标准差（S）

在统计分析中，对于定距变量，用标准差来作为离中趋势统计量是最基本的做法。在一组数据中，各数值之间的差距是不相等的，有的差距大，有的差距小，以它们之间平均相差多少作为标准来衡量一组数据的离散程度的统计量，即标准差。更准确地讲，标准差用于衡量各数值相对于算术平均数的平均偏离程度。

（1）原始资料的标准差。

一个数据与该组数据的算术平均数 $\bar{X}$ 的差叫离差。当一个数据大于 $\bar{X}$ 时，离差是正值，反之则为负值。为了消除离差正负号的影响，可求所有离差平方的算术平均，这是所谓的均方差，简称方差（S^2）。将方差开平方后所得的值就是标准差。

方差：$$S^2=\frac{\sum(X-\bar{X})^2}{N} \quad (8.8)$$

标准差：$$S=\sqrt{S^2}=\sqrt{\frac{\sum(X-\bar{X})^2}{N}} \quad (8.9)$$

注：标准差的公式展开后可以写成 $S=\sqrt{\frac{\sum X^2}{N}-\left(\frac{\sum X}{N}\right)^2}$，用此式算起来较快。

（2）分组资料的标准差。

与加权算术平均的道理相同，当我们要处理分组资料时，计算标准差需用加权式：

$$S=\sqrt{\frac{\sum f\left(X-\overline{X}\right)^{2}}{N}} \tag{8.10}$$

值得注意的是，计算分组资料的标准差，也可以依据频率分布来进行，（8.10）式由此可以写成：

$$S=\sqrt{\sum P\left(X-\overline{X}\right)^{2}} \tag{8.11}$$

或者

$$S=\sqrt{\sum PX^{2}-\left(\sum PX\right)^{2}} \tag{8.12}$$

第三节 统计分析二：推论统计

在社会调查研究中，抽样调查被公认为是一种最完善、最有科学根据的调查方法。根据大数定律，只要样本是随机产生的，且容量足够大，计算出来的样本统计量就和总体参数非常接近。这样一来，在调查对象很多、范围很大而不可能对每个单位都进行调查的情况下，往往采用抽样调查的方法来认识问题和研究问题。抽样调查不仅有其他非全面调查节约时间与经费的优点，还有普查能够了解总体的优点。

然而，抽样调查也有一个缺点，就是它在数学上要求比较高。也就是说，用样本统计量来推论总体参数，我们不仅要学习描述统计，还要学习推论统计。推论统计是对抽样调查来讲的。描述统计固然对处理样本资料也有效，但样本能否代表总体，能在多大程度上代表总体，只有通过推论统计才能得出结论。所以，抽样调查一定要有推论统计。推论统计涉及概率论、抽样分布、假设检验、参数估计等一些比较深奥的知识。

一、概率与概率分布

在描述统计中，频率的概念是非常重要的，因为频率分布包含着关于统计对象的几乎所有重要信息。与此相对应，在推论统计中，概率的概念是非常重要的，因为概率分布包含着关于统计对象的几乎所有重要信息。

在推论统计中，概率又是与随机现象相联系的一个概念。所谓随机现象，是指事先不能精确预言其结果的现象，所有这些现象都有一个共同的特点，那就是在给定的条件下，观察所得的结果不止一个。相应的，变量 X 在推论统计中也被频繁地称为随机变量。随机变量实现的结果可能不止一个，但其中也有一定的规律性。如通过大量观察，我们会发现妇女生男生女的可能性几乎一样大，都是0.5，这就是概率。对随机变量而言，可能的某一结果发生的频率随试验次数增大而逐步稳定到某一数值这个经验事实，在概率论中便是大数定律。

在推论统计中，概率和概率分布有着如同在描述统计中频率和频率分布那样的联系。现在虽然我们了解了概率，但对于随机现象的全面研究这还远远不够。概率仅仅告知了随机现象某一局部结果发生的可能性有多大，概率分布则要在满足完备性（穷举）和互不相容性（互斥）的前提下，回答随机现象一共会出现多少种结果，以及每种结果所伴随的概率是多少，如著名的二项分布。

把概率分布与前面所讲的频数分布、频率分布作一比较，就会发现它们（特别是频率分布与概率分布）非常相像。当然，概率分布与频率分布也有重要区别：频率分布是经资料整理而来的，概率分布却是先验的；频率分布随样本不同而有所不同，概率分布却是唯一的；频率分布有对应的频数分布，概率分布则没有。因此，频率分布被称为随机变量的统计分布或经验分布，而概率分布则被称为随机变量的理论分布。

二、分布函数

对于离散型随机变量，X 的取值是可数的，可以对 X 的每一个可能取值 x_i 计算其实现的概率 P_i，我们便得到了离散型随机变量的概率分布，即

$$P(X=x_i)=P_i \tag{8.13}$$

二项分布是最著名的离散型随机变量的概率分布，它的数学表达式是：

$$P(X=x)=C_n^x p^x q^{n-x} \tag{8.14}$$

连续型随机变量 X 的取值充满某一区间，甚至可以是一切实数，所以讨论 X 取一指定值 x_i 的概率是没有意义的，其概率分布也无法用表的形式表示出来。为此，人们引入概率密度（$\phi(x)$）的概念来表达连续型随机变量的概率分布，即

$$\phi(x)=\lim_{\Delta x\to o}\frac{P(x-\Delta x\leq X\leq x+\Delta x)}{\Delta x} \tag{8.15}$$

这样一来，连续型随机变量 X 在区间 $[x_1, x_2]$ 上的概率等于概率密度曲线 $\phi(x)$ 下面 x_1 与 x_2 两点之间的面积，即

$$P(x_1\leq X\leq x_2)=\int_{x_1}^{x_2}\phi(x)\,dx \tag{8.16}$$

由于上述问题的存在，在推论统计中，为了把对随机变量的概率的研究在数学上统一起来，人们引入了分布函数 $F(x)$ 的概念，并把它定义为：

$$F(x)=P(X\leq x) \tag{8.17}$$

它表示随机变量 X 小于某一取值 x 的概率，即随机变量从最远的起点（$-\infty$）到我们所取的 x 点的所有概率的总和。

有了分布函数，就很容易得到随机变量 X 的取值在任意区间 $[x_1, x_2]$ 上的概率，即

$$P(x_1\leq X\leq x_2)=F(x_2)-F(x_1) \tag{8.18}$$

对于离散型随机变量，如果它的概率分布是已知的，那么很容易求出它的分布函数：

$$F(x)=P(X\leq x)=\sum_{X\leq x}P(X) \tag{8.19}$$ ①

---

① 对于离散型随机变量，分布函数也可以写成

$$F(x)=P(X\geq x)=\sum_{X\geq x}P(X)$$

上式是对大于等于 x 的一切 $P(X)$ 求和，表示随机变量 X 的取值大于等于 x 的概率是多少。

上式是对小于等于 x 的一切 $P(X)$求和，表示随机变量 X 的取值小于等于 x 的概率是多少。

对于连续型随机变量，如果它的概率密度是已知的，那么根据简单的微积分知识就可以得到：

$$F(x)=P(X\leqslant x)=\int_{-\infty}^{x}\phi(x)\,dx \tag{8.20}$$ [①]

(8.20) 式表示随机变量 X 的取值小于等于 x 的概率是多少。

综上所述，分布函数和概率分布或概率密度有一一对应的关系。概率分布（离散变量）或概率密度（连续变量）换算成分布函数是很容易的。反过来，知道了分布函数，可以很容易得到随机变量 X 的取值在任意区间 $[x_1, x_2]$ 上的概率。$F(x)$和 $P(X=x_i)$（离散变量）或 $\phi(x)$（连续变量）的关系，就像向上累计频率和频率的关系一样。其不同之处在于，$F(x)$累计的是概率。使用分布函数的好处是很明显的，它不仅在数学上统一了对离散型随机变量概率和连续型随机变量概率的研究，而且由于它计算概率的起点都固定为$-\infty$，因而可以把概率值换算成表，以易于求得任何区间的概率，从而达到计算快捷和应用广泛之目的。

三、数学期望与变异数

在前面统计分组的讨论中，我们在得到频数（或频率）分布后，为了对变量有系统、概括的认识，分别研究了它的集中趋势和离中趋势。为了量度集中趋势和离中趋势，我们分别讨论了算术平均数和标准差。很显然，现在当我们面对随机变量的概率分布时，也要对随机变量的集中趋势和离中趋势作概括性的描述，这就引出了数学期望和变异数这两个概念。

所谓数学期望，是反映随机变量 X 取值的集中趋势的理论均值（算术平均），记作 $E(X)$。

对于离散型随机变量，只要用概率代替频率，数学期望的计算方法与分组资料算术平均数的计算方法相似，即

$$E(X)=x_1P_1+x_2P_2+\cdots+x_nP_n=\sum_{i=1}^{n}x_iP_i \tag{8.21}$$

对于连续型随机变量，数学期望涉及无穷限积分，其计算公式为：

$$E(X)=\int_{-\infty}^{+\infty}x\phi(x)\,dx \tag{8.22}$$

数学期望也常常记为 μ，在推论统计中同总体均值的记号，而 $\overline{X}$ 则在推论统计中被作为样本均值的记号。数学期望和总体均值一样，都是唯一的，不过它是一个先验的理论值。由于它是用随机变量各取值分别乘以取值的概率来计算的，因此数学期望又可称为随机变量的加权算术平均数。样本均值 $\overline{X}$ 依据统计数据计算而

---

① 对于连续型随机变量，分布函数也可以写成

$$F(x)=P(X\geqslant x)=\int_{x}^{+\infty}\phi(x)\,dx$$

上式表示随机变量 X 的取值大于等于 x 的概率是多少。

来，但它具有随机性。在统计推论中，$E(X)$和$\overline{X}$都是为μ服务的：$E(X)$是“期望”，$\overline{X}$是“估计”。

数学期望反映了随机变量的集中趋势，但仅知道集中趋势还不够，还应该知道随机变量在均值周围的离散程度，即离中趋势。变异数是综合反映随机变量取值分散程度的指标，其功能相当于描述统计中已讨论过的方差及标准差，记作$D(X)$。

对于离散型随机变量，只要用概率代替频率，变异数的计算方法与分组资料方差的计算方法相似，即

$$D(X)=\sum_{i=1}^{n}[x_i-E(X)]^2P_i \tag{8.23}$$

对于连续型随机变量，变异数涉及无穷限积分，其计算公式为：

$$D(X)=\int_{-\infty}^{+\infty}[x-E(X)]^2\phi(x)\,dx \tag{8.24}$$

由于变异数的单位是随机变量单位的平方，为了使随机变量变异指标的单位与其本身的单位相同，将$D(X)$开方（取正值）称作随机变量X的标准差σ；同时，为了更明确地表示$D(X)$与标准差之间只是开方关系，索性把$D(X)$写成σ^2，并直接称$D(X)$为随机变量X的方差，于是有：

$$\sigma^2=D(X) \tag{8.25}$$

$$\sigma=\sqrt{D(X)} \tag{8.26}$$

很显然，随机变量X的变异数也可以写成：

$$D(X)=\sigma^2=E[(X-\mu)^2] \tag{8.27}$$

使用（8.27）式计算方差比较复杂，所以在处理实际问题时更多的是采用方差计算的简化公式：

$$\sigma^2=E(X^2)-[E(X)]^2 \tag{8.28}$$

不难理解，在推论统计中随机变量变异数的记号常常同总体方差的记号一样，即用σ^2表示，而S^2则被作为样本方差的记号。变异数和总体方差一样，都是唯一的，不过它是一个先验的理论值。样本方差S^2依据统计数据计算而来，它具有随机性。

四、假设检验与二项分布的应用

对于重复抛掷一枚硬币的二项试验，研究者实际上从来不用经验的方法求得概率分布，因为通常我们只对一项试验进行一次或几次，抽取样本也是一个或至多几个。二项分布是用数学或演绎推理的方法求得的一种理论分布。既然如此，如果实际抽样得到的结果偏巧就是概率分布预示的最不可能出现的结果，那么我们是认定为纯属巧合，还是开始对用数学或演绎推理方法求得的概率以及理想试验的种种前提假设产生怀疑呢？这就是假设检验要解决的核心问题。

概率分布不是一种研究者从资料中看到的分布，我们讨论它，不是出于对数学的爱好，而是因为统计推论的有关工作需要它。所有的统计检验都包含某些特定的步骤，列示如下：

（1）建立假设；

（2）求抽样分布；

（3）选择显著性水平和否定域；

（4）计算检验统计量；

（5）判定。

五、正态分布与标准正态分布

如果说离散型随机变量最具典型意义的概率分布是二项分布，那么连续型随机变量最具典型意义的概率分布就是正态分布了。实践中常见的一类连续型随机变量，多数服从或近似服从正态分布。正态分布的概率密度为：

$$\phi(X=x)=\frac{1}{\sqrt{2\pi\sigma}}\mathrm{e}^{-(X-\mu)^2/2\sigma^2} \tag{8.29}$$

式中：π 和 e 都是常数，分别近似等于 3.14 和 2.72；μ 和 σ^2 分别是总体均值和方差。

我们在作统计分析时，一项重要工作是要确定给定区间所含总体单位数的比重，也就是变量 X 的取值在这个给定区间内出现的频率。因此，在对有限总体的数据进行分组时，得到相对频数分布是很重要的。对于连续变量，过去由于分组有限，只能加以近似地讨论。现在，由于正态曲线的一些异乎寻常的数学性质，这项工作变得简单易行。一般做法是引入新的随机变量 Z：

$$Z=\frac{X-\mu}{\sigma} \tag{8.30}$$

式中：Z 代表以标准差 σ 为单位表示的变量值离开均值 μ 的偏差，即代表经 σ 标准化之后的 X 对 μ 的离差，故 Z 经常被称为变量 X 的标准分，或称 Z 分数，亦被称为标准正态变量。

如果把 Z 代入（8.29）式，我们便得到了以 Z 分数表达的标准正态分布，其概率密度为：

$$\phi(Z)=\frac{1}{\sqrt{2\pi}}\mathrm{e}^{-Z^2/2} \tag{8.31}$$

比较（8.29）式和（8.31）式，很容易得知标准正态变量的数学期望 $E(Z)=0$，变异数（即方差）$D(Z)=1$。实际上，标准正态分布 $\phi(Z)$ 只是一般正态分布的一个特例，即 $\mu=0$，$\sigma^2=1$ 的正态分布，简记作 N（0，1）。对于一般正态分布则简记为 $N(\mu, \sigma^2)$。

正态分布是最具典型意义的连续型随机变量的概率分布：①通过 X 的标准分 $Z=\frac{X-\mu}{\sigma}$，可以将任何正态分布 $N(\mu, \sigma^2)$ 转换成标准正态分布 N（0，1）。②运用分布函数的定义，并利用正态曲线的对称性，通过（8.32）式（分布函数）可以计算编制出正态分布表。以后只要知道分布是正态的，进行有关计算时直接查表就可以了。

$$F(Z_\alpha) = P(0 \leqslant Z \leqslant Z_\alpha) = \int_0^{Z_\alpha} \phi(Z)\,dZ \tag{8.32}$$

六、中心极限定理与正态检验

我们知道，概率论中用来阐明大量随机现象平均结果的稳定性的定律，是著名的大数定律。其具体内容是：频率稳定于概率，平均值稳定于期望值。但是，大量随机现象的稳定性不仅表现在平均结果上，同时也表现在分布上，这就是中心极限定理所要阐明的内容。仔细考虑统计量和与之相对应的未知参数的接近程度，引出了研究和应用抽样分布的课题。显然，推论统计需要一座能够架通抽样调查和抽样分布的桥梁。中心极限定理告诉我们：如果从任何一个具有均值 μ 和方差 σ^2 的总体（可以具有任何形式）中重复抽取容量为 n 的随机样本，那么当 n 变得很大时，样本均值 $\overline{X}$ 的抽样分布接近正态分布，并具有均值 μ 和方差 $\frac{\sigma^2}{\sqrt{n}}$。

假设检验应用正态分布和二项分布时有两点区别：①抽样分布在这里是连续的而非离散的，否定域的大小可以和显著性水平的要求达到精确的一致。②计算检验统计量不再像应用二项分布时那样烦琐，而是可以“不劳而获”了。很显然，为了能使用现成的正态分布表，关键是要从样本资料中计算出在 N（0，1）形式下的统计量 Z，再根据 Z 是否落在否定域内而对被检验假设的取舍做出决定。

七、点估计与区间估计

在推论统计中，相对于假设检验，参数估计要容易理解得多。所谓参数估计，即由样本的指标数值推断总体的相应的指标数值，它包括点估计和区间估计。

所谓点估计，就是根据样本数据算出一个单一的估计值，用来估计总体的参数值。所谓区间估计，就是计算抽样平均误差，指出估计的可信程度，进而在点估计的基础上，确定总体参数的所在范围或区间。

区间估计是求所谓置信区间的方法。置信区间就是我们为了增加参数被估计到的信心而在点估计两边设置的估计区间，它的宽度是 $2\Delta_X$。设置一个区间是容易的，当我们对参数被估计到的信心不足时，我们总可以放宽区间。如果这个区间的大小不受限制，我们就可以把参数被估计到的信心提高到任何水平。但是区间加大，估计的效度随之降低。当我们的信心提高到百分之百时，估计的价值也随之丧失殆尽。所以，Δ_X 在满足一定可靠性要求的前提下一定不能太大。

根据中心极限定理，由于抽样平均数的正态分布和第一类错误的概率可以计算，求置信区间的方法其实很简单。除了变换一点思路来重温过去的知识，这里不涉及任何新的基本概念。具体做法是：从点估计值（如样本均值 $\overline{X}$）起向两侧展开一定倍数（Z）的抽样平均误差（$\sigma_{\overline{X}}$），并估计总体参数 μ 很可能就包含在这个区间之内：

$$\overline{X} - Z\sigma_{\overline{X}} \leqslant \mu \leqslant \overline{X} + Z\sigma_{\overline{X}} \tag{8.33}$$

第四节　相关与回归分析

在资料的定量分析方面，前面我们已经讨论了频数分布表及其处理。同样，由调查数据整理而来的相关表也是我们经常需要面对的一种统计表。处理相关表，意味着我们开始与双变量统计方法打交道了。双变量统计与单变量统计最大的不同之处是，客观事物间的关联性开始披露出来。下面我们以定距-定距变量的线性相关为例来探究双变量统计的两大内容：相关分析和回归分析。

一、变量之间的相互关系

提到变量之间的关系，人们很容易想到变量间的确定性关系。确定性关系的特点是：当一个变量值确定后，另一个变量值也就完全确定了。确定性关系往往可以表示成函数形式。与此不同，在变量间的非确定性关系中，给定了一个变量值，另一个变量值还可以在一定的范围内变化。通常这类非确定性关系被称为相关关系，它必须借助于统计手段才能加以研究，故又称为统计相关。

1.相关程度与方向

由于数学手段上的局限性，相关分析最先披露的是定距-定距变量间能近似地表现为一条直线的线性相关。对于线性相关，一般采用皮尔逊相关系数（记作 r）这一指标来量度相关关系的程度或强度：当 $|r|=1$时，表示完全相关；当 $r=0$ 时，表示无相关或零相关；当$0<|r|<1$时，表示不完全相关。在采用相关系数 r 这一指标时必须注意到，存在着完善曲线而 $r=0$ 的情况。

当变量间相关时，还可以探讨其相关方向。相关方向可以分正、负两个方向。正相关关系是指一个变量的值增加时，另一个变量的值也增加；负相关关系是指一个变量的值增加时，另一个变量的值却减少。

2.因果关系

除了相关程度与方向这两种性质外，还应注意两个变量的相关关系是否具有因果性。因果关系是一种非对称关系，这时只是自变量影响因变量，因变量不会反过来影响自变量。如果不能确定或无法区分变量的作用方向，这种情况就称为对称关系。

二、皮尔逊相关系数

1.相关表和相关图

相关表是在定距测量的层次上，反映两个变量之间对应关系的数据表，它是计算积差系数的依据。就像频数分布图和频数分布表的对应关系一样，将相关表所示的各个有对应关系的数据在直角坐标系上画出来，以直观地观察 X和Y 之间的相互关系，即得到相关图。相关图又称散点图。

2.积差系数的导出和计算

$$r = \frac{\sum XY}{\sqrt{(\sum X^2)(\sum Y^2)}} \tag{8.34}$$

（8.34）式是用来测量两个定距变量相关强度和方向的积差系数，即皮尔逊相关系数。积差系数是两个随机变量 X、Y 的协方差与标准差乘积的比率。

直接采用（8.34）式来计算积差系数比较麻烦，在实际计算时，一般采用它的展开式：

$$r = \frac{n\sum XY - \sum X\sum Y}{\sqrt{n\sum X^2 - (\sum X)^2}\sqrt{n\sum Y^2 - (\sum Y)^2}} \tag{8.35}$$

三、线性回归分析

在分析定距变量间的相关性时，我们最初关注的仅仅是变量相关的强度和方向，比如用积差系数对线性相关关系的强度进行测量。然而，积差系数并不能表明 X和Y 之间的因果关系，要明确一个变量的变化能否由另一个变量的变化来解释，或通过已知变量精确地预测未知变量，就要进行回归分析。在回归分析中，如果自变量只有一个，则称为一元回归；如果自变量有两个或两个以上，则称为多元回归。根据回归方程式的特征，回归分析又可以分为线性回归和非线性回归。

线性回归分析，一般是先依据相关表作出散点图，直观地估计 X和Y 的相关性。如果两个变量的确呈现出一定的线性相关趋势，便可以设所要求的回归直线方程为：

$$Y_c = a + bX \tag{8.36}$$

（8.36）式的两个参数 a 和 b 一经确定，回归直线方程也就唯一地确定下来了。a 和 b 是运用最小平方法来求解的：

$$b = \frac{n\sum XY - \sum X\sum Y}{n\sum X^2 - \left(\sum X\right)^2} \tag{8.37}$$

$$a = \frac{\sum Y}{n} - b\frac{\sum X}{n} = \overline{Y} - b\overline{X}$$

在回归方程中，b 有十分重要的意义，被称为回归系数。

第五节　动态分析与指数分析

在资料的定量分析中，时间数列是我们经常面对的第三种统计表。由于普通人都熟悉的缘故，在社会研究中，时间数列的编制是无须专门讨论的。它的重要性，与频数分布表、相关表相比，毫不逊色。时间数列是某一指标的数值按时间先后顺序排列而成的一个序列，也称动态数列。时间数列反映事物发展变化的过程、方向和结果，构成了社会研究对社会动态加以定量描述或推断的基本依据。

一、时间数列的构成及指标分析

时间数列按其排列的指标不同可分为总量指标时间数列、相对指标时间数列和平均指标时间数列。在这三种时间数列中，总量指标时间数列是基本数列，其余两种是派生数列。总量指标时间数列按其所反映的资料的性质不同，又可以区分为时期数列和时点数列。总量指标时间数列一般由两个基本要素构成，即被研究现象所属的时间（t）和反映该现象在各个时间上的统计指标数值（a 或者 Y）。

在统计学中，时间数列中按顺序排列的统计指标的各数值，引出了“发展水平”这个概念，一般用符号“a”表示，并就此展开一系列对时间数列的指标分析。

以总量指标时间数列为基础构造的动态分析指标分为两大类：一是动态比较指标；二是动态平均指标。构造动态比较指标有两种方法：减法和除法。用减法得到的动态比较指标，具有同原资料相同的计量单位，表达绝对量的变化；用除法得到的动态比较指标，表达相对量的变化，且都是无名数。正因为如此，按惯例，时间数列的动态比较指标有三种，即增长量、发展速度和增长速度。

时间数列的动态平均指标则是对发展水平以及上面三种动态比较指标求平均值而得到的，因而它一共有四种，即平均发展水平、平均增长量、平均发展速度、平均增长速度。

二、时间数列的趋势分析

时间数列也可以在直角坐标系上绘出相应的图形，称为历时曲线。趋势分析就是通过修匀、拟合历时曲线的方法，消除原时间数列中因某些偶然因素引起的不规则变动，从而比较明显地反映出现象发展的基本趋势。注意：在对时间数列做趋势分析时，各时间点上的统计指标数值一般习惯用 Y 表示。通常，趋势分析是对项数很多的时间数列进行的一种分析。由于项数较多，所以现象长期变动有可能显示出某种规律。在统计学中，趋势分析也是以直线型趋势为基础的，然后再拓展到曲线型趋势。

当原时间数列呈直线变动时，我们可以用一条直线来拟合它，设直线拟合方程为：

$$Y_c = a + bt \tag{8.38}$$

显然，只要方程中的参数 a 和 b 可以确定，那么通过该方程我们就可以得到任何时间点上指标数值（Y）所对应的拟合值（Y_c）。用最小平方法确定最佳拟合直线的方法，我们在前面回归直线方程的求解中已经详细讨论过。现在只要将散点图和历时曲线加以对比，同时用 t 来替换 X 就行了。于是我们得到：

$$b = \frac{n\sum tY - \sum t\sum Y}{n\sum t^2 - \left(\sum t\right)^2} \tag{8.39}$$

$$a = \frac{\sum Y}{n} - b\frac{\sum t}{n} = \overline{Y} - b\overline{t}$$

三、指数分析

“指数”这一概念最初用于反映物价变动，由英国的优汉于1650年首创。后来，随着资本主义商品经济的发展，指数被拓展为用来反映各种动态相对数。现在“指数”的概念又得到进一步拓展，《英国大百科全书》给出了这样的定义：“指数是用来测定一个变量值对于一个特定的变量值大小的相对数。”所以，在社会研究的定量分析中，指数既包括动态指数，又包括静态指数。动态指数泛指两个不同时间点上的指标相对比而计算出的相对数；静态指数则是指那些与时间先后无关的统计指数，如环境质量指数、欧希玛指数等。

1.动态指数及其分类

对社会动态作比较分析有两种基本方法：①用报告期指标数值除以基期指标数值；②用报告期指标数值减去基期指标数值。动态指数是原始含义上的统计指数，它是动态统计分析的进一步发展，动态指数不仅可以说明事物单项变动的程度，而且可以综合地反映社会动态的总变动，进而可以分析和测定总变动中各因素变动的影响程度。为了说明这一点，我们先对动态指数做个体指数和综合指数的分类。

个体指数是说明单项事物变动的比较指标，用符号 K 表示。实质上，个体指数就是同一现象的报告期指标数值与基期指标数值对比而得到的发展速度指标，即 $K = \frac{a_1}{a_0}$。综合指数是说明由多个项目组成的复杂现象总体综合变动的比较指标，一般用符号 $\overline{K}$ 表示。

有了个体指数和综合指数的区分后，对数量指标指数和质量指标指数加以区分也是非常重要的。数量指标指数是说明总体在规模、水平上数量变动的指数，指数化因素是物量、人数这些数量指标。质量指标指数是说明总体在内涵上数量变动的指数，指数化因素是物价、成本、生活费用、劳动生产率这些质量指标。由于综合指数和个体指数有着计算上的联系，故先把个体数量指数和个体质量指数分别表示为：

$$K_Q = \frac{Q_1}{Q_0} \tag{8.40}$$

$$K_P = \frac{P_1}{P_0} \tag{8.41}$$

2.质量指标综合指数

质量指标综合指数（$\overline{K_P}$）的数学表达式为：

$$\overline{K_P} = \frac{\sum P_1Q_1}{\sum P_0Q_1} \tag{8.42}$$

对商品价格指数而言，在（8.42）式中，商品销售量（Q）被称为同度量因素，它具有两个作用：①可作为一种中介，使原来不能直接加总的各商品的价格，过渡到能够加总的商品的价值总量。②起到加权作用，如商品价格可通过销售量反映出它对总变动影响的大小，故统计中又把同度量因素称为权数。但是，为了反映商品价格的变动程度，必须把同度量因素（如商品销售量 Q ）固定起来，假定其不变。这就产生了一个将同度量因素固定在基期还是报告期的问题。从我国指数编制的实践来看，长期以来习惯采用报告期的数量指标(Q_1)作为同度量因素（权数）。

对商品价格指数而言，在（8.42）式中，分子 $\sum P_1Q_1$ 是商品报告期的实际销售额，分母 $\sum P_0Q_1$ 是商品按基期价格计算的报告期的假定销售额。分子与分母的差额（ $\sum P_1Q_1 - \sum P_0Q_1$ ）则说明因价格变动而造成的商品销售额的绝对变动额。

3.数量指标综合指数

如果说质量指标综合指数一般用商品价格指数来阐明的话，数量指标综合指数则一般是用物量指数来阐明的。数量指标综合指数（ $\overline{K_P}$ ）的数学表达式为：

$$\overline{K_Q} = \frac{\sum P_0Q_1}{\sum P_0Q_0} \tag{8.43}$$

同样，为了反映商品销售量的变动程度，必须把同度量因素（即商品价格 P ）固定起来，假定其不变。这就产生了一个将同度量因素固定在基期还是报告期的问题。从我国指数编制的实践来看，长期以来习惯采用基期的质量指标（ P_0 ）作为同度量因素（权数）。

对商品销售量指数而言，在（8.43）式中，分母 $\sum P_0Q_0$ 是商品基期的实际销售额，分子 $\sum P_0Q_1$ 是商品按基期价格计算的报告期的假定销售额。分子与分母的差额（ $\sum P_0Q_1 - \sum P_0Q_0$ ）则说明因销售量变动而造成的商品销售额的绝对变动额。

4.用与个体指数的联系来求综合指数

前面介绍的计算综合指数的方法的特点是：先综合，再对比。但有时，已知条件并不是基期的质量指标(P_0)、数量指标(Q_0)和报告期的质量指标(P_1)、数量指标(Q_1)，而是个体指数 K_P 和 K_Q 及有关基期总量和报告期总量的资料。这时，欲计算综合指数，就要利用个体指数和综合指数在计算上的联系，将（8.42）式和(8.43）式变换为下面4个公式：

$$\overline{K_P} = \frac{\sum P_1Q_1}{\sum P_0Q_1} = \frac{\sum P_1Q_1}{\sum K_QP_0Q_0} \tag{8.44}$$

$$\overline{K_P} = \frac{\sum P_1Q_1}{\sum P_0Q_1} = \frac{\sum P_1Q_1}{\sum P_1Q_1/K_P} \tag{8.45}$$

$$\overline{K_Q} = \frac{\sum P_0Q_1}{\sum P_0Q_0} = \frac{\sum K_QP_0Q_0}{\sum P_0Q_0} \tag{8.46}$$

$$\overline{K_Q} = \frac{\sum P_0Q_1}{\sum P_0Q_0} = \frac{\sum P_1Q_1/K_P}{\sum P_0Q_0} \tag{8.47}$$

5.静态指数

如今统计指数的概念得到了很大拓展，既包括动态指数，又包括静态指数。在社会研究中，对静态指数的应用日臻广泛。

生活质量指数（$PQLI$）就是用于衡量一个国家人民的营养、卫生保健、国民教育等方面的总水平的一个静态综合指数，公布于1977年。生活质量指数有三个组成部分：婴儿死亡率指数（A）、1岁估计寿命指数（B）、识字率指数（C）。每个指数的设计分值在0～100之间（但实际情况有可能突破），它们的简单算术平均数即为生活质量指数。其公式为：

$$PQLI=\frac{A+B+C}{3} \tag{8.48}$$

编制人类发展指数的宗旨与编制生活质量指数的宗旨完全一样。既然货币收入或经济增长不能充分体现社会发展的内涵，早在1954年联合国专家就曾建议，除人均收入指标外，还应采用一些物理指标，包括健康、教育、就业、住房等，来评价福利水平和人文发展。基于 $PQLI$ ，1990年联合国开发计划署（UNDP）取收入、期望寿命和受教育水平三项指标，在进行指数化处理并加以算术平均后，又构造了人类发展指数，简称 HDI 。HDI 值越高，代表人类发展水平越高。其中，0.800及其以上为高人类发展水平；0.500～0.799为中等人类发展水平；0.500及其以下为低人类发展水平。

相关链接

定量研究方法与现代社会科学

现代社会学或社会科学起源于19世纪中期的欧洲，是一门运用科学方法研究现代社会现象之间关系的学科。法国社会学家孔德首创“社会学”一词，倡导用实证主义的方法来研究现代社会。实证主义拒斥形而上学，主张以科学的经验研究代替空洞的思辨、主观的臆测，认为除了观察到的以事实为依据的知识外，没有任何真实的知识。在孔德当时提出的实证主义社会学中，并没有今天社会科学定量和定性方法之间的分野或分裂。实证主义研究并不排斥定性研究，更不等同于定量研究。许多很好的定性研究，基于观察所得的经验资料，运用科学主义的归纳逻辑，也可以被归入实证主义的范畴。

实证主义社会学与统计学方法的结合，渊源于另一个法国社会学家、现代实证主义社会学的奠基人之一——涂尔干。涂尔干将社会学定义为研究社会群体层次而不是个体层次现象的学科，而统计学为研究群体层次的现象提供了一种有力的工具。他所著的《自杀论》一书，更是成为运用统计数据进行实证社会研究和理论建构的典范。这种实证主义的科学研究方法后来被引入了美国社会学界，在哥伦比亚大学得以发扬光大，造就了以拉扎斯菲尔德和默顿为代表的“哥伦比亚学派”20世纪中叶的辉煌。

第二次世界大战之前，由于研究所需的统计资料支离破碎，统计学作为一门学科也刚刚开始发展，社会研究所使用的定量方法均比较简单，仅仅停留在一般描述性统计的层次上。第二次世界大战之后，统计学方法迅速发展，基于科学研究目的而收集的复杂抽样调查数据也向越来越多的学者公开。定量研究方法在社会研究领域得到了更加广泛的应用。社会学家不仅将统计学家和计量经济学家发展出来的定量统计模型应用到社会学问题的研究上，还根据社会学研究的特定问题，发展出了一系列新的应用统计模型，并渗透到其他学科领域的研究工作中。过去50年里，社会学研究总的趋势是向更为严格的科学主义取向、更为专业化的方向发展，而这种发展在很大程度上是以统计学的广泛应用为基础的。这可以从主要社会学期刊所发表文献不断提升的统计分析水平上反映出来。同样的趋势也存在于经济学（最成熟）、政治学、管理学、教育学、人口学的研究中。

与其他一些社会科学学科（如经济学）不同的是，在定量化研究水平大幅提升的同时，社会学学科内部在方法论上的隔阂却越来越深。定量研究的扩展伴随着来自定性研究拥护者的不断批评。一般认为，定性研究和定量研究各有利弊，在研究中可以相互补充。但是，社会现象的本质特征决定了统计学必然作为起核心作用的研究工具，并且会占据越来越重要的位置。正像其他研究方法一样，定量方法并不完美，有其缺点和局限，但它仍然是理解社会变迁最好的手段和工具。

社会科学要研究的社会现象是由不同的个体组成的，其本质是它的变异性。如果组成社会的每个人都是一样的，就像实验室里的小白鼠一样，社会科学的研究任务就会大大简化。而事实不是这样。如何描述和刻画这种变异呢？唯一的选择是统计学。所以，我们说，研究社会群体层次的现象，统计学是不可或缺的工具。统计学之于社会科学，就犹如显微镜之于生物科学，或高倍望远镜之于天文科学，它能帮助我们看到肉眼看不到、常识感知不到的社会群体之间的差异模式。有一个著名的比喻说，统计学是一根路灯柱，醉汉（对统计一知半解的人）只用它做支持的拐杖，而真正的研究者则可以用它来照明，这也是统计学对于现代社会科学研究真正的意义所在。

从事定量社会科学研究与其他大而化之、侃侃而谈的传统的人文社会科学研究相比门槛要高，要求研究者有严谨的逻辑思维能力和受过系统的统计课程训练。然而，很多人仅仅将定量研究方法理解为一种技术，因为他们将这种研究看作定量研究的全部。一项好的定量社会科学研究，必须首先是一项好的社会科学研究，定量方法只是手段。美国社会学家邓肯就认为，单独的定量化并不等同于科学推理，有的时候反而令人误入歧途。用他自己的话说："我们常常会看到一种我称之为'统计学主义'的病症，即认为计算就是做研究的同义词，有那种认为统计学是科学方法论的完整的、充分的基础的天真想法，迷信统计公式可以帮我们评估各种不同理论的相对优点或一个原因的重要性。"

对如何避免"统计学主义"之病，邓肯提出了两条可能的途径：一是提高社会测量的水平；二是强调对社会过程的概念化以及在研究设计中体现出这种概念化的社会过程。我们提出什么样的研究问题，做出什么样的研究假设，收集什么样的研究数据，如何理解分析研究的结果，在很大程度上均受到理论导向的影响。没有理论导向的经验研究是无本之木、无源之水。我们对理论的理解以及从实际访谈和个案研究中得到的对特定社会现象的深度把握，应当体现在这个概念化的过程和研究设计中。最后，我们的研究能不能成立，也有赖于定量研究最后的检验。

“功夫在诗外”。理论思维素养的训练，无法从社会统计学课程中得到，却是社会学定量研究所必需的。一项好的定量研究，一定是理论概念和统计技术的完美结合。研究者的理论思维素养体现在研究设计之中。一个严肃的学者应当清楚地意识到这种局限，并将超越这种局限看作一种学术和智力上的挑战，而不是完全放弃。

社会科学中的定性与定量研究的方法论之争，或许永远不会停止。哪种方法更好，完全取决于学者的研究取向。

资料来源　吴晓刚. 定量研究方法与现代社会科学［J］. 社会学家茶座，2014（1）：31-33.

思考与实践

1.某地救济金发放资料如下：

461	403	414	377	367	333	327	373	495	484
632	370	284	278	400	396	390	393	381	413
571	564	580	425	409	398	342	382	353	361
161	263	423	247	307	383	227	173	395	294
532	324	354	178	404	196	320	297	481	313
474	364	280	225	309	398	372	282	353	461
376	294	182	127	401	298	300	200	350	360

根据上述资料进行适当的分组，编制统计表。

2.某乡农户家庭年收入资料如下：

家庭年收入（元）	户数（户）
10 000以下	6
10 000～15 000	34
15 000～20 000	58
20 000～25 000	82
25 000～30 000	126
30 000～35 000	117
35 000～40 000	76
40 000以上	41
合计	540

试求算术平均数、中位数、众数、标准差和异众比率。

3.设某专业学生某门课程上学期考试成绩平均为80分，本学期实行教学改革以后，随机抽取了26名学生，经测定样本平均数为85分，标准差为10分，现以0.05的显著水平加以检验，判断该专业学生两个学期平均成绩之间是否存在显著差异，并说明教学改革有无效果。

推荐书目

[1] 郭志刚，等. 社会调查研究的量化方法 [M]. 北京：中国人民大学出版社，1989.

[2] NEUMAN W L. 社会研究方法——质化与量化去向 [M]. 朱柔若，译. 台北：扬智文化事业股份有限公司，2002.

[3] 欧阳康，张明仓. 社会科学研究方法 [M]. 北京：高等教育出版社，2001.

第九章

社会研究的定性分析

20世纪80年代以来，西方学者对社会、人文学科研究方法的探讨经历了三个重要转变：方法的研究让位于方法论的探讨；定量方法的优势地位被定性方法取代；从社会调查的阶段性过程观念转向研究的社会过程观念①。这些转变大大促进了定性方法在各领域的研究和应用，相关论著不断涌现，或全面介绍定性方法，或专门探讨资料收集技术、分析技术、定性与定量结合等问题。从某种意义上说，资料分析比资料收集更为重要也更为复杂。有价值的资料只有通过优秀的分析才能转换成对研究者有意义的结论，从而达到研究的目的。

英国经验主义科学家培根曾经指出，科学研究的工作应该像蜜蜂一样，“既从花园里采集资料，又对这些资料进行消化和加工，酿出蜂蜜”②。然而，定性分析是一个极为复杂的过程，具有极大的弹性，不同领域、不同研究目的需要采取不同的分析策略。因此，有些西方学者致力于收集各领域研究者的定性分析策略，在此基础上，探讨其基本规律。

第一节 定性分析的基本原理与基本步骤

一、定性分析的基本原理

1.从定量研究到定性研究

如图9-1所示，从分析思路与目的来看，定量研究主要是从假设和检验出发来证实普遍情况或进行一种预测，而定性研究则是利用归纳和推理，来发觉概念、框架、意义等。从分析工具来看，定量研究主要是应用统计原理和计算机软件，定性研究的主要分析工具一般是研究者自身。因此，定性研究对研究者本身必备的素质有一定的要求，主要包括以下几点：归纳能力；反省意识（研究关系）；多重视

① BRYMAN A，BURGESS R G. Analyzing qualitative data［M］. London：Routledge，1994：1.
② 陈波，等. 社会科学方法论［M］. 北京：中国人民大学出版社，1989：238.

角；研究与生活、学习的融合；勤思考、勤动笔；哲学方法论的理论基础。

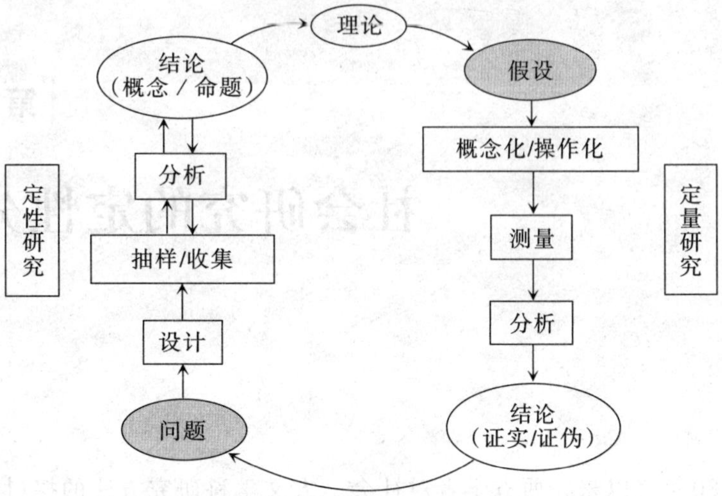

图9-1　定性研究与定量研究

2.定性分析的基本思路

陈向明①指出，定性分析就是按照一定标准将原始资料进行浓缩，通过各种不同的分析手段，将资料整理为一个有一定结构、条理和内在联系的意义系统，如图9-2所示。定量分析是通过操纵代表经验事实的数据来检验某种带有变量结构的抽象假设，更多用于检验理论。定性分析是在没有变量、没有概念的背景下进行资料分析的，是对经验材料的分析和归纳，通过将经验证据与抽象概念结合，来提出或创造新的概念和理论，它更多用于建构理论。

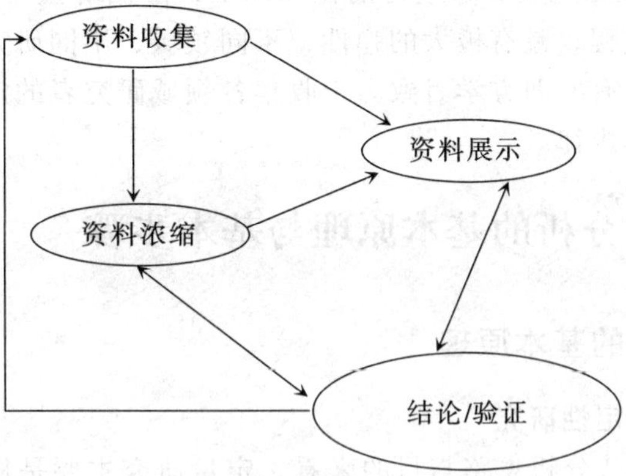

图9-2　定性分析的互动模式

定性分析的本质在于，从归纳到推理的升华，由“组织”（整理）使资料结构化，从而完成归纳的过程，再由“联结”（分析）对我们的研究资料进行推理，从而使研究更有意义（见图9-3）。

① 陈向明. 质的研究方法与社会科学研究［M］. 北京：教育科学出版社，2000：269.

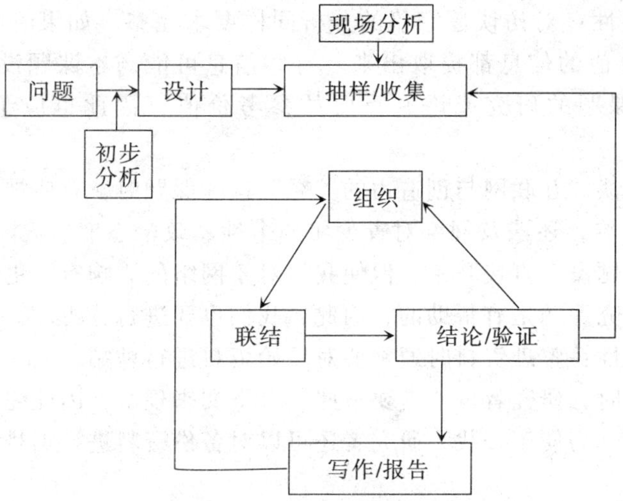

图 9-3　定性分析的循环模式

二、定性资料的特点

与定量研究不同，定性研究并非简单的线性过程，而是一个循环往复、螺旋式前进的动态过程，研究设计、资料收集、整理、分析、检验和报告等过程是循环前进的。因此，定性资料的整理和分析呈现出以下特点①：

1. 同步性

整理和分析常常相互交叉、同步进行，同时又受研究中其他部分的制约。一方面，整理资料看似机械、单调，但实际上其本身便是十分重要的分析过程。通过对资料的梳理，研究者往往能获得许多意想不到的启示和顿悟。另一方面，整理也必然建立在一定的分析基础之上，任何一个整理行为都受制于一定的分析体系。

2. 及时性

整理和分析作为一个整体，与资料的收集过程也是相互交叉、不断循环的。因此，资料的整理和分析应该越早越好，不应拖到积累了很多资料以后才进行。

及时整理和分析有助于研究者比较系统地把握已收集的资料，并为下一步的资料收集提供方向和聚焦的依据，从而使资料收集更具方向性和目的性，提高整个研究的效率，避免因担心收集的资料不够而沉迷于不断收集之中。

3. 完整性

录音整理的完整性：整理录音材料通常要求将资料内容一字不漏地记录下来，因为在整理时看似不重要的东西可能在分析时非常有价值，而如果当初不记录下来，可能就永远被遗漏了。

① 陈向明. 质的研究方法与社会科学研究［M］. 北京：教育科学出版社，2000：270.

分析的完整性：对访谈逐字稿的分析同样要求完整。如果时间允许，最好将资料中所有有价值的信息都提取出来。有些信息可能与本课题没有直接的关系，但对今后其他课题的研究或许有重要的参考价值，因此也应予以分析，以备参考。

例如，在访谈“互联网与创造力的关系”这一课题时，有些被访者不但谈及网络对创造力的影响，还谈及网络对青少年的个性、政治态度、人际关系等的影响。这些信息与本课题没有直接联系，但使我们对于网络的影响有了更多的认识，对于将来发现新的研究课题是有帮助的，因此，我们也要进行分析。

保存的完整性：整理资料时通常要对原始资料进行剪贴，而在分析一些被挑选出来的资料片段时，研究者可能需要参照其上下文来理解，因此完整地保存原始资料是非常必要的。为便于查找，研究者还可以对备份资料进行编号，给其中的每一页编上页码。

三、定性分析的基本步骤

定性分析的主要环节有：准备、组织、联结、验证。在准备这一环节，必须完成三项工作：（1）整理访谈录音、观察笔记、实物图片以及录像，并查缺补漏；（2）给资料编号，附以页码；（3）备份资料以备剪贴。在组织环节，要对资料进行编码和归类。在联结环节，必须发现资料内在的关系和模式，并解释其意义，达到意义的升华。最后，在验证环节，要尽可能地找寻支持或反对的证据来进一步证明。

但是，资料往往因数量庞大、结构零乱而难以处理。因此，研究者需要将浩如烟海的资料“打散”“重组”“浓缩”，最终对资料进行意义解释。这些过程可以归结为“组织”和“联结”两部分，前者是对资料的整理过程，后者则是对资料的进一步深入分析和解释。在实际中，二者是紧密相连、相互交织的。在接下来的两节中，我们将详细介绍“组织”和“联结”这两个环节。

第二节　定性资料的初步整理

为了对收集到的资料进行解释和分析，首先要将其“打散”“重组”，我们称这个过程为“组织”。在进行组织之前，首先要选择适当的组织类型。

一、组织类型

William L. Miller 和 Benjamin F. Crabtree 将原始资料分为三种理想化的组织类型：样板（template）、编辑（editing）、融入/结晶化（immersion/crystallization）[①]。

样板的组织类型类似于内容分析方法。在开始阅读文本资料以前，首先界定思

① CRABTREE B F，MILLER W L. 质性方法与研究［M］. 黄惠雯，等，译. 台北：韦伯文化事业出版社，2002：144.

考单位、设计编码表。设计编码表时，可以依据文献分析、课题组的讨论、先前的研究或者使用其他组织类型分析时所得的结论。之后，依据编码表对资料进行登录（见图9-4）。该方法易于理解和操作，也更容易聚焦于原始资料的内容，因此较适合初学者，尤其可作为习惯于定量分析的研究者跨出定性研究的第一步。

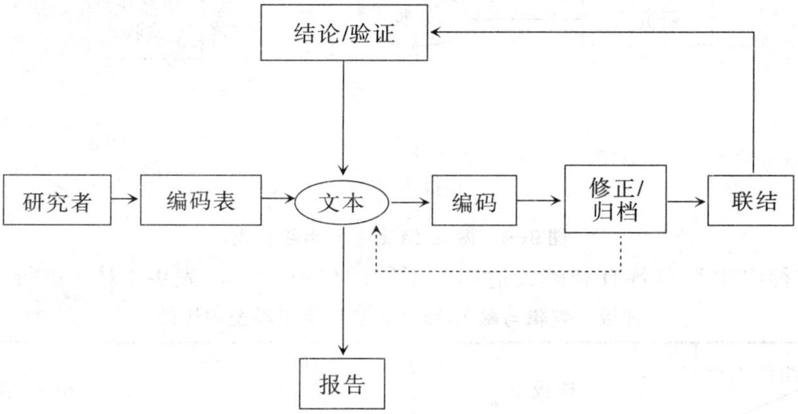

图9-4 样板的组织类型

编辑的组织类型则类似编辑的工作方式：事先没有编码表，而直接进入文本，逐字逐行进行开放式阅读，在阅读过程中对那些最贴近研究主题、最有价值的信息进行概念化、设立码号，在此过程中逐渐建构出编码表（见图9-5）。该类型往往被崇尚民族志、扎根理论及诠释学等传统方法的研究者采用。

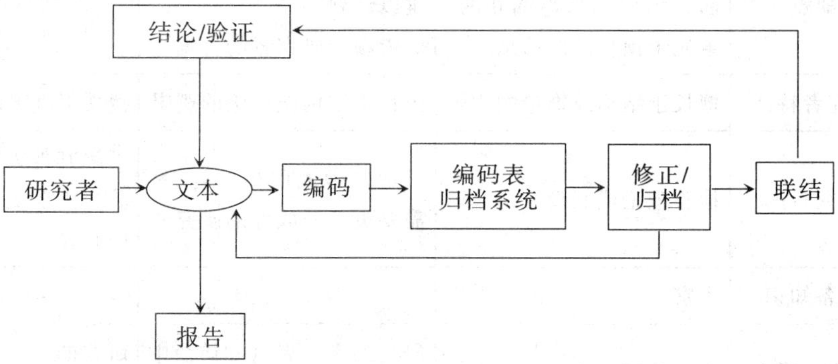

图9-5 编辑的组织类型

融入/结晶化的组织类型强调研究者的直觉与反省。它要求研究者完全融入文本之中，在不断反省之后，“出现对于资料的一种直觉式的结晶输出”①，并通过融入与结晶化的反复循环，达到诠释的目的，而最后可能发展出的编码表，只是作为验证结论时的参考（见图9-6）。采用该类型往往使组织与联结浑然一体，对研究者的素质有较高的要求。

① CRABTREE B F, MILLER W L. 质性方法与研究［M］. 黄惠雯，等，译. 台北：韦伯文化事业出版社，2002：25.

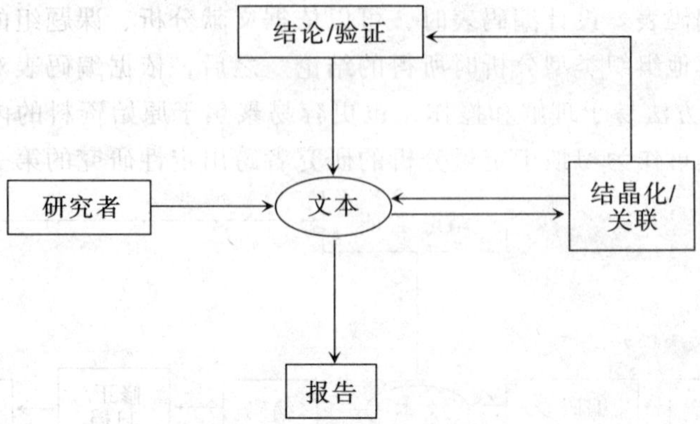

图9-6　融入/结晶化的组织类型

这三种组织类型各有利弊，适用于不同的研究情形。表9-1对此进行了归纳。

表9-1　样板、编辑与融入/结晶化三种组织类型的比较

比较标准＼组织类型		样板	编辑	融入/结晶化
利弊	优点	更容易聚焦、更具时间效率	更具开放性	更具开放性；更能深入地与文本对话和互动
	缺点	编码表的设计可能不全面，因而容易遗漏新的、事先未预料到的信息	编码过程需要不断调整、难以计划；更依赖于研究者的直觉	更依赖于研究者的直觉和经验
适用情形	研究者特征	擅长于结构或推论的逻辑	擅长于结构或推论的逻辑	擅长于直观地分析
	研究目的	检验理论或假设	了解其他人的生活经验，需要更具开放性的研究	了解其他人的生活经验，需要更具开放性的研究
	先备知识	丰富	少	少
	可能的观众	客观的第三方	研究的参与者（如访谈中的被访者）	研究的参与者（如访谈中的被访者）

注：①先备知识指已经存在的文献资料或理论、前人的研究、自己先前的研究结论等，是制作编码表的重要依据。②可能的观众指可能对研究结果进行验证或评估的人。

二、组织类型的使用

在实际处理访谈资料时，上述三种组织方式常常结合使用。William L. Miller和Benjamin F. Crabtree指出了组织类型的四种使用方式①：

① CRABTREE B F，MILLER W L. 质性方法与研究［M］. 黄惠雯，等，译. 台北：韦伯文化事业出版社，2002：151.

（1）单一的类型：使用单一的组织类型组织原始资料。

（2）阶段的类型：按照时间的先后，在分析的不同阶段使用不同的组织类型。

（3）流动的类型：两个或更多的组织类型以动态的交互作用来回进行，且通常同时进行。

（4）分层的类型：比较适合个案研究，针对不同类型的原始资料（如访谈逐字稿、田野观察笔记等）采用不同的组织类型。

例如，在“互联网与创造力的关系”这一课题的资料分析过程中，研究者就分阶段使用了这三种“组织”类型：由于访谈提纲是在前期文献分析、课题组讨论的基础上设计完成的，体现了前期工作的成果，因此研究者首先根据访谈提纲设计出初步的编码表。如表9-2左边部分所示，编码表的每一个主题（如19、20等）下面又有几个小主题（subheading）（如19.1、19.2等）。研究者先按照大主题将访谈资料分割成块，将那些不能归入某一主题的片段归入其他项，或采用编辑的组织类型另行设码。初次编码后，研究者主要采用编辑的组织方式进行第二次登录。对每一个主题的内容进行逐字逐行的解读，除了根据编码表中的小主题登录外，还就资料中新浮现的概念、主题另行设码。最后，编码表不断得到调整，形成如表9-2右边部分的形式。

表9-2　　**编码表的调整**

(初次设计的编码表节选)	→	(修改后的编码表节选)
19 传播方式对创造力的影响：		19 传播方式对创造力的影响：
19.1 超链接方式的影响；		19.1 超链接方式的影响；
19.2 互动性的影响；		19.2 互动性的影响；
19.3 信息检索方式的影响；		19.3 信息检索方式的影响；
20 传播内容对创造力的影响：	→	*19.4 网络的可适用性的影响；*
20.1 新闻的影响；		*19.5 网络的可演示性的影响；*
20.2 聊天的影响；		20 传播内容对创造力的影响：
20.3 娱乐的影响；		*20.1 内容本身（包括各种内容及信息量）*
20.4 游戏的影响；		*20.2 内容的组织方式（如多角度、发散性）*
……		……

经过两次编码，研究者对所有资料进行了归档，将各位专家关于同一主题的观点集中在一起。接着，研究者采用融入/结晶化的组织方式，融入文本之中，寻找各个资料片段之间的关联。

三、组织的具体步骤

使用样板或编辑的组织类型时，都需要对文本进行登录，或者说编码。这主要有以下几个步骤：

第一，阅读原始资料。在开始登录以前，需要仔细阅读、熟悉原始资料，要透彻理解文本内容，获得对文本的整体理解；抱着一种“投降”的态度——向资料

“投降”，向感觉和体悟“投降”，在文本的部分与整体之间反复循环论证。熟悉文本，进而对文本有全面的了解和整体的把握，有助于准确理解局部片段乃至整体。这在编辑的组织类型中尤为重要。

第二，确定思考单位。思考单位可以是词、短语、句子、段落、文本等，是登录时的最小单位，代表如人际交往、生活方式等意义内容。思考单位应根据研究的需要来确定，但首次登录时一般要求从最基础的层面开始，越详细越好，然后随着分析的深入逐步扩大分析范围。

第三，登录。登录时，可以将码号写在相应片段的页边空白处。在编辑的组织类型中，还需对所设立的码号进行命名，并将码号与其所代表的意义整理成编码表，以便查找。表9–3是对专家访谈资料进行登录后的片段。

表9–3　　　　**访谈资料的登录案例**

资料编号：X01　第6页

问：现在越来越多的学者关注网络对人的影响，您认为网络使用会对个体心理造成哪些影响呢？

X01 18.1　答：首先是个性的张扬，他可能会把平时不会暴露的一面在网络中表现出来，如个性中阴暗的或不为他人所接受的一面，所以在网络论坛里经常脏话漫天，包括恶意攻击……网络会给这些受主流价值观排挤的人群一个空间。其次是言论上更自由一些，他可以把想说的东西都说出来，而且能看到其他人在说自己想说的东西。

X01 18.2　但言论自由有个不好的地方，他为了吸引他人的注意，就故意标新立异。虽然这可能并不是他的第一反应，但在往论坛里敲帖子的时候，他会想我这个帖子是会招来一堆板砖还是一片喝彩声。

问：还有呢？

X01 18.3　答：他会伪装自己，把自己伪装成一种他希望但永远不能成为的那种人。据我调查，大多数在聊天室里的人都希望对方说真话但自己不说真话。这对人和人之间的信任、对社会的信任，包括对媒介的信任都会有影响。这种差异主要体现在受网络影响最大的年轻知识分子中。

X01 18.4　问：您能具体说说吗？

答：一般年龄比较大的，如35岁以上的网民，上网的主要目的是收发电子邮件、查资料、看新闻，但是年轻人上网的主要目的是聊天、打游戏，他最强调人和人之间的互动……另外，比如说在政治态度上，它导致政治的冷漠感，就是说政府你爱干啥干啥，人和政府之间的情感沟通很少。在网上，不去时事论坛的人在做政治态度量表时，表现出来的对于政治的参与性、参与的功效感都比较低……

编码表

18 网络使用对个体心理的影响

18.1 张扬个性	18.2 标新立异
18.3 伪装自己	18.4 政治冷漠感

第四，寻找“本土概念”。在对码号进行命名时特别强调使用“本土概念”，尤其在第一轮开放式登录时。“本土概念”就是要求研究者尽量使用被访者自己的语

言以保持资料的原汁原味，从而更加真切地表现他们的思想①。

例如，在访谈中，一位专家在谈及“创造力”时特别强调“举一反三”的能力。初看起来这似乎与“发散思维能力”相似，但实际上，他所谓的“举一反三”是与“举一反一”“举零反一千”相联系的概念，是针对中国学生而言的。它包含两层意思：一方面，他反对“举一反一”，反对中国学生死记硬背、依样画葫芦，提倡创新、挑战传统；另一方面，他也反对“举零反一千”，反对现代年轻人没有一定知识基础的盲目挑战。他认为“举一反三”一定要有个“一”，即现成的知识基础。因此，“举一反三”的内涵远比“发散思维”丰富，于是研究者在命名时就用了“举一反三”这一“本土概念”。

第五，建立编码和归档系统。编码系统的建立，为今后查找码号提供了方便和保证，也有利于了解现有码号的数量、类型、所代表的意义，即决定码号的合理性、数量增减与结构调整的必要性等。不论样板的还是编辑的组织类型，编码表和档案袋系统都不是一成不变的，需要在登录过程中不断调整、修改，随时检验编码本是否反映了原始资料的“真实”面貌，能否为今后撰写研究报告服务。在表9-2中，19.4和19.5是在登录过程中新增的码号，而20.1和20.2则是根据文本内容以新的分类方式对原有的编码表进行修改得到的。

建立归档系统有三种类型：一般档案，是有关人员、地点、组织、文件等的资料；分析档案，用于存放在分析中已经出现的码号和主题；实地工作档案，记录研究者从事研究的方法和反思等。同样，归档系统也要不断调整和更新。除了编码和归档系统，有时还会建立检索系统和交叉参照体系，以备查找。

最后是资料归类过程，包含手工归档和计算机归类两方面。手工归档即对登录后的资料采用“剪刀+糨糊”的方式将相同码号的片段剪贴在一起，或者放入相应的档案袋中，建立档案袋系统，以便对同一主题的内容进一步分析。档案袋系统也应编上号，以便查找。进行计算机归类时，将所有原始资料输入计算机，人工制定编码本，然后在计算机上将符号化的码号逐一标在资料空白处，最后给出相应的指令，计算机自动对资料进行归类。

第三节 定性资料的深入分析

在组织过程之后，当每一个码号的资料片段集合在一起时，研究者需要寻找这些片段之间的联系，进一步归类和浓缩，以发现核心主题，从而做出初步结论。在前面我们学习过，联结阶段便是定性资料的深入分析过程。

一、联结类型

联结是对资料的进一步归类和深入分析。联结的常用类型有类属分析和情境分析两类。例如，关于学生网民的研究中，类属分析是按主题分析，情境分析是按网

① 陈向明. 质的研究方法与社会科学研究［M］. 北京：教育科学出版社，2000：284.

站或按被访者个人分析（见表9-4）。

表9-4　　　学生网民研究分析表

内容		浏览信息	即时通信	…	个人空间
使用习惯	提供商				
	内容				
	形式/功能				
	使用方式				
	对象				
	经费				
	时间/频率				
提供商的选择与评价	评价因素				
	满意度				
	传播渠道				
	竞争（转换/X产品/趋势）				
	品牌形象				

1.类属分析

类属分析是在资料中寻找反复出现的现象以及可以解释这些现象的重要概念的一个过程。在这个过程中，研究者可以通过资料的比较和归纳，设定不同的类属，把具有相同属性的资料归入同一类别，同时考查这些类属之间的关系。

一般来讲，类属是比较大的意义单位，代表资料所呈现的一个观点或主题。码号是资料登录的最小意义单位，类属是建立在许多码号的组合之上的意义集合，但二者是相对的概念，随分类形式的改变而转化，在某一分类系统中是码号的概念可能在另外一个系统中成为类属，而在某一分类系统中是类属的概念也可能在更大的分类系统中成为码号。

例如，图9-7中，原先是类属的“传播内容”和“传播方式”成了“网络对创造力的可能影响”这一类属下的码号。

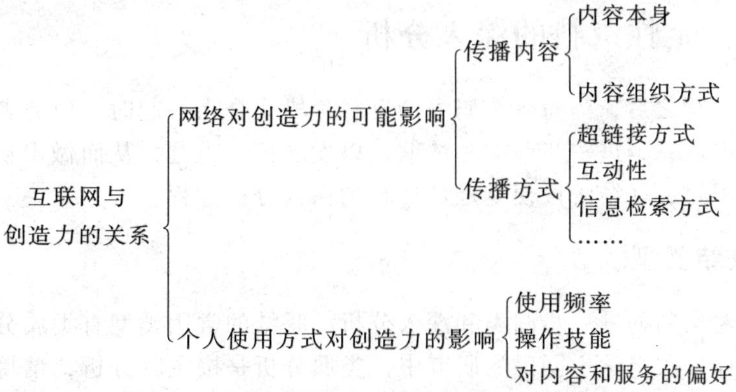

图9-7　类属分析实例1——互联网与创造力的关系

与定量分析不同的是，定性分析是按照当事人自己对事物的分类来设定类属的，可通过比较来设定类属，也可以识别类属关系，或者发展核心类属与下属类属，可参见图9-8中的类属分析举例“用人单位对毕业生的要求”。

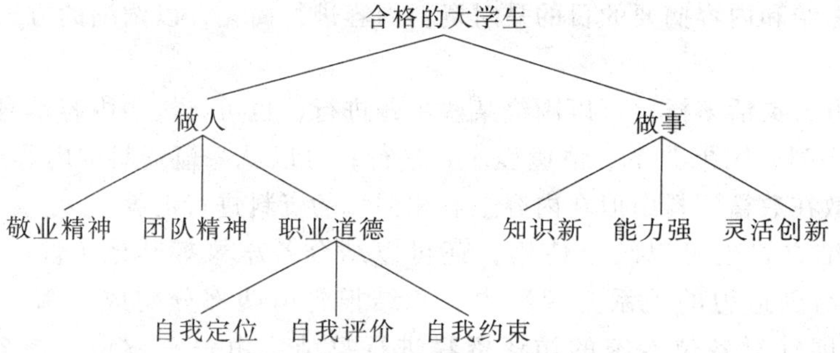

图9-8　类属分析实例2——用人单位对毕业生的要求

2.情境分析

情景分析是把资料放在研究现象所处的自然情境之中，按照事情发生的线索对有关的事件和任务进行的描述性分析。情境分析的具体步骤是：（1）通读资料，发现资料中的叙事核心、故事线和组成故事的主要内容；（2）按照已经设立的编码系统为资料设码；（3）按情境结构归类，在归类的基础上浓缩内容，以完整的叙事结构呈现出来。

3.类属分析和情境分析的结合运用

在情境分析中，可以按照一定的意义分类系统对故事进行分层，使故事按照一定的主题层次展开叙述。在类属分析中，可以在主题下穿插一些故事片段，使故事性的描述对该主题的内容起到说明和补充的作用。

二、资料分析的手段

如果先前的资料整理采用了样板的组织类型，那么归类就相对容易了，因为在进行样板的组织过程中已经按一定主题对资料进行了归类，而这时的主要任务就是寻找每一类中资料片段之间的关系以及每一类主题之间的关系。正如图9-8所示，通过类属分析，概念、主题得到了逐步浓缩。

联结过程更多地依赖于研究者的直觉和灵感，因而常常难以表述。不过，在实际中，仍有一些具体的分析手段可以借鉴，主要有：

1.写备忘录

“备忘录”是一种记录（同时也是思考）研究者自己的发现、想法和初步结论的方式，其主要目的是通过写作对自己的研究进行思考①。备忘录的类型有描述型、分析型、方法型、理论型、综合型等。

例如，对于前面提到的“举一反三”的概念，由于我们往往忽视其中的含义，将其与“发散思维”混淆，因此研究者可以将自己对该“本土概念”的理解写成备

① 陈向明．质的研究方法与社会科学研究［M］．北京：教育科学出版社，2000：304．

忘录，附于总结报告的最后，以便课题组其他成员参阅。

2.写日记、总结和内容摘要

写日记不仅可以随时记下自己的感受和想法，而且可以有意识地反省自己当天的活动。写总结和内容摘要的目的是对资料内容进行简化，以浓缩的方式呈现资料的精髓。

总结的方式灵活多样，可以围绕某些主题进行，也可以按照内容本身的前后顺序（如时间序列、因果关系、情境程序）进行；可以就一篇资料的内容进行汇总，也可以就分散在数篇资料中但在内容上有相似性的资料进行汇编。

这些总结方式也可以结合使用，还可以结合备忘录等其他手段。例如在前述“互联网与创造力的关系”课题中，总结报告由两部分构成：第一部分是分专家总结，即针对各位专家的访谈资料进行总结，由每一位访问员各自完成，并由课题组组长进行检查。这些总结一般按照访谈提纲的主题进行，有时还与备忘录结合在一起：针对专家的观点作适当评论，批注在旁边，或在总结报告的最后分析本次访谈的得失，提出下一步访谈的建议。第二部分为整合总结，即将所有的分专家总结报告整合起来，这主要由课题组组长完成，并通过小组讨论进行修正。

3.画图表

图表是对线性文字资料进行的一种立体浓缩，可以通过三维直观的方式比较集中地、生动地展现资料中蕴涵的各种意义关系。通常使用的图表有矩阵图、曲线图、等级分类图、报表、网络图、认知图、模型、决策模式、因果关系图等。研究者可以根据研究的需要采用适当的图表，使分析结果更简洁、直观。

在“互联网与创立的关系”课题研究中，研究者根据互联网与创造力之间复杂的关系绘制出图9-9，为以后建立数学模型提供有效的依据。

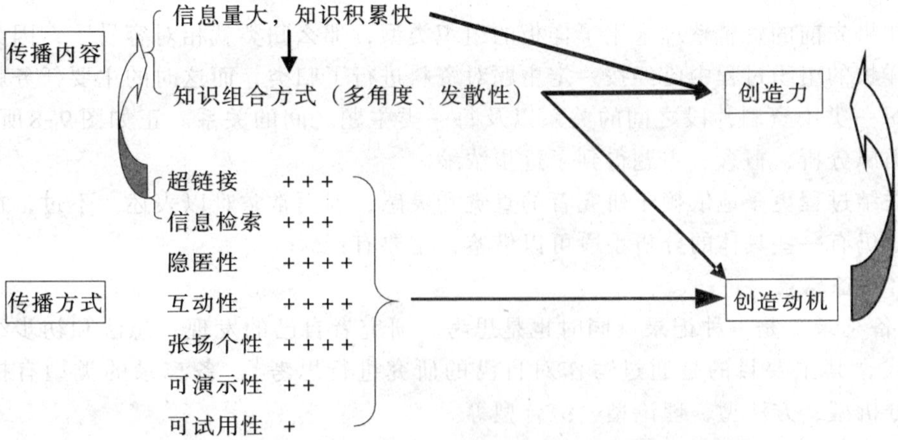

图9-9 互联网对创造力、创造动机影响的因果关系图

图9-9不仅表示出互联网的传播方式、传播内容对创造力和创造动机的影响，而且用线条的粗细以及“+”的多少来表示影响关系的强弱。

4.与外界交流

当研究者的分析走入“死胡同”的时候，与善解人意、善于倾听的朋友交谈，往往可以为自己提供一些意想不到的灵感和启迪。此外，研究者还可以阅读有关的研究文献，从中了解本领域内前人的分析方法，借鉴其研究的经验与教训。

第四节　定性资料分析的思维方式

对原始资料的处理通常从资料的组织开始，然后逐步深入分析，通过联结产生意义。这样的程序能使我们在接触文本时保持阅读的开放性，防止因先入为主的偏见而无法准确理解原始资料的意义。

一、因果分析

对资料进行深入分析之后，要开始对考察的时间顺序、相关关系和影响因素等进行分析；同时，在部分与整体之间进行阐释学的循环，包括：一是文本的部分与整体之间的反复循环论证，以提高对文本理解的确切性；二是阐释者的阐释意图与阐释对象（即文本）之间的循环，以寻求两者之间的契合。

二、回溯觉察之重组

文本阅读的开放性要求先进入文本而后进行分析，而定性分析的及时性要求尽快获得研究结论，这使得研究者常常陷入定性分析的矛盾中：既希望高效地处理原始资料，及早获得研究结论，提出下一步研究的建议，又希望通过资料的整理和分析获得一个比较严谨的结论。许多研究资料逐字稿的整理、资料的组织和联结都是一个相当复杂的过程，需要投入大量的时间和精力，所以研究者常常在质量与效率之间难以权衡。

矛盾的解决办法就是恰当地使用“回溯觉察之重组”（简称回溯重组），它可以帮助研究者找到效率与质量的平衡，尽管这不是主要的分析方法。简单地说，回溯觉察之重组就是研究者已经对资料有了自己的理解后，采取回溯的方式，回想自己是如何得到这些结论的，自己有哪些资料可以支撑这些结论[①]。一般的分析思路是进入文本—整理/分析—结论，回溯重组的思路是初步结论—返回文本—第二次结论，因此回溯重组是一种分析思路的转向方法。

在前述“互联网与创造力的关系”课题的访谈资料分析中，研究者就采用了类似的方法：为及时得到每一次访谈的结论，为下一步访谈提出建议，研究者在访谈结束后、资料整理出来以前，先进行初步总结，而且往往在返回的途中及时回忆、思考，归纳出访谈过程中最引起访问员注意的、最有价值的信息，回来后把这些要点写成总结，访谈提纲有时也常常成为总结时的参考，这就是前面提到的分专家总结的来源。接着，待整理出逐字稿后，进行严格的登录、归类和深入的分析，并对

① 陈向明. 质的研究方法与社会科学研究［M］. 北京：教育科学出版社，2000：314.

第一次总结（跳跃式总结）的结果进行修正。在此过程中，研究者发现前后两次总结报告在对要点的把握上基本没有区别，只是在具体细节的表述或措辞上略有出入。

可见，这种回溯重组的方法有以下两个优点：

（1）有助于提高访谈分析的效率。研究者在获得访谈逐字稿之前，以跳跃式总结的方式呈现相对可靠的初步分析报告，可以大大提高资料分析效率，对下一步访谈提出及时的建议，从而加速资料分析和收集的循环，避免陷入盲目收集资料的困境，提高访谈活动的整体效率。

（2）有助于提高资料分析的质量。在前述“互联网与创造力的关系”课题中，当访谈结束后，访问员对访谈过程的情形仍然记忆犹新，在回忆被访者的语言时能自然联想起当时其说话的情境，包括表情、语气等，这有助于准确理解被访者的语言。同时，由于访谈过程本身就是访谈双方“视域融合”的过程，访问员在访谈的同时已经对对方进行了直接的解读，因此他对信息的重要程度更加敏感，使访谈结束后的总结更能把握重点。相反，如果在访谈结束后进行长时间的录音整理、登录等工作，不但使人筋疲力尽，无法及时分析、总结，还会使访问员在时间的推移中淡忘访谈中的直接印象，影响对资料的理解和把握。

但是，这种方法也存在一定的弊端：跳跃式总结往往给后面的组织和联结工作带来先入为主的偏见，产生证实的倾向，从而影响阅读的开放性，不利于发现文本中新浮现的概念。

有效的解决办法是：延时和换员。一方面，在第一次总结以后，间隔一段时间再对资料进行整理和分析（实际情形也往往如此），这时，访问员对初步总结的结论可能已经淡忘，对开放式阅读的影响会自然减小；另一方面，在第二次总结时，可以请课题组的其他人员进行细致的整理和分析，从而避免先入为主的偏见，并可进行交叉检验。因此，研究者在使用回溯重组方法时，应注意扬长避短，真正地达到质量与效率的平衡。

定性分析的最后一步是得出结论/验证环节。在社会研究中，建构理论使用的是扎根理论[①]（grounded theory）法：理论扎根于日常经历中具体的原始资料；保持理论敏感性，主要目的在于建构理论；反复不断比较，审视类似性与差异性，以便使类属或范畴呈现出来。在理论抽样过程中，收集有可能挑战初步理论的更多资料，包括寻找负面案例，以完善初步理论。在检验与评价环节，不断检查和评价资料，再次回到文本，寻找替代的解释（用新的编码本去验证）；同时，这也是自我反省分析的过程，反复思考审视。最后，还需与他人协商，向研究对象、研究团队成员或其他人展示初步结论。

不难看出，定性分析方法贯穿于定性研究的始终。定性分析是一种从归纳到推

---

① 扎根理论是定性研究中著名的建构理论的方法。其主要宗旨是在经验资料的基础上建立理论。研究者在研究开始之前一般没有理论假设，直接从原始资料中归纳出概念和命题，然后上升到理论。它的提出被认为较好地处理了理论研究与经验研究相脱节的问题。具体可参考 GLASER B，STRAUSS A. The discovery of grounded theory：strategies for qualitative research［M］. Chicago：Aldine，1967.

理循序渐进的动态过程。当然，在高度的归纳和有效的推理中，也离不开定性分析所独有的直觉和想象。

相关链接

网上定量研究方法的限度

近10多年来，伴随着国内互联网的迅猛发展，与网络相关的研究也如雨后春笋般地涌现出来。通过CNKI（中国知网）搜索可以发现，以网络为主题的文献已达数十万篇之多。互联网研究正成为当下一门受人追捧的“显学”。但令人遗憾的是，这一“显学”在很大程度上仅是因为网络问题受热捧所致，还远未成为有深厚学理支撑的“显学”。整体而言，互联网研究还停留在一个较低的水平，与其显赫的学术地位存在较大反差。重要原因之一就是研究方法上的不足。要改变这种状况，就必须对互联网研究方法进行反思。

网络调查是互联网研究方法体系中的重要组成部分，也是当前互联网研究中使用较多的一种方法，对其进行反思，将有利于推动当前的互联网研究。“网络调查”这一概念在不同文献中有着不同的指代，在对其反思之前，有必要对网络调查的范畴作一个简要的界定。从广义上来说，网络调查包括两大类：一类是以互联网为手段进行的调查，包括网上定量研究方法和网上定性研究方法；另一类是测量互联网使用情况的调查，它又可分为以网站为中心的测量、以用户为中心的测量和以广告为中心的测量。在这里，我们采用第一种界定，即网络调查是以互联网为手段进行的调查，包括网上定量研究方法和网上定性研究方法。

对定量视角下的网络调查，一个较为妥当的表述是“研究者利用互联网向特定对象发送调查问卷，同时也通过互联网回收被调查者填答好的问卷的调查方法”，即借助互联网进行问卷调查。网上定量研究方法的核心要义在于，先抽样然后对该样本进行调查并以此去推断总体的情况。在这里，能否抽取出具有代表性的样本就成为网上定量研究的关键所在。那么，基于互联网的网络调查又能否做到这一点呢？

在另一篇文章中，根据互联网在网络调查中的作用，笔者曾将网络调查分为实名网络调查和匿名网络调查。在实名网络调查中，调查者清楚地了解被调查者的总体概况及被调查者的某些社会属性，网络主要起到传输的作用。它的典型做法是：了解和掌握总体情况；设计抽样方案，抽取样本；通过互联网将问卷传送至被调查者手中；被调查者回答完毕后，再通过互联网将问卷传回；调查者对获得的数据进行统计分析。在这里，互联网的作用是传输问卷。其实，研究者还可以通过其他的方式如邮局邮寄等来实现问卷的传送，只是与互联网相比，可能要花费更多的时间、精力和费用，但两者之间并无本质上的区别。对匿名网络调查而言，网络的作用不仅仅是传送问卷，同时它也把一群未知者聚集起来，能让调查者较为容易地找到调查对象。但是，调查者对被调查者的总体情况并不了解，对被调查者的某些社会属性也并不清楚。或者说，相对于调查者而言，被调查者是匿名的。例如，将调查问卷挂在某个网站上，等待被调查者来回答。至于谁会上网、谁会打开问卷、谁又会填写，调查者事先并不知道。

在对网络调查做出如上区分之后，接下来再对其使用限度进行分析。先看实名网络调查。从理论上说，实名网络调查可以做到基于概率抽样原则，抽取具有代表性的样本，通过网络将问卷发送至被调查者手中，然后再通过网络回收问卷。这也是实名网络调查的最大优点所在。在实践中，受各种客观条件的限制，要做到这一点并非易事，有时甚至无法实现。界定总体、设计抽样方案、抽取样本，这些步骤与传统的社会调查并无二致。当我们试图将问卷通过互联网传递到被调查者手中时，问题开始显现：每一个被调查者都上网吗？他们的上网频率如何？对于上网者，又如何获知他们有效的网络联系方式？其中，第一个问题最为重要，它直接关系到样本是否具有代表性，进而关系到实名网络调查的可行性。根据《第28次中国互联网络发展状况统计报告》，截至2011年6月底，我国网民总数为4.85亿，互联网普及率为36.2%，男女网民比为55.1∶44.9，10～39岁之间的网民占总网民数的80%，城镇网民占73%。这一组数据透露出的信息是：我国仍有63.8%的人被排除在互联网之外，上网者以城镇中的青年男性居多。这就意味着，实名网络调查只能在占我国总人口36.2%的国民当中进行，还要充分考虑到网民的年龄、性别、地域因素。其后果就是，实名网络调查的适用范围受到很大限制，只适宜在某些特定的群体，如大学教师或是特定范围之内，如单位内部进行。超出这个范围，被抽取的样本中就会有很多无法通过网络回答，进而影响有效样本的数量和结构，最终破坏样本的代表性，导致无法根据样本的情况去推断总体。至于上网频率和有效网络联系方式的获得，也都有可能对样本的代表性造成影响，但影响力不如第一点大。

至于匿名网络调查，其典型做法则是将事先设计好的问卷链接在某网站上，当网民浏览该网站时，调查问卷自动弹出或者是网民能在网站显著位置轻易找到该链接。网民在线回答完毕并保存之后，资料则自动汇总至预定的数据文件中。匿名网络调查的问题是，调查时谁会浏览该网站，谁会打开该链接，谁又会接受调查，这些都不能确定。这与概率抽样中根据抽样设计主动查找被调查者的做法恰好相反，它是被动等待被调查者，即“愿者上钩”。由此，就形成了匿名网络调查的最大局限——抽样的非随机性。这一局限是对抽样调查的极大伤害，因为它所导致的最严重后果是样本不能很好地反映总体，缺乏代表性。由此，基于匿名网络调查所得出的结论也就难以令人信服。

概而言之，网上定量研究方法的一个核心要义是基于概率抽样原则抽取样本，然后据此推断总体。我们的分析表明，实名网络调查虽从本质上可以满足这一点，但受制于我国互联网的发展现状，在实践中很难实现，它只适用于某些特定的群体或范围。匿名网络调查由于其先天的缺陷，即当运用调查结果推断总体时，误差较大，且难以估计，适用性更为有限。

资料来源　余建华．从定量到定性：网络调查的人文转向——兼论案例研究在互联网中的应用[J]．电化教育研究，2012（3）：15-18．

思考与实践

1.在定性资料分析中，撰写分析备忘录的目的是什么？

2.“组织”这一环节处于定性分析的哪一阶段？三种组织类型之间有何异同？

3.结合自己的实践经验，谈谈“回溯觉察之重组”的优点何在。

推荐书目

[1] 陈向明. 质的研究方法与社会科学研究［M］. 北京：教育科学出版社，2000：314.

[2] 陈厥祥. 民营企业发展之路［M］. 北京：科学技术文献出版社，2004.

[3] 里茨尔. 社会的麦当劳化——对变化中的当代社会生活特征的研究［M］. 顾建光，译. 上海：上海译文出版社，1999.

第十章 研究报告的撰写

当我们完成资料的收集和分析工作后，最后的任务就是要把我们研究的结果以某种恰当的形式传达给他人，同其他人进行交流。这就是撰写研究报告的工作。对于一项具体的社会研究来说，研究报告是其成果的集中体现。研究报告的好坏，将直接影响到社会研究成果的交流和这一成果对社会的作用。因此，研究者必须高度重视研究报告的撰写，要根据不同的目标和要求，将研究结果以合适的形式表达出来。在这一章里，我们将对研究报告所应具备的性质和特征以及研究报告的撰写方法进行介绍。

第一节 研究报告的含义及作用

一、研究报告的含义

研究报告是反映社会研究成果的一种书面报告。它以文字、图表等形式将研究的过程、方法和结果表现出来。其目的是告诉有关读者，对于所研究的问题是如何进行研究的，取得了哪些结果，这些结果对于认识和解决这一问题有哪些理论意义和实际意义，等等。

研究报告是对当前社会的重大事件或者群众关心的重要问题，进行有目的、有系统的比较全面、深入的研究之后，将调研所得到的材料和结论进行综合整理而写成的书面报告。

研究报告要提出新鲜问题，总结经验教训，揭示事物真相，研究事物的发展规律。一份研究报告的好坏直接关系到社会研究成果质量的高低和社会作用的大小。因此，撰写研究报告是社会研究总结阶段的一项重要工作。

二、研究报告的作用

社会研究的目的就是要掌握客观情况，解决存在的问题。对事物认识不清，方向不明，不仅不利于开展工作，甚至还会造成失误和损失。因此，作为一种实用性较强的公文文体和新闻文体，研究报告就义不容辞地担负起“反映现实情况、解释存在问题、发掘内在规律、提高思想认识、指导社会实践”的任务，这使它具有明确的社会功利目的，在现实生活中体现了极高的实用价值。

1.研究报告为实现研究目的提供条件

任何社会研究都是为了某种目的而进行的，目的性是社会研究的重要特征。然而，社会研究要想实现其目的，必须借助于研究报告。单纯地收集一堆材料，并不能说明问题，只有将分散的、零乱的材料，按照事物本身的逻辑整理出次序来，进而通过研究报告这种书面形式，把社会研究的成果巩固下来，才能够揭示出社会现象存在的条件和发展的规律，得出科学的结论。

2.研究报告为制定政策、指导工作提供依据

毛泽东在《改造我们的学习》一文中指出：“共产党领导机关的基本任务，就在于了解情况和掌握政策两件大事，前一件事就是所谓认识世界，后一件事就是所谓改造世界。”研究报告的写作，对完成这两大任务具有重大作用。正确的方针政策不是人们凭空想象出来的，也不是闭门创造出来的，而是靠对社会各方面的现实情况乃至历史事实的深刻了解而逐步形成的。要了解情况，最基本的方法就是对社会作实事求是、系统深入的研究。历史经验告诉我们，要指导全局性工作，就必须脚踏实地进行周密系统的研究工作。只有这样，我们才能制定出有利于社会主义事业的好政策，才能尽可能地减少失误和损失。

改革开放以来，国家出台的一系列有关“三农”的方针政策，从1978年实施联产承包责任制，到2000年农村税费改革试点，到2004年减免农业税，再到2005年党的十六届五中全会提出建设社会主义新农村、2006年取消农业税等，都是党和政府根据我国农业、农村、农民的实际情况，进行广泛研究后制定出来的。根据实际调查结果写出的研究报告，不仅为党政领导机关制定新政策提供了重要依据，更为我国发展现代农业奠定了重要的基石。

如果不了解本地区、本单位、本企业的实际情况，就无法制定出正确的政策，无法做出科学的决策，也就无法指导本地区、本单位的工作和企业的生产经营。只有掌握实际情况，才能找到正确的方法，才能切合实际地贯彻执行政策，让好的政策收到好的成效。比如，改革开放以来，浙江省宁波市经济社会发展十分迅速，成效非常显著，2005年荣获“全国文明城市”称号，2006年宁波市实现财政总收入561亿元人民币，超过全国多数省份和自治区的财政收入。这是宁波市各级党政领导和全市人民及时抓住党和国家沿海开放城市的政策机遇和港口、民营经济的本地实际，在广泛研究、提出可行性报告的基础上敢想实干的结果。

3.研究报告为发展科学理论提供基础

研究报告是研究成果的集中体现，它不仅能够提供大量的客观事实和有价值的资料，而且能够通过对客观事实的分析，揭示社会现象的本质和发展规律，为人们提供认识社会的科学理论。如费孝通教授的研究报告《小城镇 大问题》中关于小城镇的研究极大地推动了我国城市化理论的发展，同时也极大地推动了我国小城镇的建设和发展。他在《瞭望》周刊上发表的《小商品 大市场》《家底实 创新业》《筑码头 闯天下》这三篇关于温州经济的研究报告，对“温州模式”的关注和保护、对浙江经济的发展都起到了极大的促进作用。大量事实说明，许多有重大价值的理论突破都是在研究报告中揭示出来的，它是人们发现问题、解释现象、推动认识发展的重要途径和形式。虽然就具体的报告来看，由于人们的认识水平不同，对研究对象的反映程度有别，报告的理论价值相异，但只要坚持实事求是的原则，写出的研究报告就会对人类社会的科学理论的发展起到这样或那样的促进作用。

第二节 研究报告的分类

社会研究根据其对象、范围、具体内容以及阅读对象的不同可以分为不同的类型。按社会研究的对象划分，有工业研究报告、农业研究报告、市场研究报告、社会研究报告等；按社会研究的内容划分，有综合性研究报告和专题性研究报告；按社会研究的主要目的划分，有指导型研究报告、定性型研究报告、咨议型研究报告、研究型研究报告等。

一、综合性研究报告

综合性研究报告也叫概况性研究报告，是指对研究对象的基本情况和发展变化过程作比较全面、系统、完整、具体的反映的研究报告。这类研究报告一般着重分析社会的基本状况，研究带有共性的问题，提出具有普遍意义的建议。

综合性研究报告一般有以下几个特征：

（1）对研究对象的基本情况进行较为完整的描述，它所涉及的内容范围比较广泛，包括一个地区甚至特定社会的地理、人口、阶级、阶层、政治、经济、文化等各方面的基本情况，所依据的资料比较丰富，覆盖面大，指导作用强。

（2）对研究对象的发展变化情况作纵横两方面的介绍。

（3）以一条主线来串联庞杂的具体材料，使整篇报告形神合一，达到清楚地说明研究问题的目的。

二、专题性研究报告

专题性研究报告是指围绕某一特定事物、问题或问题的某些侧面而撰写的研究报告。这类研究报告的特点是内容比较专一，问题比较集中，篇幅一般都比较短小，依据资料不及综合性研究报告那么广泛，反映问题也不及综合性研究报告那么普遍，但它能够帮助有关部门及时了解和处理现实生活中急需解决的具体问题。

专题性研究报告在党政机关、社会团体、企事业单位的日常工作中应用广泛，如行政管理部门对生产事故、灾情、纠纷的研究，公安司法部门对刑事、民事案件的调查，科研部门对某一社会问题和社会现象的研究，企业某一时期对产品或市场情况的调查等，都采用专题性研究报告。

三、应用性研究报告

应用性研究报告是以解决现实问题为主要目的而撰写的研究报告。这类研究报告又分为以下几种：

1.社会情况研究报告

这类研究报告是在深入、系统地研究社会基本情况后写出来的。其目的主要是认识社会现象、了解社会现状。其内容主要反映社会的政治、经济、文化、教育、生活方式等方面的基本情况。在写法上，这类研究报告以突出事实为主，对事实的叙述全面、系统、具体、深入。

2.政策研究报告

这类研究报告主要是为政策的制定和执行服务的。撰写这类研究报告，既要叙述必要的研究材料，又要进行深入的论证和分析；既要对问题做出正确的估计和判断，又要对今后的工作提出具体的意见和建议。

3.总结经验研究报告

这类研究报告是以总结和推广先进经验为目的，以“点”上的经验去指导和推动“面”上的工作。它对于表彰和推广先进典型、指导各项工作具有重要意义。这类研究报告在写法上，一般要求概括叙述研究对象的基本情况、主要经验、现实意义、具体措施和今后设想等。如1985年，商业部、北京市财办、新华社北京分社联合进行“北京市天桥百货商场实行经营承包责任制的调查”，并在此基础上写出了《国有商店改革管理体制的成功典型》的经验研究报告，率先向全国推广北京市天桥百货商场实行经营承包责任制的经验和做法，引起了极大的社会反响。

费孝通教授的《小城镇　新探索》属于小城镇发展的总结经验研究报告，侧重于对某个单位成功的做法做出调查和报告，意在推广经验。这类研究报告常根据工作总结写成。其目的是发挥以一当十、以点带面、典型引路的示范作用和推动作用，所以多写、多登这类研究报告，是运用典型经验指导面上工作的有效方式。

4.揭露问题研究报告

这类研究报告的主要目的是揭露现实生活中存在的突出问题，以引起社会的重视，使人们从中吸取教训，提高认识，同时也为有关部门了解情况、解决问题提供依据。撰写这类研究报告，不仅要如实地揭露问题，而且要客观地分析问题产生的原因，准确地判明问题的性质，指出问题的严重性和危害性，提出解决问题的办法和处理问题的具体建议。比如，2005年12月8日《财富时报》刊载了张帆撰写的题为《安徽省阜阳官场癌变　一个国家贫困县200官员涉案》的调查报告。作者最后指出：“大批官员腐败落马，对于阜阳人民来说未尝不是好事。大乱必大治，这是社会发展的规律。但是，由此造成政治、舆论、经济、社会等生态体系严重失衡的结果，对于阜阳人民来说，这个代价已显得太过高昂。”

揭露问题的研究报告往往较易引起社会的关注和反响，但是这类研究报告比情况研究报告和经验研究报告更难写。它具有很强的战斗性和政策性，不仅需要作者有大无畏的战斗精神和勇气，还需要作者具备排除研究障碍的坚韧性和技巧。

四、定性型研究报告

定性型研究报告被党政机关、企事业单位的政工、组织和纪律检查部门广泛使用。它以党的路线和国家政策为准绳，其出发点是查明事实真相，以便对某个案件及有关人员做出准确的定性结论。比如一些考察历史事实的研究报告，通过对某一历史事件、某一阶段的史实研究，力求以确凿的证据实事求是地反映历史，还历史本来面目，《天安门事件真相》就属于这一种。

定性型研究报告的研究对象是个别的，它只用于直接解决某个问题，不需要议论，作者在摆出研究所得的事实真相后，即可下定性结论，提出处理办法。定性型研究报告的语言文字要明确、严谨、准确。

五、研究型研究报告

研究型研究报告侧重于对现实生活中有研究价值的问题开展研究，提出研究者的思考。它既不是总结推广经验，也不是揭露具有倾向性的重大问题，而是通过对某种新生事物的研究，分析其存在的优势和问题，为其进一步发展和完善提出建设性的意见。这类研究具有明显的研究性质，一般不公开发表，多数作为内参供给上级或有关单位作为制定政策、改进工作的参考。在改革开放的今天，新事物越来越多，这类研究报告具有很大的现实意义。

六、学术型研究报告

学术型研究报告是以揭示社会现象的本质及发展规律为主要目的而撰写的研究报告。这类研究报告主要是通过对现实问题的调查和研究，对客观社会现象做出科学的理论概括和说明。撰写这类研究报告，要求研究材料真实、系统、完整；在论证上要有严密的逻辑体系和科学的分析；在研究结论上，要观点鲜明、准确、新颖，具有较强的理论意义和实践意义。

研究报告的分类，只有相对的意义，不能绝对化。同一篇研究报告，由于分类的标准和侧重点不同，可以归入不同的类型。比如，毛泽东的《湖南农民运动考察报告》，既可以说是综合性研究报告，也可以说是专题性研究报告，还可以说是具有重要学术价值的学术型研究报告。

第三节 研究报告的撰写步骤

撰写研究报告，主要在于把握好四个重要的环节：确定主题、选择材料、拟定提纲、撰写报告。

一、确定主题

主题是研究报告的宗旨和灵魂，是作者说明事物、阐明道理所表现出来的基本思想，也是整篇研究报告的中心思想。因此，准确、恰当地确定主题，是写好研究报告的关键。

确定研究报告的主题，要考虑三个方面的因素：

1.研究报告的最初目的

在许多情况下，研究报告的主题是由上级机关或委托调查的有关部门事先确定的。如一些总结经验性的专题研究，其研究的任务和目的本来就很明确，深入调查研究的任务在于使主题更加清晰、明确。因此，许多研究报告的主题就要根据研究的最初目的来确定。

2.研究所获得的实际材料

研究报告的主题，不管是领导机关确定的，还是作者自己拟定的，或者在研究阶段酝酿而成的，最后都要根据研究所获得的实际材料来确定主题。有时主题事先确定或者酝酿好主题之后，研究所获得的实际材料却与之不完全一致，甚至完全相反，这时，就要对研究前确定的主题加以必要的修正、补充或深化，甚至确定新的主题。

3.主题要紧密联系现实生活中迫切需要回答的问题

这是研究的任务决定的，同时也是研究报告的意义和作用之所在。

二、选择材料

确定了研究报告的主题之后，就要全面分析和研究所得的全部材料，并且精心选择那些能够表现主题、论证主题的材料，供撰写研究报告之用。选择材料时，要注意以下几个方面：

1.分析鉴别材料

对材料中所反映的现象和本质、主流和支流、成绩和缺点等要辨别和认识清楚，从中找出规律性的东西，努力做到去粗取精、去伪存真，确保材料的有效性和真实可靠性。

2.区分典型材料和一般材料

一般材料反映事物的总体面貌，是证明普遍结论的主要支柱，而典型材料则是深刻反映事物本质的具有代表性的材料。因此，只有把两者有机地结合起来，才能充分说明现象的总体情况。

3.运用对比材料和排比材料

对比材料是通过新与旧、好与坏、先进与落后、历史与现实等的对比，使研究报告的主题更加突出，给人以更强烈、更深刻的印象。排比材料则是通过一组不同的材料，从不同角度、不同侧面多方面阐明主题，使主题更深刻、更有说服力。

4.重视统计材料的作用

统计材料包括绝对数、相对数、平均数、指数、离散系数、相关系数等。统计数字具有很强的概括力和表现力，有的问题和观点用很多的文字叙述也难以表达清楚，而用一些简单的统计数字，就可以使事物的总体面貌一目了然。因此，在撰写研究报告时，要重视运用统计材料，以增强研究报告的科学性、准确性和说服力。

三、拟定提纲

拟定提纲的任务在于设计出研究报告的总体结构。设计和拟定提纲，可以帮助我们找到研究报告的最佳写作方案。研究报告的主题是否突出，表现主题的层次是否清晰，材料的安排是否妥当，内在的逻辑联系是否紧密等，都可以在拟定提纲时解决。

提纲的内容要包括四个方面：一是本次报告的论题；二是说明论题的材料；三是报告结构及各层次内容的安排；四是每部分标题及内容概述。

提纲的形式可分为条目提纲和观点提纲两类：条目提纲就是从层次上列出研究报告的章、节、目；观点提纲则是在此基础上列出各章、节、目所叙述的观点。在一般情况下，写作前先拟定条目提纲，把研究报告的几大部分定下来，再充实、完善，形成观点提纲。提纲拟定得越细、越具体，撰写报告时就越顺利。

四、撰写报告

前三步工作完成后，我们就有了一个结构分明、材料齐备的报告雏形，接下来要做的就是用适当的文字把它们流畅地组织在一起。具体的撰写方式通常是从头到尾一气呵成，而不要经常地在一些小的环节上停下来推敲修改，以免耽误过多时间。这样做的好处是便于整个报告紧紧围绕所确立的主题来展开，使得报告在整体思想、体系结构、内容形式、行文风格等方面都前后一致、浑然一体。当研究报告全文写完后，再反复地从头阅读、审查和推敲每一个部分，认真地修改好每一个细小的环节，使得报告不断丰富和完善。

当然，在实际撰写报告时可能会出现这样的情况，即研究者又发现了新的问题或产生出新的想法，这种新的问题或新的想法又导致研究者重新分析、整理和探讨研究的资料和数据。这种分析和探讨的结果可能又会导致一些新的发现和新的结论，因此在撰写报告的过程中研究者要进行反复修改的工作。

具体来说，在研究报告的写作过程中，必须根据主题精神，依照拟好的提纲，合理使用收集到的材料；在语言的运用方面，要力求做到准确、简洁、朴实、生动。

研究报告的基本思路可以用“宽—窄—宽”来概括，可以形象地称之为研究报告的“沙漏”形式。我们在撰写研究报告时，应该采取“沙漏”形式，如图10-1所示。

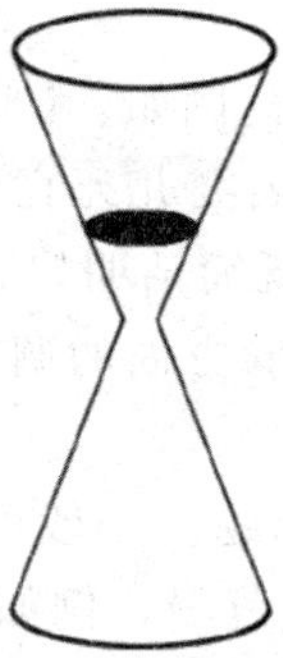

图10-1　沙漏型

这种按沙漏形式撰写的思路指出，研究报告在内容上应从广阔的导言部分开始，逐渐集中到比较专业的领域，直到提出研究者自己的研究领域和研究的问题，这就是由“宽”变“窄”；然后介绍自己的研究方法和研究所得出的主要结果，这可以说是沙漏的最窄部分；当转向讨论研究结果的内涵时，研究报告又开始逐渐由具体的结论向更一般的领域拓展，即由“窄”变“宽”。广阔的导言部分可以向读者说明问题形成的背景及意义；狭窄的方法和结果部分可以帮助读者集中注意力于研究成果及其质量；拓宽的讨论部分，可向读者展示研究结果所具有的丰富内涵，尽量发掘特定结果所具有的一般意义，提高研究的意义和价值。当然，这种沙漏式的撰写形式，并不是指篇幅上的多和少，而是指所涉及的内容范围的宽和窄。

第四节　研究报告的结构

研究报告的结构是根据研究目的的不同和研究内容的需要而在格式上做出的不同安排。人们基于不同的研究目的，可以写出不同类型的研究报告，并在其格式、表达方式等方面表现出不同的特点。从这个意义上讲，研究报告没有固定不变的模式。但是，就各种类型的研究报告的基本结构来看，它们之间又存在着共性。一般说来，研究报告的基本结构，由报告的标题、前言、正文、结尾四个部分组成，有的研究报告还有附录等。掌握研究报告的格式和基本结构，是写好研究报告的重要前提。

一、标题

标题是文章的眼睛，“题好一半文”，因此，撰写研究报告应该十分重视标题的设计，力争给读者一个良好而深刻的第一印象。

研究报告的标题通常有三种写法：

1.单行标题

用研究对象及其主要问题作标题。这种标题比较简明、客观，主题突出，但往往显得呆板、平淡，缺乏吸引力。

（1）揭示主题或主要内容的标题。例如，《莫把温饱当小康》《家里要不要有辆车》。

（2）揭示研究对象或范围的标题。例如，《当代大学生人生价值观调查》。

（3）用提问作标题。例如，《10名婴儿死亡的原因在哪?》《×××单位的领导班子为什么涣散无力?》等。这种标题既简洁明快，又尖锐泼辣，对读者具有较强的吸引力，常常用于揭露问题和总结经验方面的调查报告。

2.双行标题

主标题与副标题相结合的复式标题。一般由主标题揭示报告的主题或主要内容，副标题标示出报告的研究对象或范围。例如，《为什么产值增长利润反而下降——关于××省××县乡镇企业积累与分配问题的调查》《非经济因素对经济发展的影响——一个欠发达地区的考察报告》《发展外向型经济的社会环境——福建省石狮市三镇一乡的社会调查》等。这种标题的主标题部分是一种判断或评价，既表明了作者的态度，鲜明地揭示了主题，又富有吸引力，但是研究对象、研究范围以及所研究的问题在主标题中不易看出，因此必须用副标题来加以补充和说明。

3.公文式标题

用介宾结构作“研究报告”或“研究”的定语，其形式是“关于……的研究报告”或“关于……的调查”。例如，《关于宁波市高校大学生手机使用情况的调查》。公文式标题解释了调查的对象和范围。

研究报告标题的写法比较灵活。但不论采用何种形式的标题，一般都要注意以下几点：第一，标题要与报告主题相吻合、协调；第二，标题要简洁，一目了然；第三，标题要有吸引力和感染力。

二、导言

导言也叫引言或绪论，它是研究报告的第一部分，对整篇研究报告起着总领和引导的作用。导言写得如何，对能否激发读者的阅读兴趣具有重要的意义。

1.导言的主要任务

（1）说明研究的目的和意义。

首先要说明为什么要进行某项研究，交代研究背景如何，所要解决的主要问题是什么，同时其理论意义和实践意义何在。

（2）进行文献评论。

在前面第二章中，我们介绍了与研究选题有关的文献回顾工作。通过文献回顾，研究者对该领域已有成果有了较清晰的理解和认识，在撰写研究报告时，需要考虑的只是如何在报告中对这些文献进行系统的评论。文献评论的撰写要进行精心的组织和安排，不能只是简单地将有关文章的摘要重述一遍，更不能将别人的文章逐字逐句地写进评论中，而应该做到，先仔细地阅读每一篇有关文献，寻找那些与本研究密切相关的部分，然后依据这些材料做出评论。对每一篇所评论的文献，都需要对其总的情况做一简单介绍，比如总的问题及所用的样本类型等；然后，更重要的是，阐明那些真正与研究相关的关键点。由于篇幅限制，研究者必须对主要文献进行选择，同时简洁地做出评论，并与报告上下文联系在一起。文献评论的部分既可在导言中出现，也可根据需要单独列为一个部分。

（3）介绍自己的研究。

在导言的最后，应该简要地介绍一下自己的研究，包括研究的基本情况，比如研究的主持者、参与者，研究的对象、时间、地点、步骤、方法等；还可以对研究模型和有关概念的界定进行简单描述。在有些情况下，还可以开门见山地简要介绍研究的成果和结论。

2.导言的基本写法

导言一般有六种写法：

（1）主旨直述法。

在导言中着重说明研究的目的和宗旨，阐述研究的意义，说明研究的重要性，以引起读者的注意。例如，《关于非公有制经济代表人士政治要求的调查与思考》的导言：改革开放以来，我国经济成分的构成发生了重要的变化，崛起了一支日渐强壮的非公有制经济力量，特别是在市场发育较早的广东，个体、私营经济发展的数量及上缴的税收，均居全国前列。据初步统计，“八五”期间，广东个体、私营企业共有148万户，共创产值2 080亿元，向国家缴纳税金215亿元。有些市、县在税收方面出现了“三分天下有其一”甚至是“平分秋色”的状况，成为广东经济的重要增长点。因此，对广东非公有制经济代表人士的状况进行研究，形成科学的结论，做出正确的决策，不但对广东，而且对全国非公有制经济的决策和统战工作都有重大意义，现根据研究所掌握的资料作些初步的探讨。

这种写法直接说明研究者的目的和意图，有利于读者具体把握研究报告的主要宗旨和基本精神，从而引起读者的重视。主旨直述法是一种应用较多的导言写作方法。

（2）情况交代法。

在导言中着重说明研究的目的、时间、地点、对象、方法以及研究的工作过程和具体情况。例如，《今年挣钱“知音”唱主角》的导言：新世纪第一年挣钱谁来唱主角？今年老百姓的钱会花往哪儿去？这可能是很多读者都关注的问题。广东省城调队最近在广东的18个市、县对1 600户城镇居民家庭进行了一次收入预期和消费意向研究。我们将研究结果呈现给大家，也许它能给您一些想象或者启发吧。

这种写作方法，便于读者了解研究的历史条件和具体情况，也是比较常用的导言写作方法。

（3）结论先行法。

开门见山，直接把调查的结论写在前头，使人一目了然，并引起人们的重视。例如，《完善企业管理机制、强化资金管理的好形式——××县两家企业“内部银行”的调查》的导言：企业实行二级承包，划小核算单位以后，如何管好用活资金，提高经济效益？一些企业进行了新的资金管理尝试，出现了企业的“内部银行”。4月底，我们对搞得比较好的××县羽绒厂、××镇供销社的“内部银行”进行了调查。其结果表明：建立企业的“内部银行”是完善企业管理机制、强化资金管理的好形式，是增强企业活力、提高经济效益的有效途径。

这种写法，观点鲜明，先将研究结论写出来，引导读者积极思考，然后在主体部分进行论证。这样使人容易把握报告的主题，加深对问题的认识。

（4）悬念提问法。

开头首先提出问题，设下悬念，增强研究报告的吸引力，以引起人们对研究内容的注意。例如，《南京化工厂是怎样成为“无泄露工厂”的?》的导言：南京化工厂地处风景秀丽的长江之滨，是一家有35年历史的企业。由于过去“三废”（废水、废气、废渣）污染严重，1978年国务院环境保护小组曾在《人民日报》上提出批评，这件事对干部、职工震动很大。他们经过几年的努力，现在已经基本上达到了上级的要求。经南京市根据化工部规定的标准验收，该厂被命名为“无泄露工厂”，企业的各项经济指标都有显著提高。那么，他们是怎样成为“无泄露工厂”的呢?

再如，《偏见与现实：独生子女教育问题的调查与分析》的导言：独生子女是70年代末以来出现在我国社会中的一代特殊人口，现在的问题是，独生子女家长在总体上比非独生子女家长更溺爱孩子吗?

这种写法，在导言中提出报告所要揭示的问题，能激发读者读下去的兴趣。

（5）说明缘由法。

在导言中说明研究的理由和根据，让读者明白所选择的研究对象的典型性。例如，《国有资产是怎样流失的》的导言：在当前新旧体制转换过程中，由于产权没理顺，产权管理薄弱，加之金融、财经秩序混乱，使国有资产流失、损失十分严重。据《经济日报》载：近13年来，我国的国有资产每天大约流失1亿元，到目前为止，国家至少有5 000亿元“家当”通过各种渠道流失，进入了个人或小团体的腰包。国有资产是怎样流失的呢？1993年下半年，由国家国有资产管理局牵头，财政部和国家经贸委共同参加了一次全国性的国有资产情况专题研究，通过研究，我们认为国有资产的流失主要有以下几个渠道……

（6）介绍对象法。

在导言中介绍研究对象的概况，让人们对所要接触的研究内容有一个大概的了解。有时还可以描述作者在现场亲眼所见的景象，以增强现场感。例如，《增产又增收　税企均满意——××市税务局帮助××纺织厂发展生产的调查报告》的导言：早就听说了××市税务局在促生产方面搞得很有起色。他们是怎样做的呢？前不久，我们走访了××市最大的一家纺织企业——××纺织厂，请这个厂的同志用亲身经历谈谈市税务局是如何帮助他们发展生产的。当我们来到这个厂的时候，看到的是纱锭飞转，听到的是布机欢歌，好一派兴旺景象！从厂财务科的财务报表上，我们看到了一串令人喜悦的数字。今年元月至3月份与上年同期比较，该厂产值增长了5.75%，销售收入增长了18.17%，利润上升了75.49%。当我们与该厂的同志谈起取得的这些成绩时，总经济师×××同志对我们说：“回顾这几年我们纺织厂所走过的道路，每当关键时候市税务部门总是及时支持我们。”

研究报告导言部分的写作方法，形式比较多样，没有固定的模式。在具体的写作过程中，可根据所撰写的调查报告的类型、目的、内容以及手头所掌握的资料和估计的篇幅等情况作适当选择，灵活运用。

在撰写导言时有一点应该注意，无论你的研究多么理性化，或者多么深奥，你都应该做到让一个有知识的专业人员能抓住问题的性质，能理解为什么他或者其他人应该关注这一问题。

三、正文

正文是研究报告的主题和中心部分。衡量一篇研究报告的质量高低和价值大小，主要是看正文部分写得如何。因此，掌握好正文部分的写作方法是非常重要的。研究报告的种类不同，掌握和选择的材料不同，确定的主题不同，正文部分的写作要求和写作手法也就不一样。一般来说，正文部分的写作应考虑以下三个方面的因素：一是表现主题的需要，即什么写法最能表现主题，就采用什么写法。二是研究材料的状况，即所获得的研究材料不同，研究报告正文的写法也不一样。三是谋篇布局，即安排好研究报告的结构，对于写好研究报告的正文具有重要意义。如果把主题比作研究报告的灵魂，把材料比作研究报告的血肉，那么结构或布局就是研究报告的骨架。一篇高质量的研究报告，既要有深刻的主题，又要有丰富的材料和完美、恰当的结构，三者缺一不可。

研究报告正文部分的写作方法，最常见的有以下几种：

1.并列法

研究报告的正文的各部分之间没有严密的逻辑联系，仅根据内容的不同而分类阐述。例如，《上海市社区服务现状》的正文部分有（这里只举出正文的标题内容，以下同）：一、居民日常生活现状分析；二、居民对社区服务需求分析；三、居民对现有社区服务的评价；四、社区服务与居委会；五、社区服务与街道办事处；六、上海市社区服务展望。

这种写法，多用于客观地叙述研究对象和现象的基本情况及相关行为，阐述其性质和特点。

2.逐步深入法

在叙述研究内容的基础上，进一步分析各种现象之间的内在联系，解释某种社会现象和社会行为的原因，预测其发展趋势。例如，《农村家庭结构变动趋向的社区分析——湖南省桃源县同仁村调查》的正文部分是：一、家庭结构的现实与理想；二、家庭结构变动的原因；三、家庭结构的演变趋向；四、同仁村研究的几点启示。

3.“三部曲”法

“三部曲”法也叫逐步深入法。这种写法通常只写三块内容，解决三个方面的问题，即“是什么”、“为什么”和“应该怎样”。例如，《我国八大城市劳动力择业意愿研究》的正文部分是：一、择业意愿超前发展，招工难与就业难并存；二、对现阶段劳动力择业意愿的分析和认识；三、设想和建议。

四、结果或结论

研究的最后结果在正文中的分析过程结束后给出。在撰写研究报告时，我们通常将数据分析与结果解释作为不同的部分来处理，但这两个过程在实际研究中是不可分离、相互交叉的。在较短小的论文或较简单的研究报告中，我们常常在表达结果的同时也对结果进行简单的讨论，一般形式为：首先陈述研究所得的结论，然后阐明在研究的实施或资料分析过程中所包含的问题或其中的局限性，最后对进一步研究提出建议等。

从内容上来说，导言部分是“沙漏”型报告的上瓶，正文的分析部分是“沙漏”的最狭窄的瓶颈部分，将研究问题缩小到最具体的范围内分析探讨，最后结论部分就是“沙漏”的下瓶。导言部分的叙述由宽到窄，而结果或结论部分则刚好相反，是由窄到宽的延伸和解释。

五、小结和摘要

研究报告常常还包括一个非常简要的小结。在小结中，再次对报告前面几个部分的主要内容做一个纲要式的总结。因此，它涉及研究问题的陈述、已有的研究结果、从结果中得到的各种结论和推论，以及根据这些结论所进行的更为广泛的讨论等。

以往小结部分一般放在研究报告的最后部分，作为整篇报告的结尾。但是，目前在许多专业刊物上发表的研究报告以及学术文章，都以摘要来代替小结。

摘要是一种更加简明扼要的小结，它通常不超过200字。与小结不同的是，它不是放在报告的结尾，而是放在报告的开头，并且单独作为一项内容与报告全文隔开。摘要的这些特点，使得专业刊物的广大读者能很快地对这个研究的主要内容、方法、结果和结论有一个总的了解，从而便于读者决定是否继续阅读整篇报告的细节内容。

摘要非常不容易写好，因为它的篇幅十分有限，其中的每一个字、每一句话，都要十分明确和恰当。正是由于不可能把各方面的情况都写进摘要里，所以我们必须仔细考虑，做出选择：主要突出哪些内容，而略去哪些内容。下面是摘要的两个例子：

①本文所报告的两项研究指出，带有性别偏见的招工广告和报纸中按需求的性别把这些广告分成不同栏目的做法，都阻止了男人和妇女去申请那些他们能很好适应的“相反性别”的工作。这两项研究原先都是作为实际生活中性别歧视案例的法律证据的一部分而进行和发表的。

②本文作者根据在1983年对天津城乡千余户独生子女家庭所做的研究，分析说明我国当前独生子女家庭生活方式的基本特征是：具有较高而且较稳定增长的经

济水平；子女抚育费较高；在消费模式和余暇时间的支配上偏重子女。这类家庭的增长带来了老人乏人照顾等问题。文章对这些问题做了探讨，提出了自己的意见。

六、结尾

结尾也叫结语或结论，是研究报告的最后部分，主要是在正文的基础上评价研究工作的得失，说明社会研究在理论上和实践上所取得的进展以及存在的局限性，为今后进一步研究提出参考性的意见。结尾的写法，主要有以下几种：

（1）概括主题，深化主题，即概括地说明整篇研究报告的主要观点，有如画龙点睛，使主题更加鲜明、突出增强研究报告的说服力和感染力。

（2）总结经验，形成结论，即根据研究的实际情况，总结出实践的基本经验，并根据研究的结果，形成研究的基本结论。

（3）指出问题，提出对策，即根据研究的结果，指出当前存在的问题，并提出解决问题的办法。

（4）预测趋势，说明意义，即根据研究报告的正文中关于研究对象的研究分析，做出合乎逻辑的科学推论，预测对象未来的发展趋势及其重要意义。

七、参考文献

在研究报告的结尾处，通常要列出与研究报告相关的参考文献或者参考书目。这些书目是研究者在从事这项研究的过程中所阅读、评论、引证过的文献。这样做一方面体现了科学的、实事求是的研究态度，另一方面也为同一领域的研究者提供了一个参考的文献索引。我们应对中文和英文参考文献的著录规则（中华人民共和国国家标准GB7714-2015）有所了解。

中文版著作的著录格式如下：

（1）费孝通．生育制度［M］．天津：天津人民出版社，1981.

（2）贝利．现代社会研究方法［M］．许真，译．上海：上海人民出版社，1986.

英文著作的著录格式如下：

（1）WHYTE W F. Street comer society ［M］. Chicago：University of Chicago Press，1943.

（2）MOSTER C A， KALTON G. Survey methods in social investigation ［M］. 2nd ed. New York：Basic Books，1972.

中文期刊文章的著录格式如下：

（1）张兆高．城市老年人的社会保障问题［J］．城市研究，1984（5）：35-38.

（2）王林．论我国家庭结构的演变［J］．婚姻与家庭，1982（3）：46-54.

英文期刊文章的著录格式如下：

（1）BEM S L， BEM D J. Dose advertising aid and abet sex discrimination? ［J］. Journal of Social Psychology，1973，3（1）：6-18.

（2）STERNA M. A survey of scheduling problems with late work criteria ［J］. Omega，2011，39（2）：120-129.

八、附录

附录是研究报告的附加部分。对于研究报告正文包含不了或者没有说到，但又必须加以说明的问题和情况，可以将其写出来，附于全篇研究报告之后，以便参考。

它与研究报告的主体分开，既不影响读者阅读研究报告，又可以帮助读者更好地了解研究的细节。通常作为附录的资料主要有：收集数据资料所使用的调查问卷、心理测验量表等；实验中的刺激材料、特殊设备等；某些特殊的数据表格或附加的数据分析等；计算某些指标或数据的数学公式介绍；某些统计和测量指标的计算方法介绍；某些研究工具、测量仪器以及计算机软件介绍等。这些材料之所以被放在附录中，除了因为它们与研究报告的主题离得太远外，还由于它们的分量较大，放入报告中会打乱报告的结构和层次。这些材料可以帮助有兴趣的读者去深入地了解研究者的各种技术细节，或者回答研究者在报告的正文部分由于省略某些内容而产生的某些疑问。

由于构成附录的这些材料占有较大的篇幅，而各种专业杂志的篇幅总是有限的，所以，许多在学术刊物发表的研究报告，常常略去这一部分，而在以学位论文形式出现的研究报告中，则必须有附录部分。

第五节　撰写研究报告时应注意的问题

一、行文要则

（1）用简单平实的语言撰写。一篇好的研究报告在撰写上最重要的标准是准确、清楚、客观、严密。研究报告与文学作品不同，它不像文学作品那样注重文学性、可读性等，而是十分强调报告的客观性、准确性、严密性、简洁性。所以，在行文时，应该尽量用平实的语言撰写，以简单明了、科学严谨为标准，清楚明确地表达研究的结果。

（2）陈述事实力求客观，避免使用主观或感情色彩较浓的语句。在叙述中最好使用第三人称或非人称代词，尽量不用第一人称。比如，用“作者发现……”“笔者认为……”，或者用“这一结果表明……”“这些数据说明……”等，而不用“我认为……”“我们发现……”等。

（3）行文时，应以一种向读者报告的口气撰写，而不要表现出力图说服读者同意某种观点或看法的倾向，更不能把自己的观点强加于人。读者阅读研究报告时，所关心的主要是研究得到的客观事实，是研究的结果和发现，而不是作者个人的主观看法。尽管在研究结论的阐述中离不开作者个人的主观分析和思考，但各种研究结论的得出不能是作者个人主观看法的延伸，而只能是研究资料和客观事实的逻辑结果。

二、引用和注释

在撰写研究报告时，作者有时需要援引别人的论述、结果、资料或数据，来支持、佐证或说明自己的某种观点或结论。需要注意的是，报告中凡是引用别人的资料，一定要注明来源，而不能将别人的工作和成果不加注明地在自己的报告中使用。引用的具体方式主要有两种：一是引用别人的原话、原文时，要用引号引起来，再用注释注明；二是只援引别人的观点、结论但并非别人的原话、原文时，则不用引号，只需在其后用注释注明即可。

对于报告中引用的别人的资料，以及某些不易理解的内容或概念，常常通过注释来进行说明。注释的作用主要有：指出所引用资料的来源，供读者参考查证；表示作者遵守学术道德，不把别人的成果掠为己有；既可以向读者解释报告中的疑难问题，又不使报告中断和过于冗长。

注释的形式主要有三种，即夹注、脚注和尾注。夹注既直接在所引资料之后，用括号将其来源或有关说明括起来，对引文进行注释或提示。比如：

“使用某一特定的数学模型要以已达到的某一量度层次为前提。”（Blalock，1960）

“我国15～24岁青年中，有82.3%的已经就业。”（参见《中国青年报》，1986-04-10）

前一个夹注形式往往与报告最后的“参考文献”相呼应。在参考文献中，一定要列出一条与此夹注相配合的文献，即应有下列文献：

BLALOCK H M. Social statistics [M]. New York: McGraw-Hill Book Co., 1960.

脚注即在所引的资料处只注明一注释号，比如在该资料后的右上角用①、②、③等来标明，然后在该页的最下端，用小一号的字体分别说明引文的出处、时间等情况，或做出有关的解释。

尾注则是将所有脚注都移到文章的结尾处一并排出，并冠以“注释”的标题，而不是分别排在各页之下。在目前学术刊物上所发表的研究报告中，三种注释形式都在使用，不过不同的刊物要求的往往不大一致。

相关链接

北大学生撰写永嘉村民实践　一起完成“温州农村社会变迁”

温州新青年下乡闻名遐迩，北京大学学子也来加盟，他们吃住在温州的新农村。2016年7月，享有“温州童装第一村”“淘宝村”美誉的永嘉瓯北珠岙村迎来了16位北京大学社会学系的学生。这16位学生将以“体验中国农村社会变迁”等为主题完成调研报告，并提交国务院参事室等部门。

当来自未名湖畔的北大学子，遇上永嘉的村民，又会发生什么样的奇妙反应？他们眼中的永嘉珠岙又有怎样的中国农村样本意义？

听北大学霸英语口语辅导课　来的村民首日有50多名

北京大学社会学系的本科生领队徐亮迪来自上海，首次来到永嘉珠岙，他和他的小伙伴们都大开眼界：古色古香、花香满径的文化礼堂，整洁的道路，明亮的路灯，繁忙的工厂，家家户户必备的电脑，每天堆积如山的包裹。更让来自大城市的他意外的是，珠岙村村民对精神层面的需求。

“珠岙的文化礼堂建设得很漂亮，有很多的讲座，每到周末活动总是热热闹闹。村里还有腰鼓队、合唱团等各种各样的文化组织，可以看出村民对于文化生活的渴望和热情。”

徐亮迪是“英语学霸”，在大学英语六级考试中，曾获得学校全系的最高分。小伙伴们合计了下：何不利用自己的优势，抽出一些时间，为村民送一份精神食粮？

说干就干，于是他们决定每天下午3点到5点在文化礼堂开设成人英语口语辅导班。“北大学霸来给村民免费上课”的消息在村里微信群里传开。

消息发布之后，第一天北大的学生们还忐忑不安，担心没有人愿意过来，没想到一下来了50多名村民，大家累并快乐着。来上课的村民越来越多，越来越多的村民“拖家带口”地来上课，“央求”着他们给孩子上上课。于是，原先的成人英语口语辅导延伸到了少儿英语辅导。“学生们给我们做了一件好事，开设这样的课程，村民很喜欢。”珠岙村党支部书记余章龙对学生们赞不绝口，“村民主生活水平高了，出国旅游时，会几句英语，大有用处。”

北大学子住进村民家　“凑热闹”学跳广场舞

因为课题的方向不同，为了更加贴近农村，5名研究生住进村民家里，11名本科生集体住在一起。学生们来自五湖四海，突然住进别人家里，刚开始也有各种不适应的地方，但村民的热情好客很快化解了尴尬。“总是很热情地招呼我们吃饭，我们想，都已经这么麻烦村民了尽量还是不吃他们的，所以吃饭我们都去外面吃。”李莉萍对于永嘉，已经如数家珍。从去年的暑假开始，因为参与导师卢晖临教授的研究课题，李莉萍跟随卢教授来到永嘉进行前期调研。为了更全面地完成调研报告，去年的寒假和今年暑假，李莉萍依旧坚持过来。“去年的时候，住进来前，已经跟村民再三申明，我们有住宿补贴，一定要支付的。结果临走的时候，村民们又临时变卦，无论如何都不肯收。”李莉萍很无奈地说。最后她们把北大的纪念品送给村民，村民这才收下了。

调研的内容涉及方方面面，为了融入农村，这批学生到处“凑热闹”。

每天广场上有很多人跳舞，从没跳过广场舞的他们也开开心心地去蹦跶，跟村民们一起扭动；篮球场上的呐喊声此起彼伏，他们也加入篮球运动的队伍，毫不客气地跟村民们“开战”。

感受村民创业不易　为珠岙发展出谋划策

在珠岙调研期间，他们吃住在村里，走入农户，走进工厂，访谈企业家，走访街道，了解创业史和珠岙的过往，触摸珠岙的脉搏。徐亮迪深有感触地说道："外面的人看温州，总觉得温州人有钱，我们在走访企业中了解到，企业家真的特别不容易，珠岙村的电商产业很发达，家家户户几乎都从事跟电商相关的产业，村民们很勤劳，天天起早贪黑地干活，几名企业家也都是一路披荆斩棘熬过来的。温州人很了不起。"

近年来，珠岙村抢抓"电商时代"发展新机遇，充分借力电子商务助推经济转型升级，珠岙村也成了永嘉农村电子商务发展的缩影。李莉萍在中西部农村刚做完调研，她说："三个地区相比，东部地区农村更具活力。跟东部相比，中西部地区的农村因为外出打工的人比较多，所以活力比较不足。中西部农村有种习惯思维，会依赖政府的扶持，以珠岙为代表的东部地区农村更加倾向于自我发展。"

按照计划，本科生的调研时间为6天，研究生为15天。本科生们在离开永嘉前，还热心地叮嘱余章龙：有什么想法动态，有什么发展难题，务必告诉他们，让他们为珠岙的发展出谋划策、牵线搭桥。村里接下去马上要开县里的现场会，这对全村来说是一件大喜事，仍在永嘉的研究生也不闲着，自告奋勇地想参与到活动中去，准备表演节目。

资料来源　王乐乐，张静．北大学生撰写永嘉村民实践　一起完成"温州农村社会变迁"［N］．温州晚报，2016-07-14（5）．

思考与实践

1.从《社会学研究》上选择一篇与你感兴趣的或你所熟悉的领域相关的研究报告，从该报告的导言部分读到结果部分，不要读其"结论与讨论"部分。你自己根据所读部分的内容写一个"结论与讨论"，并与原报告中的该部分作比较。

2.如何正确表达下列参考文献：

（1）两位作者合著的一本著作；

（2）一本翻译的著作；

（3）在一本合编的著作中的一篇论文？

3.根据所收集的资料，撰写一篇描述性报告。

推荐书目

［1］布斯，卡洛姆，威廉姆斯．研究是一门艺术［M］．陈美霞，等，译．北京：新华出版社，2009.

［2］张建．研究报告撰写指导［M］．北京：教育科学出版社，2003.

附录

随机数表

	1	2	3	4	5	6	7	8	9	10	11	12	13	14	15	16	17	18	19	20	21	22	23	24	25
1	10	09	73	25	33	76	52	01	35	86	34	67	35	48	48	80	95	90	91	17	39	29	27	49	45
2	37	54	20	48	05	64	89	47	42	96	24	80	52	40	37	20	63	61	04	02	00	82	29	16	65
3	08	42	26	89	53	19	64	50	93	03	23	20	90	25	60	15	95	33	47	64	35	08	03	36	06
4	99	01	90	25	29	09	37	67	07	15	38	31	13	11	65	88	67	67	43	97	04	43	62	76	59
5	12	80	79	99	70	80	15	73	61	47	64	03	23	66	53	98	95	11	68	77	12	17	17	68	33
6	66	06	57	47	17	34	07	27	68	50	36	69	73	61	70	65	81	33	98	85	11	19	92	91	70
7	31	06	01	08	05	45	57	18	24	06	35	30	34	26	14	86	79	90	74	39	23	40	30	97	32
8	83	26	97	76	02	02	05	16	56	92	68	66	57	48	18	73	05	38	52	47	18	62	38	35	79
9	63	57	33	21	35	05	32	96	47	78	35	80	83	42	82	60	93	52	03	44	35	27	38	84	35
10	73	79	64	57	53	03	52	96	47	78	35	80	83	42	82	60	93	52	03	44	35	27	38	84	35
11	98	52	01	77	67	14	90	56	86	07	22	10	94	05	58	60	97	09	34	33	50	50	07	39	38
12	11	80	50	54	31	39	80	82	77	32	50	72	56	82	48	29	40	52	42	01	52	77	56	78	51
13	83	45	29	96	34	06	28	89	80	83	13	74	67	00	78	18	47	54	06	10	68	71	17	78	17
14	88	68	54	02	00	86	50	75	84	01	36	76	66	79	51	90	36	47	64	93	29	60	91	10	62
15	99	59	46	73	48	87	51	76	49	69	91	82	60	89	58	93	78	56	13	68	23	47	83	41	13
16	65	48	11	76	74	17	46	85	09	50	58	04	77	69	74	73	03	95	71	86	40	21	81	65	44
17	80	12	43	56	35	17	72	70	80	15	45	31	82	23	74	21	11	57	82	53	14	38	55	37	63
18	74	35	09	98	17	77	40	27	72	14	43	23	60	02	10	45	52	16	42	37	96	28	60	26	55
19	69	91	62	68	03	66	25	22	91	48	36	93	68	72	03	76	62	11	39	90	94	40	05	64	18
20	09	89	32	05	05	14	22	56	85	14	46	42	75	67	88	96	29	77	88	22	54	38	21	45	98
21	91	49	91	45	23	68	47	92	76	86	46	16	28	35	54	94	75	08	99	23	37	08	92	00	48
22	80	33	69	45	98	26	94	03	68	58	70	29	73	41	35	53	14	03	33	40	42	05	08	23	41
23	44	10	48	10	49	85	15	74	79	54	32	97	92	65	75	57	60	04	08	81	22	22	20	64	13
24	12	55	07	37	42	11	10	00	20	40	12	86	07	46	97	96	64	48	94	39	28	70	72	58	15
25	63	60	64	93	29	16	50	53	44	84	40	21	95	25	63	43	65	17	70	82	07	20	73	17	90
26	61	19	69	04	46	26	45	74	77	74	51	92	43	37	29	65	39	45	95	93	42	58	26	05	27
27	15	47	44	52	66	95	27	07	99	53	59	36	78	38	48	82	39	61	01	18	33	21	15	94	66
28	94	55	72	85	73	67	89	75	43	87	54	62	24	44	31	91	19	04	25	92	92	92	74	59	73
29	42	48	11	62	13	97	34	40	87	21	16	86	84	87	67	03	07	11	20	59	25	70	14	66	70
30	23	52	37	83	17	73	20	88	98	37	68	93	59	14	16	26	25	22	96	63	05	52	28	25	62
31	04	49	35	24	94	75	24	63	38	24	45	86	25	10	25	61	96	27	93	35	65	33	71	24	72
32	00	54	99	76	54	64	05	18	81	59	96	11	96	38	96	54	69	28	23	91	23	28	72	95	29
33	35	96	31	53	07	26	89	80	93	54	33	35	13	54	62	77	97	45	00	24	90	10	33	93	33
34	59	80	80	83	91	45	42	72	68	42	83	60	94	97	00	13	02	12	48	92	78	56	52	01	06
35	46	05	88	52	35	01	39	09	22	86	77	28	14	40	77	93	91	08	36	47	70	61	74	29	41
36	32	17	90	05	97	87	37	92	52	41	05	56	70	70	07	86	74	31	71	57	85	39	41	18	38
37	69	23	46	14	06	20	11	74	52	04	15	95	66	00	00	18	74	39	24	23	97	11	89	63	38
38	19	56	54	14	30	01	75	87	53	79	40	41	92	15	85	66	67	43	68	06	84	96	28	52	07
39	45	15	51	49	38	19	47	60	72	46	43	66	79	45	43	59	04	79	00	33	20	82	66	95	41
40	94	86	43	19	94	36	16	81	08	51	34	88	88	15	53	01	54	03	54	56	05	01	45	11	76

续表

	26	27	28	29	30	31	32	33	34	35	36	37	38	39	40	41	42	43	44	45	46	47	48	49	50
1	98	08	62	48	26	45	21	02	84	04	41	99	90	83	96	39	09	47	34	07	35	44	13	18	80
2	33	18	51	52	32	41	94	15	00	49	89	43	54	85	81	88	59	54	19	94	37	54	87	30	43
3	80	95	10	04	06	96	38	27	07	74	20	11	12	33	87	25	01	02	52	98	94	62	46	11	71
4	79	75	24	91	40	71	96	12	82	96	69	86	10	25	91	74	85	22	05	39	00	38	75	95	79
5	18	63	33	25	37	98	14	50	65	71	31	01	02	46	74	05	15	56	14	27	77	93	89	19	36
6	74	02	94	39	02	77	55	73	22	70	97	70	01	71	10	52	52	75	80	21	80	81	45	17	48
7	54	17	84	56	11	80	89	32	21	43	05	33	51	29	69	56	12	71	92	55	35	04	09	03	24
8	11	66	44	98	83	52	07	98	48	27	05	33	51	29	69	56	12	71	92	55	35	04	09	03	24
9	48	32	47	79	28	31	34	96	47	10	02	29	53	60	70	32	30	75	75	46	15	02	00	99	94
10	69	07	49	41	35	87	63	79	19	76	35	58	40	44	01	10	51	82	16	15	01	84	87	69	38
11	09	18	82	00	97	32	82	59	95	27	04	22	08	03	04	83	38	98	73	74	64	27	85	80	14
12	90	04	58	54	97	51	98	15	06	54	91	93	88	19	07	91	87	07	61	50	68	47	66	46	59
13	73	18	95	02	07	47	67	72	52	69	62	29	05	44	64	27	12	46	70	18	41	36	18	27	60
14	75	76	87	64	90	20	97	18	17	49	90	42	91	22	72	95	37	50	58	71	93	82	34	31	78
15	54	01	64	40	56	66	28	13	10	03	00	68	22	73	98	20	71	45	32	95	07	70	61	78	13
16	08	35	85	99	10	78	64	24	27	88	13	66	15	88	73	04	61	89	75	53	31	22	30	84	20
17	28	30	60	32	64	81	33	31	05	91	40	51	00	78	93	32	60	46	04	75	64	11	90	18	40
18	53	84	08	62	33	81	59	41	35	28	51	21	59	02	30	28	46	66	87	95	77	76	22	07	91
19	91	75	75	37	41	61	61	36	22	69	50	26	39	02	12	55	78	17	65	14	83	48	34	70	55
20	89	41	59	26	94	00	39	75	83	91	12	80	71	76	40	18	94	97	23	06	94	54	13	74	08
21	77	31	30	38	20	86	83	42	99	01	68	41	48	27	74	51	90	81	99	80	72	89	35	55	07
22	19	50	23	71	74	62	97	82	02	88	55	21	02	97	73	74	28	72	52	51	65	34	46	74	15
23	31	81	85	93	13	93	27	88	17	57	05	68	67	31	56	07	08	28	50	46	31	85	33	84	52
24	51	47	45	64	19	68	10	72	36	20	94	04	99	13	45	42	83	60	91	91	08	00	74	54	49
25	99	55	95	83	31	62	53	52	41	70	69	77	71	28	30	74	81	07	81	42	43	86	07	28	34
26	33	71	34	80	07	93	53	47	28	69	51	92	66	47	21	58	30	32	98	22	93	17	49	39	72
27	85	27	48	68	93	11	30	32	02	70	28	83	43	41	37	73	51	69	04	00	71	14	94	36	43
28	84	13	38	90	40	44	03	35	21	66	73	85	27	00	91	61	22	28	05	61	62	32	71	84	23
29	85	73	21	62	34	17	39	59	61	31	10	12	39	16	22	85	49	65	75	60	81	60	41	88	80
30	65	13	85	68	06	87	84	55	52	61	34	31	36	53	01	45	87	52	10	89	85	04	44	73	77
31	38	00	10	21	76	81	71	01	17	11	71	60	29	29	37	74	21	96	40	49	65	58	44	96	96
32	37	40	29	03	07	02	30	47	75	86	56	27	11	00	86	47	32	46	26	05	40	03	03	74	38
33	97	12	54	03	48	87	08	13	13	17	21	81	53	92	50	75	23	76	20	47	15	50	12	95	78
34	21	82	84	11	34	47	14	33	40	72	64	63	88	50	02	49	13	90	44	41	03	85	65	45	32
35	73	13	54	27	42	95	71	90	90	35	35	79	47	42	96	08	78	98	81	56	64	59	11	92	02
36	07	63	87	79	29	03	06	00	80	72	96	20	74	41	56	23	82	19	95	38	04	71	36	89	94
37	60	52	88	34	41	07	95	41	98	14	59	17	52	06	95	05	58	35	21	39	61	21	20	64	55
38	83	59	63	56	55	06	95	89	29	83	05	12	80	97	19	77	43	35	37	83	06	41	01	93	62
39	10	85	06	27	46	99	59	91	05	07	13	49	90	63	19	53	07	57	18	39	06	41	01	93	62
40	39	82	09	89	52	43	62	26	31	47	64	42	18	08	14	48	80	00	93	51	31	02	47	31	67

续表

	51	52	53	54	55	56	57	58	59	60	61	62	63	64	65	66	67	68	69	70	71	72	73	74	75
1	59	58	00	64	78	75	56	97	88	00	88	83	55	44	86	23	76	80	61	56	04	11	10	84	08
2	38	50	80	73	41	23	79	34	87	63	90	82	29	70	22	17	71	90	42	07	95	95	44	99	53
3	30	69	27	06	68	94	68	81	61	27	56	19	68	00	91	82	06	76	34	00	05	46	26	92	00
4	65	44	39	56	59	18	28	82	74	37	49	63	22	40	41	08	33	76	56	76	96	29	99	08	36
5	27	26	75	02	64	13	19	27	22	94	07	47	74	46	06	17	98	54	98	11	97	34	13	03	58
6	01	30	70	69	91	19	07	22	42	10	36	69	95	37	28	28	82	53	57	92	28	97	56	62	52
7	68	43	49	46	88	84	47	31	35	22	62	12	69	84	08	12	84	38	25	90	09	81	59	31	46
8	48	90	81	58	77	54	74	52	45	91	35	70	00	47	51	53	82	45	26	92	54	13	05	51	60
9	06	91	34	51	97	42	67	27	86	01	11	88	30	95	28	63	01	19	88	01	14	97	44	03	44
10	10	45	51	60	19	14	21	03	37	12	91	34	23	78	21	88	32	58	08	81	43	66	77	08	83
11	12	88	39	73	43	66	02	76	11	84	04	28	50	13	92	17	97	50	13	92	17	97	41	50	77
12	21	77	83	09	76	38	80	73	69	61	31	64	94	20	96	63	28	10	20	23	08	81	54	74	49
13	19	52	36	95	15	85	12	25	96	59	86	28	35	82	58	69	57	21	37	98	16	43	59	15	29
14	67	24	55	26	70	35	58	31	65	53	79	24	68	66	85	76	46	33	42	22	26	65	59	08	02
15	60	58	44	73	77	07	50	03	79	92	45	13	45	65	29	26	72	08	36	37	41	32	53	43	44
16	53	85	34	13	77	36	06	69	48	50	58	83	87	38	59	49	36	37	33	31	96	24	04	36	42
17	24	63	73	87	36	74	38	48	93	42	52	62	30	79	92	12	36	91	86	01	03	74	28	38	74
18	83	08	01	24	51	38	09	22	28	15	07	75	95	17	77	97	37	72	75	85	51	97	23	78	67
19	16	44	42	43	34	36	15	19	90	73	27	49	37	09	39	85	13	03	25	52	54	84	65	47	59
20	60	70	01	81	57	57	17	85	57	62	11	16	17	85	76	45	81	95	29	79	05	13	00	48	60
21	03	99	11	04	61	93	71	61	68	94	66	08	32	46	53	84	60	95	82	32	88	61	81	91	61
22	38	55	59	55	54	32	88	65	97	80	08	35	56	08	60	29	73	51	77	62	71	69	92	38	53
23	17	54	67	37	04	92	05	24	62	15	55	12	12	92	81	59	07	60	79	36	27	95	45	89	09
24	32	64	35	28	61	95	81	90	68	31	00	01	19	89	36	76	35	59	37	79	80	86	30	05	14
25	69	57	26	87	77	39	51	03	59	05	14	06	04	06	19	29	54	96	96	16	33	56	46	07	80
26	24	12	26	65	91	27	69	90	64	94	14	84	54	66	72	61	95	87	71	00	90	89	97	57	54
27	61	19	63	02	31	92	96	26	17	73	41	83	95	53	62	17	26	77	09	43	73	03	87	02	67
28	30	53	22	17	04	10	27	41	22	02	39	68	52	33	09	10	06	16	88	39	55	98	66	64	85
29	03	78	89	75	99	75	86	72	07	17	74	41	65	31	66	55	20	83	33	74	87	53	90	88	23
30	48	22	86	33	79	85	78	34	76	19	53	15	26	74	33	35	66	35	29	72	16	81	86	03	11
31	60	36	59	46	53	35	03	57	39	49	42	61	42	92	97	01	91	82	83	18	98	95	37	32	31
32	83	79	94	24	02	56	62	33	44	42	34	99	44	13	74	20	07	11	47	36	09	95	81	80	65
33	32	96	00	74	05	36	40	98	32	32	94	38	54	16	00	11	13	30	75	86	15	91	70	62	53
34	19	32	25	38	45	57	62	05	26	06	66	49	76	86	46	78	13	86	65	59	19	64	09	94	13
35	11	22	09	47	47	07	39	93	74	08	48	50	92	39	29	27	48	24	54	76	85	24	43	51	50
36	31	75	15	72	60	68	98	00	53	39	15	47	04	83	55	88	65	12	25	96	03	15	21	92	21
37	88	49	29	93	82	14	45	40	15	04	20	09	49	89	77	74	84	39	34	13	22	10	97	85	08
38	30	93	44	77	44	07	48	18	38	28	73	78	80	65	33	28	59	72	04	05	91	20	52	03	80
39	22	88	84	88	92	27	49	99	87	48	60	53	04	50	28	74	02	28	46	17	82	03	71	02	68
40	78	21	21	69	93	35	90	29	13	86	44	37	21	54	80	65	74	11	40	14	87	48	13	72	20